重塑沿边经济地理与发展机制
——以滇西边境地区为例

RESHAPING ECONOMIC GEOGRAPHY
AND RECONSTRUCTING ECONOMIC
DEVELOPMENT OF BORDER AREAS IN CHINA

林文勋　杨先明　张国胜 等　著

社会科学文献出版社
SOCIAL SCIENCES ACADEMIC PRESS (CHINA)

序　言

云南大学滇西发展研究中心是教育部定点联系滇西边境山区扶贫开发的综合机构，其主要职能是根据教育部扶贫开发领导小组的指示和要求，开展滇西经济社会发展中的重大问题研究，包括战略咨询、规划编制与人才培训等。"滇西边境少数民族地区发展战略研究"是该中心 2014 年确定的研究课题，研究目标是重塑滇西边境地区的经济地理与发展机制，以地区经济的内生发展实现全面脱贫。自该课题立项以来，课题组围绕滇西边境少数民族地区的扶贫开发与内生发展，以"重塑经济地理与发展机制"为主线，一方面突出边境地区的空间地理特征，于 2014 年 5 月在德宏傣族景颇族自治州、2014 年 7 月在内蒙古满洲里、2014 年 8 月在黑龙江绥芬河等边境地区展开了广泛的调研活动；另一方面突出高原山区与少数民族等异质性特征，于 2014 年 8 月在红河哈尼族彝族自治州进行了 44 户的入村入户调查，获取第一手研究资料。经过广泛调研与多次讨论，课题组于 2014 年 10 月完成了综合研究报告——《重塑沿边经济地理与发展机制——滇西边境少数民族地区的发展战略研究》，并于 2014 年 11 月提交了 3 份咨询报告——《逐步落实"户均一个职技生"、加快滇西边境民族地区发展》《关于深化完善滇西边境民族地区教育扶贫工程的若干建议》《以互联互通推进滇西边境少数民族地区的区位再造》。本书《重塑沿边经济地理与发展机制——以滇西边境地区为例》是在综合研究报告的基础上不断拓展、持续深化的最终研究成果。

滇西边境少数民族地区包括大理、保山、德宏、怒江等 10 个州（市）

61个县（市）、总人口1700多万，与缅甸、老挝、越南等国山水相连，拥有4060公里的国界线。目前，滇西边境少数民族地区不但是中国贫困发生率最高且最严重的地区之一，地区内部的贫困县（市）达56个、贫困人口400多万，社会经济发展面临高贫困发生率、高贫困集中度与脱贫高脆弱性等严峻挑战；而且是中国建设贯穿西安—成都—昆明直至东南亚、南亚的"南方丝绸之路"经济大走廊的地理空间枢纽，是云南全面参与"一带一路"等国家战略的主战场，空间地理的战略地位十分重要。因此，加快滇西边境少数民族地区的扶贫开发与社会经济发展，不但关系到云南省2020年全面建成小康社会，而且关系到"南方丝绸之路""一带一路"等国家战略的全面实施。

习近平总书记指出"贫困地区发展要靠内生动力"。加快滇西边境少数民族地区的扶贫开发与社会经济发展，必须立足于这片地区的空间区位与比较优势，以培育内生发展能力为目标。据此，课题组一方面将改革开放与沿边开放以来滇西边境少数民族地区的区位变迁——由对外开放的后方阵地转变为与东部沿海地区同样重要的开放前沿、由远离国内外市场转化为临近国际市场并成为联系国内市场与国际市场的中间桥梁，视为滇西边境少数民族地区的比较优势；另一方面借鉴新经济地理与发展经济学的最新研究成果，将集聚、分工与专业化、人力资本、对外贸易等作为重塑经济地理的主要驱动力，并通过市场"无形之手"与政府"有形之手"的相互紧握，在"顺其自然"与"有所作为"的过程中重塑这片地区的经济地理与发展机制。

我们认为得益于改革开放、沿边开放等国家发展战略对我国陆路边境地区的空间地理重塑，滇西边境少数民族地区不但成为云南省对外开放的前沿以及云南参与东南亚、南亚各国经济合作的战略高地，成为我国面向东南亚、南亚开放的国际门户与重要支柱，而且是我国来往东南亚、南亚各国的陆路国际大通道的重要组成部分，是我国联系东南亚、南亚各国市场的重要桥梁与战略纽带，是推进大湄公河次区域一体化、构造孟中印缅经济走廊的战略支撑点，空间区位的比较优势十分突出。

为充分利用区位变迁所带来的各种发展机遇，滇西边境少数民族地区需要通过重塑经济地理与发展机制来制定全新的发展战略。面对东南亚的区域一体化、中国经济能量的加速外溢、我国西南地区外向型发展的快速推进等新的国内外环境，并着眼于有效应对密度、距离与分割的三重挑战，滇西边境少数民族地区就需要突出"一条路径主要应对一个挑战"的原则，通过以下三条针对性的发展路径来重塑这片地区的经济地理：其一，构建边缘增长中心，提升滇西边境少数民族地区的经济密度；其二，构建沿边国际产业带，缩小滇西边境少数民族地区的经济距离；其三，建立跨境经济合作区，弱化滇西边境少数民族地区的区域分割。

重构地区发展战略除了需要重塑这片地区的经济地理之外，还需要构建符合自身特征的地区发展机制：其一，要以滇西边境少数民族地区的本地居民为主体，通过技术进步、中小企业、人文发展等方式，刺激形成创新环境与学习型地区；其二，要构建一揽子的政策支撑系统，并将影响地区发展的所有工具，即公共制度、基础设施、激励措施等纳入行动框架中，以"一个政策工具应对一个目标的原则"来克服滇西边境少数民族地区发展过程中密度、距离与分割的三重挑战；其三，要顺应区域一体化的发展趋势，并最大限度地利用中国经济增长的溢出效应及其对外开放的优惠政策。

面对内外部因素的多重制约，重塑滇西边境少数民族地区的经济地理与发展机制需要突出五个战略重点：其一，要以边境地区作为空间着力点，通过创建促进边界效应转化与边境区位特征演进的基础性条件，提升边境毗邻区域的一体化水平与经济集中趋势，加速生产要素的流动与集聚进而推动边境地区的区位再造。其二，要突出公共财政的转型与战略性调整，继续加大对滇西边境少数民族地区的财政倾斜、不断释放沿边地区的财政红利，推动地区之间基本生活水平的趋同与和谐发展；其三，要重构地区内部的微观人力资本及其向上流动机制，重塑滇西边境少数民族地区的发展主体；其四，要着眼于资本匮乏以及基本金融服务缺失对地区发展的制约，通过普惠金融体系的构建来提升微观经济主体的金融服务可得性，进而从区域层面促进滇西边境少数民族地区的内生发展；其五，要通过重组与构建区位优势中的各要素，以价值链与生产网络在空间上的重构为重点，强化企业在滇西边境少数民族地区上的空间集聚促进沿边产业带的形成。

  毫无疑问，本书只是云南大学开展滇西经济社会发展研究的阶段性成果，云南大学将继续发挥学科与人才优势，力争在服务国家战略与云南发展等方面取得新的突破。

林文勋

2015 年 9 月 20 日

目　录

第一章　沿边开放、区位演变与滇西边境少数民族地区发展机制的相关理论 …… 1
　一　我国的沿边开放与区位演变 …… 1
　二　区位演变过程中滇西边境少数民族地区的发展政策 …… 9
　三　重新审视滇西边境少数民族地区的发展态势：一个经济地理的分析框架 …… 17
　四　滇西边境少数民族地区的发展机遇及其挑战 …… 29

第二章　滇西边境少数民族地区的发展战略：重塑经济地理与发展机制 …… 33
　一　滇西边境少数民族地区重塑经济地理与发展机制的宏观环境 …… 33
　二　重塑滇西边境少数民族地区经济地理的基本路径 …… 43
　三　构建滇西边境少数民族地区的发展机制 …… 52
　四　滇西边境少数民族地区重塑经济地理与发展机制的难点 …… 61

第三章　互联互通、园区建设与滇西边境少数民族地区的区位再造 …… 67
　一　边界效应与滇西边境少数民族地区区位再造的基础条件 …… 67
　二　开放进程中滇西边境少数民族地区的毗邻区域一体化效应与经济集中趋势研判 …… 75
　三　滇西边境少数民族地区与毗邻国家的互联互通条件及其缺口 …… 80

四　滇西边境少数民族地区的园区体系及其发展的制约因素 …………… 88
　　五　以互联互通和园区建设推动滇西边境少数民族地区区位再造的
　　　　思路与对策 …………………………………………………………… 94

第四章　沿边发展的公共需求、政府行为与财政红利 ………………… 102
　　一　沿边地区公共服务：需求、投入与缺口 …………………………… 102
　　二　沿边地区财政红利识别：基于财政投入效率测度与解释 ………… 119
　　三　地方财政制度对沿边地区发展的影响及其传导机制研究 ………… 125
　　四　评判与改革：释放沿边地区财政红利的财政制度改革 …………… 148

第五章　滇西边境少数民族地区的人力资本困境突破与路径研究 …… 153
　　一　滇西边境少数民族地区的人力资本与地区发展 …………………… 153
　　二　滇西边境少数民族地区化解人力资本短缺及其结构失衡的现有
　　　　政策 …………………………………………………………………… 160
　　三　滇西边境少数民族地区突破人力资本短缺与结构失衡的路径 …… 166
　　四　案例研究：滇西边境少数民族地区的教育培训与家庭收入 ……… 170
　　五　构建滇西边境少数民族地区的人力资本生成及其聚集机制 ……… 175

第六章　滇西边境少数民族地区内生发展的普惠金融体系构建 ……… 183
　　一　普惠金融与滇西边境少数民族地区内生发展逻辑：基于金融排斥
　　　　视角 …………………………………………………………………… 183
　　二　滇西边境少数民族地区普惠金融发展的基本态势 ………………… 191
　　三　滇西边境少数民族地区的基本金融服务缺口及其形成原因：基于
　　　　微观经济主体金融需求的调查分析 ………………………………… 202
　　四　滇西边境少数民族地区普惠金融体系构建：基本思路与现实
　　　　路径 …………………………………………………………………… 205

第七章　企业集聚与滇西边境少数民族地区沿边产业带形成研究 …… 214
　　一　企业集聚与沿边产业带形成的经济逻辑：企业套利空间的转换
　　　　界限 …………………………………………………………………… 214

二 滇西边境少数民族地区企业集聚与沿边产业带形成的条件……… 222
三 构建滇西边境少数民族地区沿边产业带的可能性：制度与政策
　支撑……………………………………………………………………… 227
四 政策环境、企业集聚与滇西边境少数民族地区沿边产业带形成：
　模型设定与识别………………………………………………………… 238
五 政策环境、企业集聚与滇西边境少数民族地区沿边产业带形成：
　实证结果分析…………………………………………………………… 243
六 企业集聚、沿边产业带建设与滇西少数民族沿边地区区位
　重塑……………………………………………………………………… 254

第八章　研究结论、战略评估与对策要点……………………………… 257
一 研究结论………………………………………………………………… 257
二 战略评估………………………………………………………………… 259
三 对策要点………………………………………………………………… 265

参考文献…………………………………………………………………………… 271

后　记……………………………………………………………………………… 281

第一章　沿边开放、区位演变与滇西边境少数民族地区发展机制的相关理论

滇西边境少数民族地区与缅甸、老挝、越南等国山水相连，拥有4060公里的国界线，占全国陆地边境线的1/5。由于边界往往意味着双边或多边相邻区域（国家）的劳动成本、资源禀赋、要素流动、政治体制等方面的多重差异，这种跨国界的毗邻不但使得滇西边境少数民族地区的发展呈现出明显的异质性特征，而且使得这片地区的发展具有深深的空间地理特征。鉴于沿边开放战略对我国沿边地区的空间地理的深远影响，本研究报告将以我国的沿边开放与区位演变为现实背景，分析影响滇西边境少数民族地区的各层次发展政策，并探讨这片区域的发展态势。

一　我国的沿边开放与区位演变

尽管我国沿边地区的对外开放既包括东部沿海地区的对外开放，又包括内陆边疆地区的对外开放；但考虑到滇西边境少数民族地区的空间地理特征——陆路边境的特征，本研究报告将沿边开放界定为我国陆路边疆地区的对外开放。

（一）我国沿边开放的初始条件

从整体上看，我国陆路边疆地区包括广西、云南、西藏、甘肃、新疆、内蒙古、辽宁、吉林、黑龙江，分别与越南、老挝、缅甸、不丹、锡金、尼泊尔、印度、巴基斯坦、阿富汗、塔吉克斯坦、吉尔吉斯斯坦、哈萨克斯坦、俄罗斯、蒙古国、朝鲜等国接壤。国家层面的沿边开放始于20世纪

90年代、深化于21世纪初期。具体而言，1992年，国务院发布了一系列文件，一方面是陆续批准东兴、凭祥、河口、瑞丽、畹町、塔城、博乐、伊宁、二连浩特、满洲里、珲春、绥芬河、黑河等14个陆路边境城市为沿边开放城市并设立相应的边境经济合作区，另一方面是逐步给予这些沿边开放城市、边境经济合作区与沿海开放城市相类似的特殊优惠政策，我国沿边开放战略开始启动。2000年，为帮助边境民族地区尽快摆脱贫困落后状态，国家民委决定在我国135个边境县和新疆生产建设兵团的56个边境兵团开展"振兴边境、富裕边民"的行动，即兴边富民行动。2007年党的十七大提出要进一步提升我国沿边开放水平，第二轮沿边开放开始实施，边境贸易开始向国际贸易转变、边境经济合作区开始向跨国经济合作演化，我国沿边开放战略得到了进一步深化。

从初始条件来看，我国沿边开放是国际、国内等多重因素共同推动的结果。从国际层面来看，经济全球化与区域经济一体化的快速推进是我国沿边开放的重要推手。在世界范围内进行资源的优化配置并抢占国际市场不但是经济发展的客观规律，而且是跨国企业与中小企业发展的战略需要，第二次世界大战结束之后各国在推动商品、服务、资本、技术的自由流动方面逐步取得了共识，各国的国内政策也快速朝着减少贸易、投资壁垒等方面改进。得益于此，经济全球化在20世纪后半叶得到了快速发展。在这个过程中，区域经济一体化也在逐步形成，并在20世纪80年代发展成为一种不可抗拒的潮流。从各国的实践来看，区域经济一体化是经济全球化的一种补充，是各个当事国为了应对经济全球化的负面影响并战胜竞争对手而设置的一种组织形式，目的就是通过"对内开放、对外排斥，内部合作、外部竞争"的集团式政策在全球化过程中获得最大化的区域（国家）利益。在这样的背景下，融入经济全球化并加入区域经济一体化就成为各个国家应对全球化挑战的战略选择。就我国而言，正是为了顺应经济全球化的趋势并应对区域经济一体化的挑战，20世纪90年代我国开始了陆路边境地区的沿边开放。

从国内层面来看，加快陆路边境地区的发展并平衡沿海开放带来的区域失衡是我国在这一时期实施沿边开放的主要原因。在历史上，我国沿边地区就长期处于不发达与贫困状态，其社会经济的发展程度要远远落后于沿海地区的发展程度。以工业为例，中华人民共和国成立之前，中国工业的70%就分布在沿海地区（蔡昉，2003）。不但如此，在20世纪后半叶，得益于国家层面的沿海开放及其倾斜式的发展战略，我国东部沿海地区迅速崛起并一举成为世界制造业中心，这又进一步加剧了全国经济向沿海地区的集中，并逐步形成了沿海地区新兴工业省份带动全国经济快速发展的格局。以东部沿海地区的珠江三角洲、长江三角洲与环渤海湾为例，这片地区的面积仅为全国的3.4%，但却创造了全国38.6%的GDP、全国70.3%的对外贸易以及吸引了全国55.9%的外国直接投资（世界银行，2009）。在这样的背景下，沿边地区与沿海地区的发展差距开始日益拉大。经济地理的日趋沿海化引起了中央政府的高度关注，加之沿边地区的发展失衡容易引起一系列的政治问题，并威胁到国家统一与国防安全。中央政府开始着眼于我国沿边地区的发展。基于沿边地区的资源优势与空间区位的比较优势，并考虑到沿边地区与周边国家的产业分工与区域经济合作，1992年国务院正式启动了沿边开放战略。

综上所述，我国沿边开放战略正是在经济全球化与区域一体化的背景下，为应对全球范围内的经济竞争，并矫正东部沿海地区快速工业化与城市化所引致的区域之间的发展失衡，而推出的以发挥沿边地区的比较优势并加速其发展的一种地区性的发展战略。

（二）沿边开放过程中的区位演变

作为一种制度安排，我国的沿边开放战略不但能够影响区域内部微观经济行为主体的理性选择，而且能够挖掘区域内部自然与经济的地理优势，并推动其区位变迁。

从空间区位的类型来看，全球范围内的空间区位包括三种类型：毗邻世界中心市场的空间区位、远离世界中心市场但毗邻大国的空间区位、远离世界中心市场并远离大国的空间区位。就我国而言，东部沿海地区不但毗邻日本、韩国等经济大国，而且通过成本接近于"零"的海上运输条件还可以毗邻美国等世界中心市场，空间区位条件十分优越。我国沿海地区的对外开放也主要是着眼于挖掘沿海地区靠近经济大国与世界中心市场的地理优势以及海运成本接近于"零"的自然优势，来加强本区域与发达国家的各种联系，并以此为基础对外融入全球经济体系、对内实现地区经济的快速发展。得益于这种地理优势的挖掘及其相应的制度安排，目前东部沿海地区不但成为我国面向全球经济大国与世界中心市场的开放前沿以及国内经济的"增长中心"，而且成为跨国资本的聚集场所与世界制造中心，空间地理的区位优势进一步凸显。与之形成鲜明对比的则是，由于缺乏相应的空间地理优势条件，我国陆路边疆地区则逐步成为对外开放的后方阵地与全国经济发展的"洼地"，不但远离经济大国与世界中心市场，而且远离国内的中心市场，处于边缘化的发展状态。空间地理的这种劣势不可避免地会影响我国沿边地区的发展。

专栏1-1　国际市场更加重要

由于经济全球化与次区域经济一体化的快速推进，世界银行认为国际市场对一国经济发展的影响超过了国内市场对其经济发展的影响，并且这种影响达到了史无前例的程度。这主要是因为在过去的几十年内，得益于全球市场，尤其是新兴国家市场规模的快速扩张，全球贸易出现了持续、快速的扩张趋势，其增长速度约为全球收入增长速度的两倍。在这样的背景下，如今贸易在世界国内生产总值中的比重就达到了1820年水平的25倍多。从这个逻辑出发，在19世纪或20世纪早期，一个国家通过实行保护主义来发展区域经济还具有一定的可能性；但在今天，要想通过封闭与保护主义来发展区域经济则十分困难。事实上，这一点在东亚地区与南美洲地区的经济发展中得到了充分验证。

正是为了平衡沿海开放所引致的上述区位变化，我国沿边开放在20世纪90年代也开始全面启动。从整体上来看，沿边地区的对外开放首先是成功地提升了我国陆路边疆地区的开放水平，并使其成为与沿海地区同样重要的开放前沿。然而，需要强调的是，与沿海开放相比，我国沿边开放的情况较为复杂与特殊。这一方面是因为沿边地区的陆路运输成本接近于"无限的冰山成本",因此沿边开放主要是着眼于各个地区的邻国,其中东北地区主要面向朝鲜、俄罗斯、蒙古国等国开放,西北地区主要面向塔吉克斯坦、吉尔吉斯斯坦、哈萨克斯坦等中亚与西亚各国开放,西南地区主要面向越南、缅甸、老挝、泰国等东南亚以及斯里兰卡、孟加拉国等南亚国家开放;另一方面是因为我国陆路边疆的邻国除了俄罗斯为经济大国之外,其他各国均为发展中的小国(地区)或最不发达的小国(地区),这也就是说我国陆路边境地区的空间区位不但远离世界经济中心,而且远离经济大国。因此尽管在沿边开放战略下我国沿边地区也成为对外开放的前沿,但这种前沿主要是面向邻国或不发达国家的开放前沿。其次是沿边地区的对外开放在一定程度上改变了我国沿边地区与全国经济地理的空间联系,这一方面表现为沿边地区已由远离国际市场转化为临近国际市场并开始融入国际市场[①],另一方面表现为沿边地区已转化为联系国内市场、国际市场的中间桥梁,与国内市场的联系由单向联系转化为双向往来。

专栏1-2 毗邻国家对地区经济发展至关重要

在经济全球化的条件下,毗邻国家对地区经济发展至关重要。如果毗邻地区的一体化程度很高,且毗邻国家的市场规模庞大,区域增长的溢出效应将能够促进国内的经济增长;相反,如果毗邻地区处于一个封闭的状态,且毗邻国家为穷国,国内经济增长将很难享受区域增长的溢出效应。这一点在欧洲南部地区与南美洲南部地区表现得十分突出。由于欧洲南部地区本来就是欧盟一体化的重要区域,加之毗邻德国、法国等经济大国,欧洲南部的葡萄牙、西班牙等国的经济增长明显受益于区域增长的溢出效应,1986年之后这些国家的经济增长速度就超过了3个百分点;南美洲的南部地区则与之相反,由于巴西、阿根廷、乌拉圭等国都遵循着类似的保护主义,区域一体化程度很低,加之这片区域本就

---

① 需要强调的是,我国沿边地区尽管已临近国际市场,但仍然远离美国、日本、欧洲等世界主流市场。

远离世界中心市场，这些国家的经济增长就很难享受区域增长的毗邻效应。1950~2006年，这些国家的经济增长速度就要远远低于欧洲南部地区的经济增长速度，约为1.7个百分点。

世界银行：《2009年世界发展报告》，清华大学出版社，2010。

综上所述，沿边开放战略不但使得我国沿边地区由对外开放的后方阵地转变为与东部沿海地区同样重要的开放前沿，而且使得沿边地区由远离国际市场、国内市场转化为临近国际市场，并成为联系国内市场与国际市场的中间桥梁，空间区位的地理优势发生了翻天覆地的变化（见图1-1）。

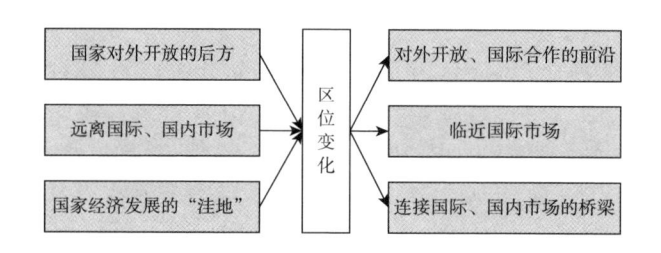

图1-1　沿边开放战略前后我国沿边地区的区位变化

（三）滇西边境少数民族地区在沿边开放中的地位及其区位演变

考虑到沿边开放战略中陆路边疆的地理特征，本研究报告将滇西边境少数民族地区界定为云南省内所有与邻国接壤的州（市）（见图1-2），即怒江傈僳族自治州、保山市、德宏傣族景颇族自治州、临沧市、普洱市、西双版纳傣族自治州、红河哈尼族彝族自治州、文山壮族苗族自治州。这些州（市）分别与缅甸、老挝、越南接壤，并与柬埔寨、泰国、尼泊尔、孟加拉国等14个东南亚、南亚国家毗邻，拥有4060公里的边界线并占全国陆地边境线的1/5。

尽管在我国沿边开放战略中，云南与广西的定位均是面向缅甸、老挝、越南、泰国等东南亚、南亚国家开放，并在国家全方位、各层次对外开放格局中占有十分重要的地位；但如果考虑到广西只与越南一国接壤的特征

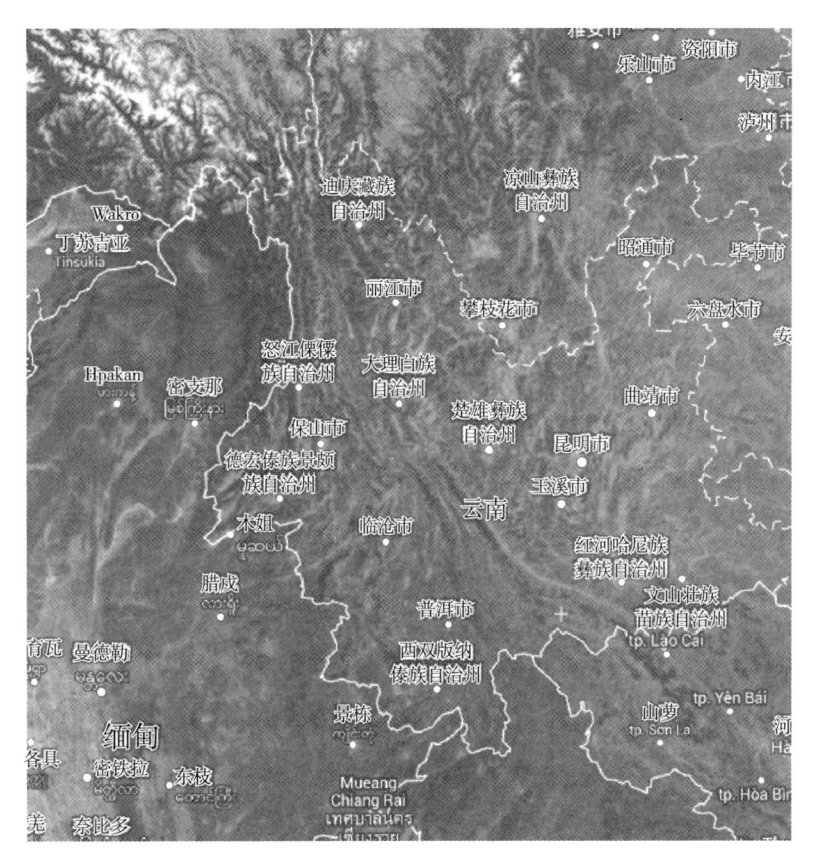

第一章　沿边开放、区位演变与滇西边境少数民族地区发展机制的相关理论

图1-2　滇西边境少数民族地区的地理范围

事实，而云南则与越南、老挝、缅甸三国接壤，并是我国从陆路、空中进入东南亚、南亚等国家的最为便捷的地区，云南在我国对外开放战略，尤其是在沿边开放战略中的地位就显得更为重要。正是由于云南在沿边开放战略中具有这种重要地位，2009年7月，国家主席胡锦涛在考察云南后，就明确提出要将云南建设成为中国面向西南开放的重要桥头堡。从这个逻辑出发，既然云南在我国沿边开放中具有十分重要的战略地位，那么作为云南重要组成部分的滇西边境少数民族地区自然也在沿边开放战略中具有这种重要地位；事实上，如果再进一步考虑到滇西边境少数民族地区已涵盖云南省所有与邻国接壤的地区，这片区域在我国沿边开放战略中的地位就更为重要。

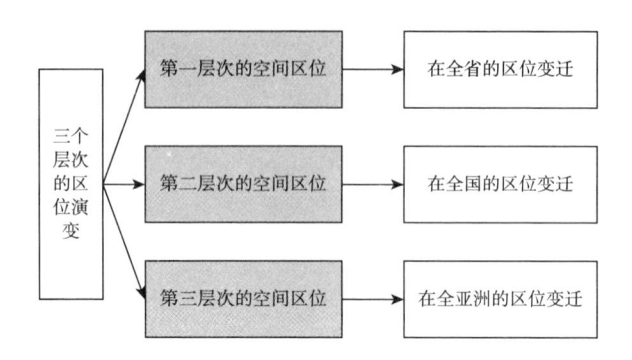

```
三个层次的区位演变 → 第一层次的空间区位 → 在全省的区位变迁
              → 第二层次的空间区位 → 在全国的区位变迁
              → 第三层次的空间区位 → 在全亚洲的区位变迁
```

图1-3 沿边开放中滇西边境少数民族地区的区位演变

由图1-3可以看出，得益于沿边开放对我国边疆地区的空间地理重塑，滇西边境少数民族地区的空间区位也发生了翻天覆地的变化。具体而言，这种空间区位的变化体现在以下三个层次：第一是在云南省内的区位变化，目前滇西边境少数民族地区已成为云南省对外开放的前沿以及云南参与东南亚、南亚各国经济合作的战略高地；第二是在全国层面的区位变化，目前滇西边境少数民族地区已成为我国面向东南亚、南亚开放的国际门户与重要支柱，是我国来往东南亚、南亚各国的陆路国际大通道的重要组成部分，是我国联系东南亚、南亚各国市场的重要桥梁与战略纽带；第三是在全亚洲范围的区位变化，目前滇西边境少数民族地区已经成为推进大湄公河次区域一体化、构造孟中印缅经济走廊的战略支撑点，并具有成为大湄公河次区域的经济增长中心的潜力。

专栏1-3 地理空间的三个层次——地区、国家和（次）区域

地区：滇西边境少数民族地区属于地方地理空间层次，包括怒江傈僳族自治州、保山市、德宏傣族景颇族自治州、临沧市、普洱市、西双版纳傣族自治州、红河哈尼族彝族自治州、文山壮族苗族自治州，总面积约为199347.45平方公里，总人口约为1861.6万人。

国家：中国属于国家地理空间层次，包括23个省、5个自治区和4个直辖市，面积为960万平方公里，人口约为13亿。滇西边境少数民族

地区与生机勃勃的东部沿海地区的空间距离超过了2000公里，内部的分割与限制又进一步拉长了两地之间的距离。

区域：中国云南及其毗邻的东南亚、南亚国家，包括越南、老挝、缅甸、泰国等国家，属于国际地理的空间层次。边界将这些区域进行了分割。

二 区位演变过程中滇西边境少数民族地区的发展政策

为了进一步凸显我国陆路边境地区的空间地理优势，并以此为基础加快沿边地区的发展，自20世纪后期开始中央政府就出台了一系列的发展政策。需要强调的是，这种着眼于发挥空间地理优势的区域发展政策也进一步强化了我国边境地区的空间比较优势。作为我国沿边地区的重要组成部分，滇西边境少数民族地区自然也能够全面享受这些发展政策。具体而言，这方面的政策既包括国家层面（跨国、全国）的各种政策，也包括云南省级政府的制度供给与政策安排。

（一）国家层面的政策叠加

从国家层面来看，目前涉及滇西边境少数民族地区的各种发展政策既包括跨国层面的发展政策，又包括全国层面的区域发展政策，各种优惠政策的叠加效应十分明显。

1. 跨国层面的优惠政策叠加

就跨国政策而言，涉及滇西边境少数民族地区的发展政策包括大湄公河次区域经济合作、中国－东盟自由贸易区、孟中印缅经济走廊、一带一路等方面的政策（见图1-4）。其中，大湄公河次区域经济合作始于1992年，由亚洲开发银行发起，涉及中国（云南）、缅甸、老挝、越南、柬埔寨、泰国等国。大湄公河次区域经济合作主要以项目为主导，截止到2010年，次区域成员国在交通、能源、电信、环境、农业、旅游、人力资源开发、贸易便利化与投资等九大领域开展了227个合作项目，共投入140亿美元，有效地促进了各成员国之间的产业合作、国际贸易与经济往来。

中国-东盟自由贸易区已于2010年1月1日全面启动，涉及中国与东南亚联盟各国。按照《中华人民共和国与东南亚国家联盟全面经济合作框架协议》，这意味着：在货物贸易领域，中国与东盟双方将有7000多种商品享受零关税，并实现货物贸易的自由化；在服务贸易方面，正逐步实现涵盖众多部门的服务贸易自由化，中国与东盟将实质性地开放各自的内部市场；在投资领域，中国与东盟的相互投资将更加自由、便利、透明与公正。

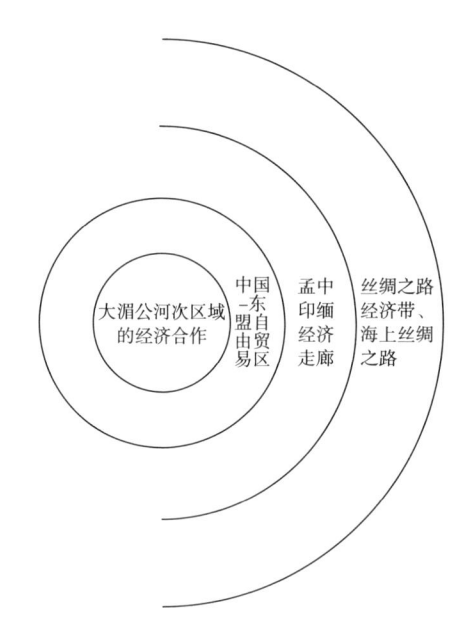

图1-4 滇西边境少数民族地区的发展政策：跨国层面的优惠政策叠加

孟中印缅经济走廊于2013年由李克强总理提出，并得到了印度、缅甸、孟加拉国的积极效应。建立孟中印缅经济走廊的目的是通过发挥各个国家的比较优势，通过产业园区、基础设施等领域的大项目合作推动中国、印度两个大市场更为紧密的联系，从而实现东南亚、南亚、东亚三大经济板块的联合发展。目前，孟中印缅经济走廊的发展机遇包括：贸易、投资和金融领域的合作，加强多种联系和互联互通，开展区域之间的能源合作，建立有效合作的机制等。

"一带一路"是"丝绸之路经济带"和"21世纪海上丝绸之路"的简称。"一带一路"是2013年习近平主席访问中亚四国和印度尼西亚时提出的中国与相关国家合作发展的战略构想，2014年政府工作报告已将其列为本届政府的一项重要工作任务。该战略着眼于一带一路沿途国家的经济发展差距，致力于在农业、纺织、化工、能源、交通、金融、科技等诸多领域进行广泛的经济技术合作，从而将东亚、东南亚、南亚、中亚、欧洲南部、非洲东部联系在一起。经过一年多的持续推进，目前"一带一路"已从理论设计、总体框架的构建演化到了战略规划阶段，有些领域已经进入务实合作阶段。

2. 全国层面的优惠政策叠加

就国内政策而言，涉及滇西边境少数民族地区的发展政策包括沿边开放战略、西部大开发战略、兴边富民行动、面向西南开放的桥头堡战略等政策（见图1-5）。其中，沿边开放战略始于1992年、深化于2008年。早期的沿边开发主要是通过优惠的税收政策、金融政策以及创新边民互市贸易、边民小额贸易等方式发展我国沿边地区的社会经济，并促进沿边地区与周边国家的社会往来与经济合作。目前的沿边开放主要是着眼于提升对外开放的水平，政策重点一方面包括在国家层面设立专项基金支持边境贸易的发展与边境小额贸易企业的能力建设，并大幅度提升边民互市贸易的免税额；另一方面是进一步深化国家级的边境合作区，并设立了沿边开发开放实验区①。

西部大开发战略开始于2000年，政策重点主要是通过增加资金投入与放松管制等方式，创造有利于西部地区以更快速度实现经济发展的条件。具体而言，增加资金投入表现为：财政方面——逐步加大中央对西部地区一般性财政转移支付的规模，提高中央财政性建设资金用于西部地区的比例，以及对设在区域内部且属于国家鼓励类产业的企业实行优惠的税收政策等；金融信贷——逐步提高国家政策性银行贷款在西部地区的比重，将国际金融组织和外国政府贷款尽可能多安排在西部地区，同时鼓励商业银

---

① 目前，国家在广西东兴、云南瑞丽、内蒙古的满洲里分别设立了三个沿边开发开放实验区。

行加大对西部地区的信贷投入力度等。放松管制则表现为：所有制——积极引导区域内部个体、私营等非公有制经济加快发展，允许非公有制经济进入对外商开放的投资领域；对外开放——进一步扩大外商的投资领域、利用外资的渠道以及企业对外贸易的经营自主权等，鼓励外商到西部地区投资、鼓励西部地区以多种形式利用外资以及鼓励企业出口等；土地与资源开发——创新土地使用权，并对资源开发给予优惠政策等；以及其他方面的一些放松管制措施等。

图 1-5　滇西边境少数民族地区的发展政策：国内层面的优惠政策叠加

兴边富民行动始于2000年，主要是通过配合西部大开发战略来提升我国沿边地区的发展水平，帮助边境地区的边民脱贫致富。政策重点主要是着眼于发展以边境贸易为核心的外向型经济，具体措施包括加大对边境地区的资金投入、实施积极的产业扶持政策、加大扶贫支持开发力度、进一步扩大对内对外开放、加大对口帮扶支持力度等。

面向西南开放的桥头堡战略始于2011年，其目标为推进我国向西南开放，实现睦邻友好。这方面的政策重点主要是着眼于云南省与周边国家的基础设施建设,优化区域发展布局,提升对外开放水平等;具体措施包括在国家层面加大转移支付与投资力度,鼓励银行等金融机构为符合国家政策的重大基础设施建设提供信贷,实施差别化的产业政策,实施倾斜的土地政策,加快体制机制改革尤其是涉外体制机制改革等。

(二) 省级层面的发展政策

在国家重塑沿边地区的空间地理的同时,云南省政府也积极探索全省的区位再造与经济发展措施,出台了一系列的省级层面的发展政策。目前,涉及滇西边境少数民族地区的区位再造与经济发展的措施主要体现在以下几个方面。

在区位再造方面:为配合大湄公河次区域的经济合作、中国-东盟自由贸易区的全面推进并响应沿边开放战略、兴边富民行动等国家层面的区域发展战略,云南省正在通过打造跨境经济合作区、构建国际大通道等措施来重塑云南省的空间地理。

专栏1-4 云南的跨国经济合作区

云南的跨国经济合作区包括中越河口-老街跨境经济合作区、中老磨憨-磨丁跨境经济合作区、中缅姐告-木姐跨境经济合作区。其中,中越河口-老街跨境经济合作区是当前云南配套设施最完善、发展条件最成熟的跨国经济合作区。从整体上看,中越河口-老街跨境经济合作区的核心区由河口口岸的北山片区(2.58平方公里)与越南老街省的金城商贸区(2.5平方公里)组成,重点是发展现代物流、国际会展、进出口报税加工等产业。作为跨境经济合作区的重要基础设施,中越红河公路大桥、口岸联检楼已于2009年建成运行,中国-东盟河口国际贸易中心已于2010年建成,目前正在推进北山三条主干道建设与国际物流园区建设等。中老磨憨-磨丁跨境经济合作区已于2010年全面启动,核心区包括中方已得到国家批准的磨憨边境经济贸易区、老方磨丁黄金城经济特区等,产业发展重点包括口岸旅欧、仓储物流、保税加工等。目前,中老磨憨－磨丁跨境经济合作区正处于基础设施完善与政策安排的发展阶段。中缅姐告－木姐跨境经济合作区是云南最大的跨境经济合作区，中方范围包括瑞丽市全境（含畹町）1020平方公里，缅方范围包括木姐市区、105码贸易区和九谷市区约300平方公里，产业发展重点包括国际经济贸易、报税仓储、进出口加工装备、跨境旅游等。目前，尽管中缅姐告－木姐跨境经济合作区还处在基础设施的完善阶段，但也已经列入中国商务部和云南省《共同提升云南沿边开放水平合作备忘录》。

就跨国经济合作区而言，通过充分发挥云南与越南、老挝、缅甸等国山水相连的地理优势，云南省在红河河口、西双版纳的磨憨、德宏的姐告分别设置了中越河口－老街跨境经济合作区、中老磨憨－磨丁跨境经济合作区、中缅姐告－木姐跨境经济合作区。按照云南省的发展规划，这些跨境经济合作区将充分利用双方在资源禀赋、市场需求、技术能力、产业分工等方面的差异，以"两国一区、封闭运作、境内关外、自由贸易"为管理模式，并在税收、投资、人员流动、口岸对接、车辆与货物运输、货币自由兑换等方面给予优惠政策，形成具有自由贸易区特征的经济发展模式。以中缅姐告－木姐跨境经济合作区的"境内关外"政策为例，这种优惠政策要求中方海关向中国内陆后退至瑞丽桥，并赋予姐告享有"中方货物跨过瑞丽桥（进入姐告）就视同出口、缅方货物只有跨过瑞丽桥（离开姐告）并进入中国内陆地区才视同进口"等特权。这种空间区位的再造措施极大地促进了中国（瑞丽）与缅甸的贸易，使得瑞丽成为中国对缅甸贸易的第一大陆路口岸和德宏傣族景颇族自治州经济发展的"飞地"。

就国际大通道建设而言，云南省目前已形成西路、中路、东路三条国际大通道。西路的国际大通道沿滇缅（昆畹）公路、中印（史迪威）公路、昆明至大理的铁路西延，可分别到达缅甸的密支那、八莫、腊戍等地并直达仰光，还可经密支那与印度雷多，前往孟加拉国与印度的加尔各答。中路的国际大通道由澜沧江－湄公河航运、昆明至洛公路、昆明至曼谷公路等，通往缅甸、老挝、泰国并延伸至马来西亚和新加坡。东路的国际大通道以滇越铁路、昆河公路等通往越南的河内、海防及其南部各地。

在区域经济发展方面，为强化国家层面的优惠政策，并形成优惠政策的叠加效应，云南省也出台了一系列的发展政策。其中，在贸易政策方面，以加快健全与国际接轨的经济运行机制、积极参与大湄公河次区域的经济合作、强化口岸配套设施建设并加快通关便利化、鼓励发展出口加快产业等为重点，云南省也逐步调整了对外开放与国际贸易政策。在投资政策方面，以遴选重点投资行业、进一步扩大税收优惠幅度、实施宽松的土地政策、推动"央企入滇"等方式，吸引来自国内外的各种投资。在民间资本方面，以下放项目备案权限、落实税收优惠政策、加强对非公有制经济的维权保护、建立重点企业的联系制度等方式，加快全省民营经济的发展。在其他方面，云南省也结合自身的区位优势、资源禀赋等出台了一系列的优惠政策。

（三）对地区发展政策的反思

尽管各种层面的发展政策及其优惠叠加效应加快了滇西边境少数民族地区的发展，并在一定程度上重塑了这片区域的空间地理；但滇西边境少数民族地区的发展现状也表明这些政策措施只是加快了区域发展，但并不足以扭转滇西边境少数民族地区与我国经济发达地区（如东部沿海地区）的发展失衡，因此需要对这些发展政策进行全面的反思。具体而言，目前各个层面的发展政策的不足主要体现在以下几个方面。

首先是国家层面的宏观政策或发展战略对滇西边境少数民族地区缺乏针对性。事实上，无论是跨国层面的大湄公河次区域经济合作、中国-东盟自由贸易区、孟中印缅经济走廊、一带一路等，还是全国层面的沿边开放战略、西部大开发战略、兴边富民行动、面向西南开放的桥头堡战略等，这些政策或战略主要是针对我国沿边地区的各个省（自治区）。在一定程度上甚至可以这样说：这些宏观政策或发展战略只是体现了国家对这片区域的重视，而不是一个在滇西边境少数民族地区可操作的发展政策。由于滇西边境少数民族地区与其他沿边地区的具体情况、资源禀赋、人力资源开发等各不相同，作为一个整体的区域发展政策（战略）很难有针对性地在地区层面发挥作用。这不可避免地会影响到这些政策与战略对滇西边境少数民族地区作用的发挥。

其次是发展政策或战略的工具不全。即使不考虑上述发展政策的针对性，这些政策的工具不全等问题也十分突出。由于我国陆路沿边地区均属于欠发达地区，针对这片区域的发展政策，除了需要从原则上确定特定区域发展的基础与方向外，还必须有规范的、全面的、可供选择的政策工具。这些政策工具能够影响到个人和企业的区位选择，从而改变特定区域的收入与支出水平，进而影响发展政策的效果。从国际实践来看，现代的区域发展政策已从简单的、单一的政策工具（投资补贴、定点援助、行政控制等）转向为不同类型的、复合的、凝聚的政策工具。这些政策工具不但包括传统的政策工具，如财政税收优惠、金融信贷支持等，而且包括现代的促进新企业、新产品和新工艺形成的政策工具，如基金工具等。目前，涉及滇西边境少数民族地区的政策与战略除了扶贫工具比较完善之外，其他区域政策工具都相对匮乏，这不可避免地也会影响到这些政策与战略对滇西边境少数民族地区作用的发挥。

再次是对滇西边境少数民族地区的内生发展重视不够。所谓内生发展是指以区域内部的资源、技术、产业和文化为基础，充分发挥各个地区的优势，从而通过自身的努力达到区域利益最大化的发展模式。内生发展强调通过区域内部中小企业的发展与技术进步来刺激形成向上的区域文化、刺激形成区域内部竞争，从而促进创新和"学习型区域"的形成。然而，现有涉及滇西边境少数民族地区的政策与战略更多的是强调通过区位优势、优惠政策等来吸引区域外部的大规模投资。对滇西边境少数民族地区而言，尽管嵌入式的产业布局和政府大规模的投资，能在较短的时间内提升区域经济的发展水平，但过度依赖外部企业在接受优惠政策的背景下进入特定区域的发展显然是难以持续的。因为，基于比较利益变化的嵌入式投资会随着比较利益的动态演化而发生变化，这是投资的经济行为主体与地方政府动态博弈的结果；同时外来投资者利益的最大化与区域利益的最大化并不一致，经济主体的投资并不必然会与当地产业结构的演进趋势相一致。事实上只要这种大规模投资与企业没有融入由区域内部中小企业组成的供应网络中，内生发展将是难以持续的。

最后是现有发展政策与战略过于强调"地区繁荣"并在一定程度上忽视了"个人繁荣",这种政策安排显然也会制约滇西边境少数民族地区的社会发展,并直接影响人文发展的趋同与经济差距的收敛。在经济建设与效率为主的指导方针下,无论是跨国层面或全国层面的发展政策(战略),还是云南省内的区位再造与经济发展措施,强调的都是滇西边境少数民族地区的经济发展,突出的是如何平和区域之间的经济发展差距,对区域内部的社会保障、医疗卫生、文化、扶贫等人文发展重视不够。这种政策安排使得区域内部社会发展的速度与质量远远低于同期经济发展的水平,再加上历史上滇西边境少数民族地区的社会发展本就不足,持续失衡的社会经济差距也直接影响了滇西边境少数民族地区与发达地区之间的人文发展趋同与经济发展收敛。

三 重新审视滇西边境少数民族地区的发展态势:一个经济地理的分析框架

借鉴经济地理学科的最新进展,本研究报告引入了一个新的分析框架,选择从密度、距离、分割三个维度,重新审视滇西边境少数民族地区的发展特征。

(一) 基本概念:密度、距离与分割

密度、距离、分割的三维分析框架是世界银行吸收了新经济地理理论和新贸易理论后提出的一个新的分析框架。其中,新经济地理理论认为,聚集的规模效应以及生产要素和人口的自由流动,会促使经济趋于集中并能最大化地分享规模经济的收益;一般而言,经济活动越是集中,区域经济发展水平则越高,区域内部的居民则越富裕。新贸易理论则认为,交通成本的下降与贸易壁垒的减少能够促进专业化分工以及产业内贸易的发展,这有利于区域经济的发展与福利水平的提升。从这些理论逻辑出发,世界银行引入了分析经济地理的新框架——密度、距离、分割。

所谓密度是指每单位土地(如平方公里)内经济产出与全部购买力的强度,或者是每单位土地内经济活动的地理密度。该指标测度的是区域内

部每单位土地的经济产出水平与居民收入水平等，反映的是经济活动与资源禀赋的集中程度。一般而言，空间层面的经济密度包括每平方公里的人口密度、产出密度等。区域经济的地理密度能够影响潜在的市场容量，从而影响商品、服务、劳务、信息以及要素流动等，因而是地方经济发展的至关重要的特征。由于在经济发展过程中经济活动的空间地理分布并不平衡，加之技术进步与经济全球化等更是增强了某些地区的市场潜力并加强了经济活动的集中趋势，经济活动在地区之间的失衡就更为突出，小到一个地区、大到一个国家（跨国区域）均是如此。因此如何通过市场力量鼓励经济活动的集中并实现合理的密度就成为制造区域发展政策面临的严峻挑战。

所谓距离是指商品、服务、劳务、资本、信息、观念等穿越地理空间的难易程度。与几何学中空间距离不同的是，新经济地理学中的距离一方面是更强调因基础设施落后与制度障碍造成的经济距离，包括要素流动的时间成本、货币成本与人口流动的"心理成本"等；另一方面则是更看重某个特定区域与经济密度区的距离，即接近大市场的毗邻效应。就前者而言，新经济地理学认为直线式的空间距离固然能够影响要素流动、贸易往来与经济活动，从而影响微观经济行为主体的时间成本与货币成本；但交通运输基础设施的位置与质量、运输的可得性包括政策在内的人为壁垒等则更能影响任何两个地区之间要素流动的时间成本与货币成本。就后者而言，新经济地理学认为与经济密集区的距离不但能够影响商品、服务、信息在地区之间流动，而且能够影响空间之间的互动与交流活动，因此只有与经济密度区距离较近的地区才能更容易分享经济中心的溢出效应，并促进区域内部整体要素生产率的更快增长。从这些逻辑出发，距离不但具有市场准入（进入经济密度区）的特征，而且决定了区域能否得到更多的发展机会，因此对区域发展具有举足轻重的作用。正因为如此，距离也是地区经济的重要特征，并受到政府部门的广泛关注；而如何帮助微观经济行为主体缩短与经济密集区的距离也是制定区域发展政策面临的严峻挑战。

所谓分割是指国家之间、地区之间的商品、服务、劳务、资本、技术、信息流动的限制性因素，具体包括货币、关税、语言等有形和无形的障碍等。在经济发展过程中,距离只是影响了经济行为主体的货币成本与时间成本,而分割则直接造成了区域之间的不可穿越性,这是一个更为棘手的"市场准入"问题。需要强调的是,国与国之间的边界并不必然就等于分割,而国内的区域之间也并不必然就等于要素的自由流动与一体化。就前者而言,在权责明确、界限分明的前提下,国家的边界不但可以保证社会稳定,而且可以带来可观的经济利益;然而,如果边界得不到有效管理,国与国之间的分割将乘机兴起,并限制商品、资本与人员的流动。由于国家能够决定自身边界的可穿透性,国与国之间的分割会随着国家的对外开放等而变化。一般而言,富裕国家的边界限制比贫穷国家的边界限制要小得多。就后者而言,由于地方保护主义的存在以及应对区域竞争的需要,国家内部的市场分割在发展中国家也较为普遍。因此,如何解决地区之间与国家之间的分割问题不但是保障区域竞争持续发展的基本要求,而且也是制定区域发展政策所面临的严峻挑战。

综上所述,作为发展的三个特征,密度、距离、分割不但可以界定经济发展的地理变迁,而且有助于确定地方、国家的区域发展政策,并重塑其经济地理。就前者而言,地区经济越发达,其经济密度就越高、与国际主流市场的距离也越短、社会经济一体化程度也越高;而地区经济越落后,其经济密度就越低、与国际主流市场的距离就越远、社会经济分割也更为严重。就后者而言,制定地区发展政策就必须重点考虑如何提升地区内部要素聚集的程度、经济活动的集中程度并缩短与经济中心的距离、推进地区与经济中心的一体化等议题。

(二) 滇西边境少数民族地区的"密度"[①]

为了更好地分析滇西边境少数民族的经济密度,本研究报告选择了云南省、全国与上海为参考地区,并借鉴世界银行的测度方法,分别从每平方公里的人口密度、就业密度、经济密度以及人均密度等指标来分析这片

---

① 如果无特别说明,本部分的数据均来源于《云南统计年鉴(2013)》与《中国统计年鉴(2013)》。

地区的发展特征。其中，人口密度、就业密度与经济密度主要反映地区经济活动的聚集程度，而人均密度主要反映地区居民的生活水平等。

就每平方公里的人口密度而言，滇西边境少数民族地区的人口密度不但远远低于上海等经济发达地区的人口密度，而且在整体上也低于云南省与全国的人口密度。图1-6的数据显示：2012年，滇西边境少数民族地区内部人口密度超过100人/平方公里的州市达到了5个，分别为文山壮族苗族自治州、红河哈尼族彝族自治州、保山市、临沧市、德宏傣族景颇族自治州；虽然红河哈尼族彝族自治州与保山市的人口密度超过了云南省的平均水平，但138.5人/平方公里、129.4人/平方公里的人口密度仍然低于全国的平均水平（141人/平方公里），更是远远低于上海市的人口密度；怒江傈僳族自治州、普洱市、西双版纳傣族自治州的人口密度分别为36.6人/平方公里、56.7人/平方公里、58.4人/平方公里，远远低于100人/平方公

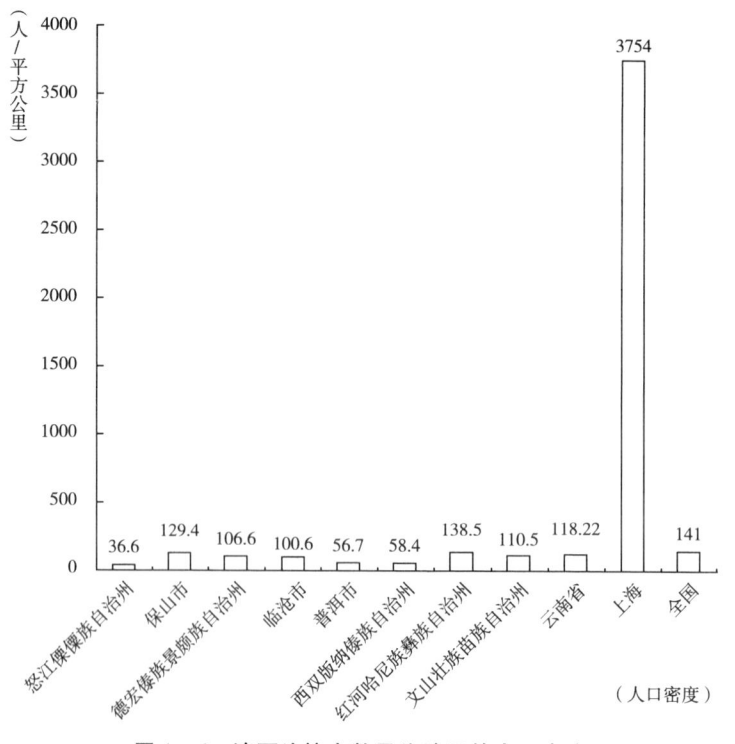

图1-6 滇西边境少数民族地区的人口密度

第一章 沿边开放、区位演变与滇西边境少数民族地区发展机制的相关理论

里,也远远低于云南省与全国的人口密度。以怒江傈僳族自治州为例,36.6人/平方公里的人口密度约为云南省与全国人口密度的1/3、1/4,只有上海市人口密度的1/100。

就每平方公里的就业密度而言,整体上滇西边境少数民族地区与云南省、全国的平均水平的差距不大,但与上海等经济发达地区的差距仍然十分明显。图1-7的数据显示,2012年,滇西边境少数民族地区内部就业密度最高的州市为红河哈尼族彝族自治州,其81.68人/平方公里的就业密度虽然远远低于上海市的就业密度,但也高出云南省与全国的就业密度;保山市的就业密度也超过了云南省与全国的平均水平,达到了80.95人/平方公里;文山壮族苗族自治州、德宏傣族景颇族自治州的就业密度虽然低于云南省与全国的就业密度,但66.77人/平方公里、67.76人/平方公里的人口密度也十分接近云南省与全国的人口密度;西双版纳傣族自治州、普洱市、怒江傈僳族自治州的就业密度要远远低于云南省与全国的就业密度,分别为28.24人/平方公里、35.37人/平方公里、21.63人/平方公里。以怒

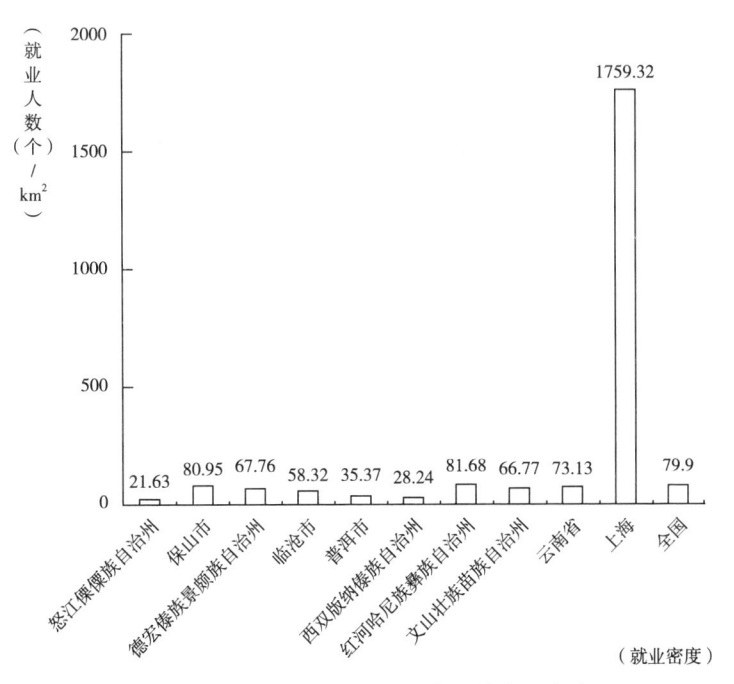

图1-7 滇西边境少数民族地区的就业密度

江傈僳族自治州的就业密度为例，其 21.63 人/平方公里的就业密度是滇西边境少数民族地区内部最低的就业密度，约为云南省、全国就业密度的1/4，只有上海市就业密度的 1/81。

就每平方公里的经济密度而言，滇西边境少数民族地区与云南省、全国以及上海市的差距就更为明显。图 1-8 的数据显示，2012 年云南省、全国与上海的 GDP 密度分别为 261 万元/平方公里、540.56 万元/平方公里、31829.86 万元/平方公里；而怒江傈僳族自治州、保山市、德宏傣族景颇族自治州、临沧市、普洱市、西双版纳傣族自治州、红河哈尼族彝族自治州、文山壮族苗族自治州的 GDP 密度分别只有 50.97 万元/平方公里、198.58 万元/平方公里、174.39 万元/平方公里、144.26 万元/平方公里、82.75 万元/平方公里、118.8 万元/平方公里、275.21 万元/平方公里、148.45 万元/

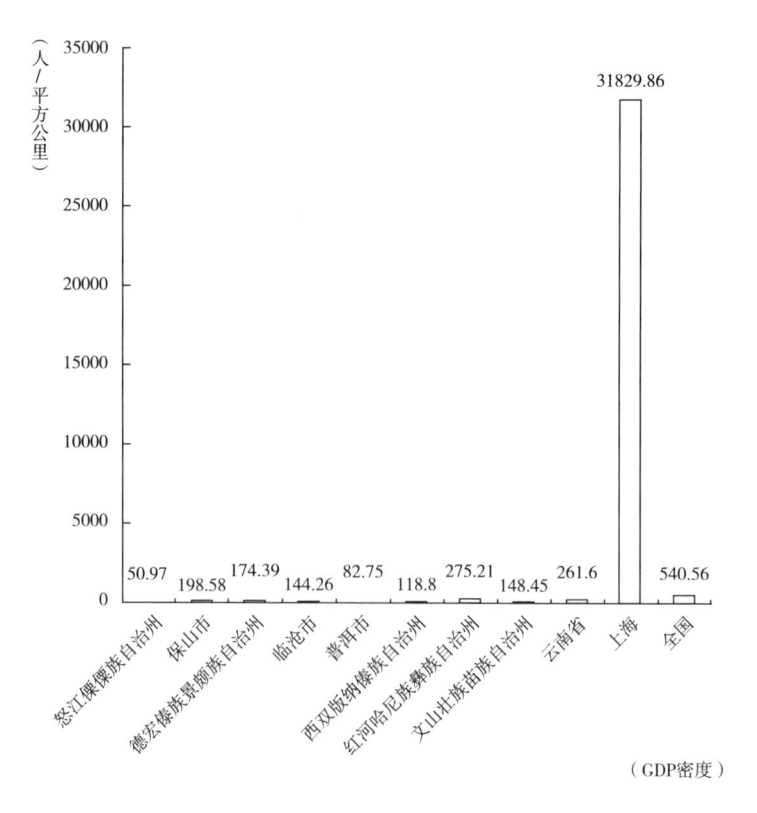

图 1-8　滇西边境少数民族地区的经济密度

方公里，在整体上仍然是远远低于云南省、全国的 GDP 密度。其中，只有地区内部经济密度最高的州，即红河哈尼族彝族自治州的 GDP 密度略高于全省的平均水平，但也只达到了全国平均水平的 1/2，还不到上海市 GDP 密度的 1/100；地区内部经济密度最低的州，即怒江傈僳族自治州的 GDP 密度还不到云南省的 1/5、全国平均水平的 1/10，只占到了上海 GDP 密度的 1/624。

本研究报告的人均密度包括人均 GDP 与人均收入两个指标①。就人均 GDP 而言，图 1-9 的数据显示：2012 年，滇西边境少数民族地区内部各个州市的人均 GDP 均低于云南省与全国的人均 GDP，更远远低于上海等经济

地区	人均GDP（元/人）
怒江傈僳族自治州	13953
保山市	15397
德宏傣族景颇族自治州	16408
临沧市	14286
普洱市	19909
西双版纳傣族自治州	20309
红河哈尼族彝族自治州	21022
文山壮族苗族自治州	13459
云南省	22195
上海	85373
全国	38420

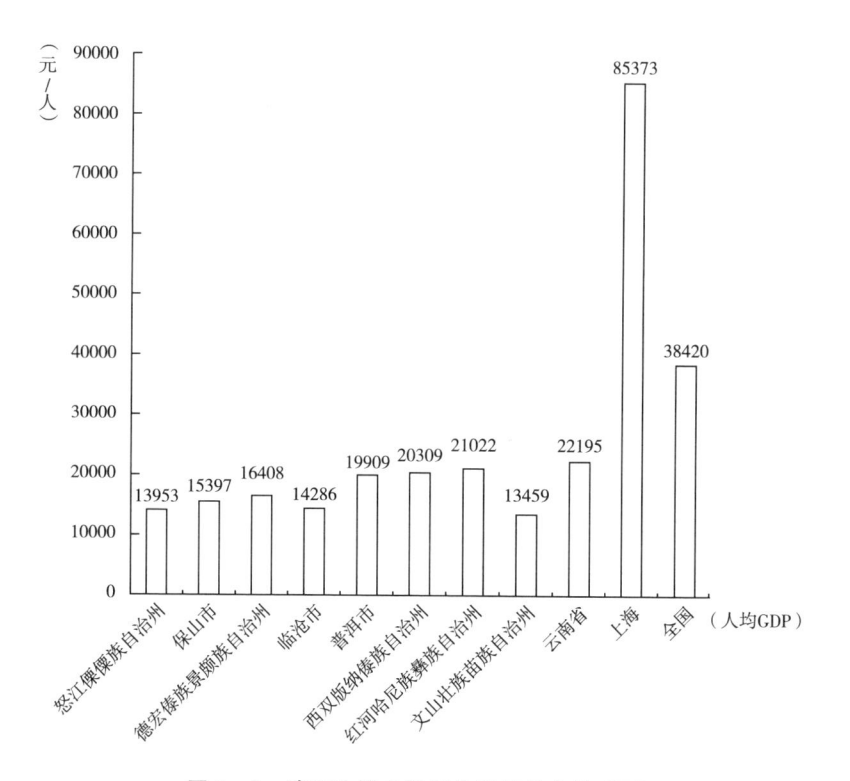

图 1-9 滇西边境少数民族地区的人均 GDP

---

① 以人均工资、收入等指标综合所得。

发达地区的人均 GDP。具体而言，只有红河哈尼族彝族自治州、西双版纳傣族自治州的人均 GDP 超过了 20000 元，分别为 21022 元、20309 元；尽管红河哈尼族彝族自治州为滇西边境少数民族地区内部人均 GDP 最高的州市，但其人均 GDP 也低于云南省的平均水平（22195 元/人），并且只有全国人均 GDP 的 1/2 强、上海人均 GDP 的 1/4。文山壮族苗族自治州为滇西边境少数民族地区内部人均 GDP 最低的州市，其人均 GDP 为 13459 元，约为云南省人均 GDP 的 1/2、全国人均 GDP 的 1/3、上海市人均 GDP 的 1/6。临沧市、怒江傈僳族自治州的人均 GDP 也十分接近文山壮族苗族自治州的人均 GDP，分别只有 14286 元与 13953 元，其人均 GDP 在滇西边境少数民族地区内部处于最底层；而普洱市、德宏傣族景颇族自治州、保山市的人均 GDP 虽然高于文山壮族苗族自治州的人均 GDP，但也远远落后于云南省与全国的人均 GDP。

就人均收入而言，图 1 - 10 的数据显示：整体上滇西边境少数民族地区的人均收入也要远远低于云南省、全国与上海市的人均收入。具体而言，西双版纳傣族自治州为滇西边境少数民族地区内部人均收入最高的州市，达到了 12633.59 元，其人均收入超过了云南省的平均水平，但仍然低于全国与上海的人均收入水平。其余各州市的人均收入均低于 10000 元，其中德宏傣族景颇族自治州与保山市的人均收入接近 10000 元，分别达到了 9727.42 元与 9528.74 元；而怒江傈僳族自治州人均收入为 6408.92 元，为滇西边境少数民族地区内部人均收入最低的州市，其收入约为云南省人均收入的 1/2、全国人均收入的 1/3、上海市人均收入的 1/6。

综上所述，本研究报告认为：第一，如果以上海等经济发达地区为参照地区，滇西边境少数民族地区的"密度"要远远低于这些地区的"密度"，二者之间的差距十分明显；第二，如果以云南省、全国为参照地区，滇西边境少数民族地区的"密度"尽管在整体上与这些地区的"密度"存在差距，但部分州市的部分指标仍然超过了云南省与全国的相应指标；第三，就与云南省、全国或上海市的"密度"差距而言，滇西边境少数民族地区在经济聚集指标方面的差距要远远高于其在生活水平指标方面的差距，即滇西边境少数民族地区在人口密度、就业密度与经济密度等方面的差距

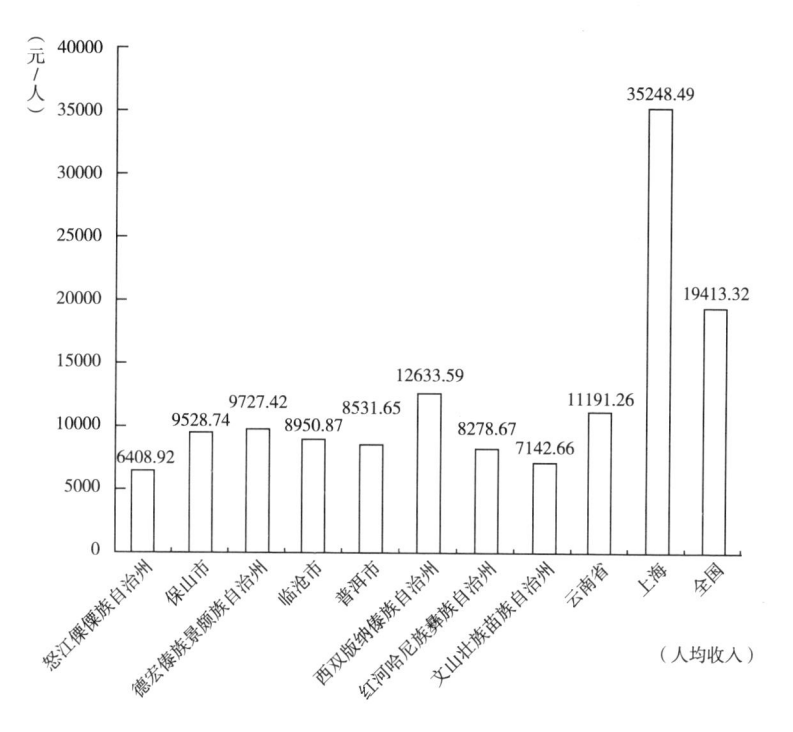

第一章　沿边开放、区位演变与滇西边境少数民族地区发展机制的相关理论　25

图1-10　滇西边境少数民族地区的人均收入

要远远高于其在人均GDP、人均收入等指标方面的差距。这表明与发达地区相比，滇西边境少数民族地区尽管仍然为中国最不发达的地区之一，但其在生活水平方面的差距要小于其在经济发展方面的差距。

（三）滇西边境少数民族地区的"距离"

由于理论逻辑中的"距离"既包括该地区到国内经济中心或国际市场的空间物理距离，又包括制度与基础设施所造成的无形距离，本研究报告将首先分析滇西边境少数民族地区到国内经济中心的空间距离，然后再分析制度与基础设施等方面的因素对这片区域的影响。

考虑到上海在全国经济格局中的影响以及云南货物依赖从深圳走"水路"进入国际市场的特征，本研究报告将上海作为我国经济中心、将深圳作为云南进入国际主流市场的最近的海港城市。从这些逻辑出发，本研究报告将首先分析滇西边境少数民族地区到省会昆明和到国内经济中心以及到最近出海口的空间距离。

图1-11的数据显示：就到省会昆明的陆路距离而言，滇西边境少数民族地区的8个州市中就有6个州市到昆明的陆路距离超过了400公里。其中，德宏傣族景颇族自治州到昆明的距离最远，达到了670公里；怒江傈僳族自治州、保山市、临沧市、西双版纳傣族自治州到昆明的陆路距离均超过了500公里；虽然红河哈尼族彝族自治州到昆明的陆路距离最近，但也达到了270.9公里。

就到国内经济中心的陆路距离而言，滇西边境少数民族地区到上海市的陆路距离均超过了2000公里；其中，德宏傣族景颇族自治州到上海市的陆路距离最远，超过了3014公里，文山壮族苗族自治州到上海市的陆路距离最近，但也超过了2472公里。

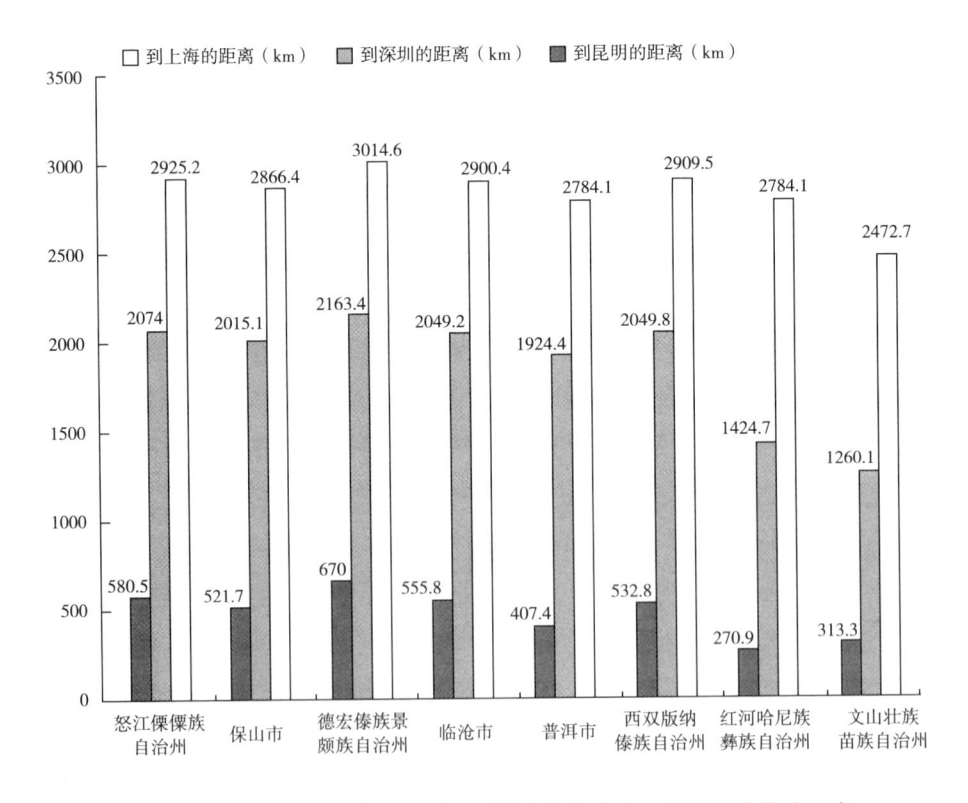

图1-11 滇西边境少数民族地区到国内经济中心、出海口的陆路距离

说明：根据百度卫星地图推算的数据。

就到出海口的陆路距离而言，滇西边境少数民族地区到深圳出海口的陆路距离均超过了 1000 公里，其中有 5 个州市到深圳出海口的陆路距离均超过了 2000 公里。具体而言，文山壮族苗族自治州到深圳出海口的陆路距离最近，约为 1260 公里；而怒江傈僳族自治州、保山市、德宏傣族景颇族自治州、临沧市、西双版纳傣族自治州到深圳出海口的陆路距离均超过了 2000 公里，分别为 2074 公里、2015 公里、2163 公里、2049 公里、2050 公里。

滇西边境少数民族地区到我国经济中心与国际主流市场的距离不但体现在陆路空间距离上，而且体现在运输的基础设施与制度等方面。就运输的基础设施而言，滇西边境少数民族地区的运输设施主要是以陆路运输为主，铁路运输或航空运输为辅，均严重缺乏水上运输，尤其是海上运输。目前，滇西边境少数民族地区内部没有铁路运输的州市就有怒江傈僳族自治州、保山市、德宏傣族景颇族自治州、临沧市、西双版纳傣族自治州等；而其他州市尽管具有铁路运输，但也处于全国铁路运输网络的末端。就水路运输而言，滇西边境少数民族地区内部除西双版纳傣族自治州具有水路运输之外，其他 7 个州市均没有水路运输。如果再考虑欠发达地区的制度供给也远远落后于经济发达地区的制度供给，其制度影响的经济距离也十分明显。从这些逻辑出发，本研究报告认为滇西边境少数民族地区的商品、服务、劳务、资本、信息、观念要想跨越国内的地理空间将十分困难，其要素流动的时间成本、货币成本也要远远高于国内其他地区的相应成本，因此滇西边境少数民族地区将很难享受国内经济中心的毗邻效应。

（四）滇西边境少数民族地区的"分割"

作为内陆边疆地区，滇西边境少数民族地区的"分割"不但体现在国内与国际的分割方面，而且体现在被贫穷国家所包围的内陆地区等特征方面。

首先是由于地区经济发展的不平衡与城乡二元结构的存在，国内区域之间与城乡之间本就存在各种类型的"分割"，这一点在不发达地区表现得尤为突出；而滇西边境少数民族地区作为我国最不发达的地区之一，其城乡之间以及与国内经济中心之间自然也就存在较为严重的分割。以人口流动为例，受制于户籍制度的影响，我国劳动力市场本就存在城乡与区域的分割；而滇西边境少数民族地区的劳动力不但受制于户籍制度的影响，而且受制于语言、文化、习惯、距离等方面的影响，因此劳动力的流动将更为困难。事实上，在课题组的调研过程中，我们也发现滇西边境少数民族地区内部的农村剩余劳动力在省内市（州）外、省外（含国外）的流动比例要远远低于我国中部地区的相应比例；不但如此，流向这片地区的外来人口的规模也远远低于流向东部沿海地区的人口规模。

其次是客观存在的边境不可避免地也会影响滇西少数民族地区与周边地区的一体化。尽管国家能够选择自己边界的可穿透程度，且在经济全球化的背景下国与国之间的边境也出现了由"宽"向"窄"的变化趋势，但边境总是客观存在的，国与国之间的制度、文化、语言等的差异不可避免也会影响货物、人员、信息、技术、资本等的流动性。近年来，尽管伴随大湄公河次区域一体化与中国-东盟自由贸易区的全面推进，云南与毗邻国家的一体化得到了有效提升，但滇西少数民族地区与周边国家的分割仍然存在。同样以劳动力的流动为例，目前滇西边境少数民族地区的劳动力还不能够实现在区域内部各国之间的自由流动，只有在毗邻的边境口岸城市之间，如在瑞丽与木姐的劳动力才能在毗邻国家的口岸城市之间自由流动。

最后是作为被贫穷国家所包围的内陆地区，滇西边境少数民族地区的毗邻国家的市场化、一体化程度仍然处于世界最低水平，这也意味着这片区域的分割将比我国其他边境地区的分割更为严重。从空间地理特征来看，我国滇西边境少数民族地区处于高原山地，地区市场不但缺乏实现价值链多元化或提升价值链的能力，而且远离国内经济中心、世界经济中心与国际主流市场，地区发展面临着严峻挑战，因此迫切需要通过加快与周边国家的社会经济合作来推进次区域一体化。然而，滇西边境少数民族地区的毗邻国家均为发展中国家，老挝与缅甸更是世界上最不发达的国家，其市场化程度、一体化程度仍然处于世界最低水平，区域分割十分严重。以缅甸为例（见图1-12），2013年，其经济全球化、社会全球化、政治全球化和全球化的指数分别为47.67、15.19、34.09、31.98，分别排在全球第

117、193、170 与 177 位。这种空间特征意味着滇西边境少数民族地区不但远离国内经济中心，而且难以融入区域国际市场，地区一体化将面临更为严峻的挑战。

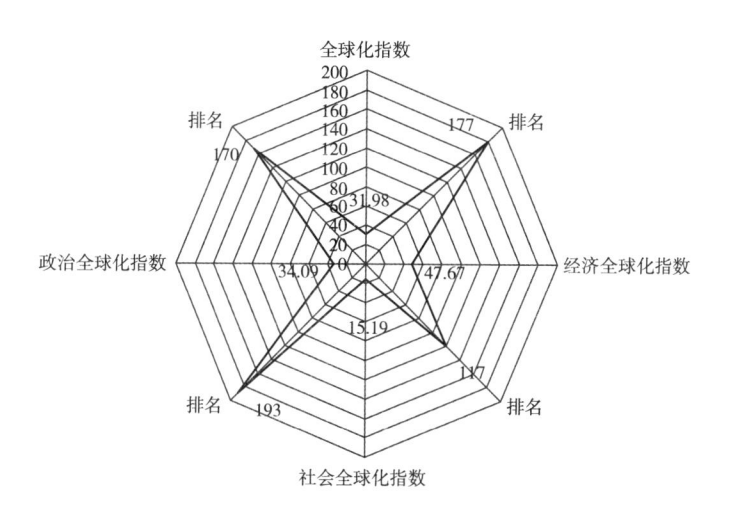

图 1-12　2013 年缅甸的全球化指数及其排名

四　滇西边境少数民族地区的发展机遇及其挑战

在新的历史时期，应重新审视滇西边境少数民族地区的发展态势，这片区域的发展既面临着前所未有的发展机遇，又面临着更加严峻的挑战。

（一）滇西边境少数民族地区的发展机遇

第一，空间地理的区位变迁为滇西边境少数民族地区的发展提供了新的机遇。正如在前面分析中所指出的那样，在沿边开放、兴边富民等战略的推动之下，我国滇西边境少数民族地区的空间区位发生了翻天覆地的变化，目前已由远离国际、国内市场转化为临近国际市场，并成为联系国内市场与国际市场的中间桥梁。这种空间区位的变迁不可避免地会影响滇西边境少数民族地区的发展。首先是空间地理的区域变迁进一步放大了这片区域的空间优势，并使得滇西边境少数民族地区能够依托自身的比较优势吸引来自区域外部的各种投资以及参与大湄公河次区域的国际经济合作，这些都有利于滇西边境少数民族地区加快发展。其次是空间地理的区域变迁使得滇西边境少数民族地区与我国周边国家的政治边界实现了"从宽到窄"的转化，商品、知识、资本、技术、信息、人员等各种经济要素在次区域内部的流动速度明显加快，这些也有利于滇西边境少数民族地区加快发展。

第二，各个层面的发展战略将滇西边境少数民族的发展提升到了一个新高度，并使其受到了前所未有的关注。得益于国家层面的发展战略以及云南省内的空间再造措施，目前滇西边境少数民族地区的发展上升到了一个新的高度。这一方面表现为滇西边境少数民族地区的发展已不纯粹只是我国境内某个区域的发展，而是关系到中国西南边境地区的政治稳定、民族团结，是一个全国层面的重要问题，区域发展上升到了国家层面的高度；另一方面表现为滇西边境少数民族地区的发展已成为我国参与大湄公河次一体化、全面推进中国－东盟自由贸易区等跨国合作的战略高地，不但受到了中国政府的高度关注，而且受到了亚洲开发银行、世界银行等国际组织以及东盟各国的高度关注。从经济学的理论逻辑来看，这种战略聚集将进一步放大滇西边境少数民族地区能够享受的优惠政策，并使其成为各种经济要素的聚集点，这也为滇西边境少数民族地区的发展提供了新的发展机遇。

第三，滇西边境少数民族地区的发展能够享受前所未有的优惠政策，这也为其发展提供了新的机遇。尽管在前面的分析中，本研究报告认为各个层面的优惠政策仍然存在发展工具不足、区域针对性不强以及对内生发展重视不够等问题，但这些政策的优惠程度仍然达到了前所未有的高度。首先是在国内层面，滇西边境少数民族地区几乎能够享受国内各个层面的优惠政策，并独享某些特殊的优惠政策，如跨境经济合作区的"境内关外"政策等；其次是在国际层面，滇西边境少数民族地区还能够享受某些邻国的优惠政策，如中老磨憨－磨丁跨境经济合作区就能够享受老挝的优惠政策等。优惠政策作为影响微观经济行为主体的重要因素，也必然为滇西边境少数民族地区的发展提供新的机遇。

（二）滇西边境少数民族地区面临的挑战

第一，滇西边境少数民族地区的内生发展能力仍然无法满足加快发展并实现区域收敛的要求。目前,虽然滇西边境少数民族地区面临着前所未有的发展机遇,但将这种潜在的发展机遇转换为现实的发展机会并不是无条件的结果;相反这种转换要求区域内的各个经济行为主体都必须具备一定的能力。然而,由于历史上滇西边境少数民族地区就是中国最不发达的地区之一,区域内部的基础设施、人文发展、人力资本与经济基础等要远远落后其他地区;加之近年来各个层面的发展政策强调的也是"地区繁荣"而非"个人繁荣",突出的也是经济效率而非社会发展,滇西边境少数民族的内生发展能力显然无法满足上升要求。因此,如何进一步提升区域内生发展能力,仍然是滇西边境少数民族地区发展面临的首要挑战。

第二,滇西边境少数民族地区的发展将面临更为严峻的区域竞争。这种区域竞争既包括国内(省内)各个地区的竞争,又包括国际层面的区域竞争。首先就国内(省内)层面而言,滇西边境少数民族地区不但需要面对广西边境地区的竞争,而且需要面对省内滇中城市群等其他地区的竞争。由于广西边境地区与滇西边境少数民族地区具有同样的空间区位优势,并享受几乎等同的优惠政策,近年来两个地区之间展开激烈的竞争。事实上,由于广西边境地区具有海运的优势,广西北部湾在吸引国内投资与产业转移方面就远远地走在云南的前面。而在与省内滇中城市群等其他地区的竞争方面,滇西边境少数民族地区在基础设施、经济基础等方面也面临着严峻的挑战。其次就国际层面而言,滇西边境少数民族地区不但需要面对越南老街省、老挝北部地区、缅甸105码贸易区等邻国的竞争,而且需要面对柬埔寨、泰国等其他国家的竞争。以越南老街省为例,得益于廉价劳动力的比较优势,近年来该地区在吸引国际投资方面也取得了不错的成就。由于在经济全球化与区域一体化的条件下,这些竞争将会日趋激烈,这不可避免地会影响到滇西边境少数民族地区的发展。

第三,滇西边境少数民族地区的发展面临着周边国际形势的挑战。与国内其他地区不同的是,滇西边境少数民族地区不但需要国内经济的稳定,而且需要周边国家的安稳。然而,伴随近年来民族主义在周边国家的兴起,滇西边境少数民族地区的发展也开始面临周边国际形势的挑战。具体而言,这种挑战既面临周边国家内部可能出现的政局动态、民族关系问题与恐怖主义威胁等，又面临中国与一些东南亚国家在领土与领海主权方面的纠纷。就前者而言，近年来缅甸国内的政治巨变及其资源民族主义兴起就是典型的例子，这种变化要求滇西边境少数民族地区改变与缅甸的经济合作方式，并重视缅方内部的区域发展。就后者而言，中国与越南、菲律宾等国的南海纠纷等也会给区域之间的经济合作带来挑战。2014年越南国内对中资企业的打砸等行为也是典型的例子。这些都大大增加了滇西边境少数民族地区周边的不确定性因素，不可避免也会影响其发展。

专栏1-5　缅甸密松水电站事件

密松水电站位于缅甸北部克钦山区，距云南腾冲县城约227公里，距克钦邦首府密支那约30公里。密松水电站由中国中电投资集团与缅甸世界公司共同投资开发，计划装机容量为600万千瓦，系缅甸境内装机容量最大的电站。密松水电站于2009年12月开工，按照双方的投资约定，2017年首台机电组就可发电。然而，在破土动工两年之后，也就是2011年9月，缅甸总统吴登盛通知国会，根据缅甸人民的意愿，本届政府任期内搁置兴建密松水电站。尽管该项目的投资已达36亿美元，但截止到目前，密松水电站仍然处于搁置兴建状态，是否能够复工兴建都还是一个未知数。

第二章 滇西边境少数民族地区的发展战略：重塑经济地理与发展机制

在新的历史条件下，为充分利用区位变迁所带来的各种发展机遇并应对全球化所带来的更为严峻的挑战，滇西边境少数民族地区就需要重塑经济地理与发展机制。从这个逻辑出发，本部分首先分析了滇西边境少数民族地区重塑经济地理与发展机制的宏观环境，以此为基础接着分析了这片地区重塑经济地理的路径并重新构建了这片地区的发展机制，最后分析了新的发展战略下滇西边境少数民族地区的发展目标。

一 滇西边境少数民族地区重塑经济地理与发展机制的宏观环境

重塑经济地理与发展机制首先需要明晰滇西边境少数民族地区的宏观环境，这是发挥地区比较优势并以此加快地区发展的基础。具体而言，东南亚的区域一体化、中国经济能量的加速外溢、我国西南地区外向型发展的快速推进是这一时期滇西边境少数民族地区重塑经济地理与发展机制的新环境。

（一）东南亚的区域经济一体化

正如前面分析中强调的那样，经济全球化与区域经济一体化不但是我国沿边开放的初始条件，而且使得滇西边境少数民族地区的空间区位与比较优势发生了翻天覆地的变化。因此，重塑滇西边境少数民族地区的经济地理与发展机制首先就需要分析这片地区毗邻国家的一体化进展，即需要分析东南亚的区域经济一体化。

东南亚的经济一体化主要以东盟为载体,覆盖越南、老挝、缅甸、柬埔寨、泰国、马来西亚、印度尼西亚、新加坡、文莱等10个国家,拥有450万平方公里的区域面积。东盟成立的目的主要是应对经济全球化的挑战,通过联合区域内部10个国家的力量,东盟一方面可以形成大规模的区域内部市场,另一方面可以在对外谈判中"用一个声音"为各个小国谋福利。经过几十年的发展,东盟10国在全球经济中的地位不断上升。目前,东盟10国的人口总数仅次于中国与印度的人口规模,在全球排在第三位;不但如此,2011年,东盟10国的国内生产总值超过了20660亿美元,成为仅次于欧盟、美国、中国、日本、巴西的全球第六大经济体并成为仅次于中国、日本的亚洲第三大经济体;2011年,东盟10国的进出口贸易额达到了23952.81亿美元,仅次于欧盟、美国与中国的贸易额并在全球排名第三;同年,东盟10国还以10772.84亿美元的外国直接投资存量成为发展中国家吸收外国直接投资最大的区域经济体(见表2-1)。得益于此,东盟10国已成为亚太地区重要的经济增长极。

表2-1 2011年东盟10国在世界经济格局中的地位

	人口 (百万)	国内生产总值 (亿美元)	进出口贸易额 (亿美元)	外国直接投资存量 (亿美元)
欧盟	499.2	174520	112975.64	72756.22
美国	310.0	152270	37460.67	35093.59
中国	1341.4	65160	36420.58	7118.02
日本	127.5	588220	16769.41	2257.87
东盟	598.5	20660	23952.81	10772.84

注:国内生产总值为2011年的初步数据,人口为2010年的数据。
资料来源:王勤:《当代东南亚经济的发展进程与格局变化》,《厦门大学学报》(哲学社会科学版)2013年第1期。

在整体经济规模快速扩张的同时,近年来东盟10国的经济一体化也在加速推进。具体而言,这种一体化主要体现在以下三个层次:首先是从特惠贸易安排到自由贸易区再向经济共同体迈进,东盟10国的经济一体化得到了快速推进。1978年,东盟各国开始实施特惠贸易安排;1993年,东盟国家正式启动建立东盟自由贸易区，不但将成员国由最初的 6 个国家拓展到 10 个国家，而且将商品贸易扩展到服务、投资以及其他经济合作领域；2003 年 10 月，东盟 10 国一致同意建立东盟经济共同体，并将建成时间定于 2015 年。其次是东盟与区域周边国家的自由贸易区建设正在加速推进。目前，东盟已和中国、日本、印度、韩国等亚洲国家以及澳大利亚、新西兰等大洋洲国家开展"10 + 1"的自由贸易区建设。截止到 2010 年，中国 - 东盟自由贸易区全面建成，澳大利亚、新西兰和东盟签署的自由贸易协议以及印度 - 东盟自由贸易区货物贸易协议开始生效。最后是东盟各成员国与区域外部国家的双边或多边自由贸易协定得到了明显增加，不但内容开始全面覆盖商品贸易、服务贸易和投资自由化等并出现了超越 WTO 范围的趋势，而且突破了地区和距离的限制并出现了非对称的贸易协定。

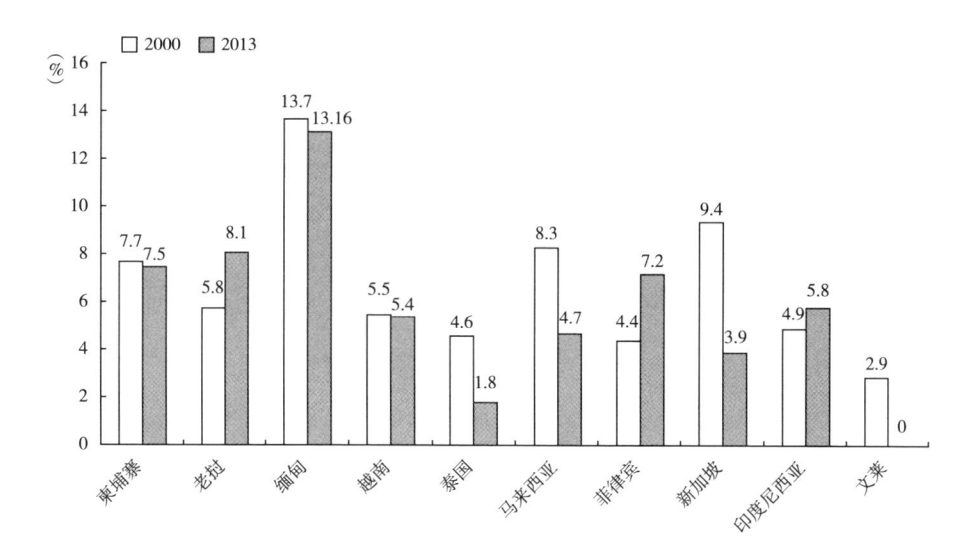

图 2 - 1　2000 和 2013 年东盟 10 国的经济增长率

资料来源：世界银行官方网站（http://www.shihang.org/zh/country）。

作为东盟 10 国的毗邻地区，滇西边境少数民族地区重塑经济地理与发展机制不可避免会受到这种区域一体化的影响。这一方面是因为东盟内部的一体化与东盟外部的分割并存，即东盟各国之间的边界变薄与整体对外的边界变厚，要求滇西边境少数民族地区必须融入该区域的一体化，只有这样才能最大限度地缩小远离国内外经济中心的经济距离,并缩小因边界而形成的各种分割;另一方面是因为滇西边境少数民族地区距离国内经济中心的距离要远远大于距离东盟经济中心的距离,加之这片地区的周边国家,如老挝、缅甸等多为最不发达的国家或地区,滇西边境少数民族地区只有与这些国家或地区抱成一团并强化地区之间与区域之间的经济合作,才能实现要素聚集与经济活动的集中,也才能有效应对地区经济增长的严峻挑战。需要强调一点的是,对滇西边境少数民族地区而言,老挝、缅甸等周边国家固然是最不发达的国家,但从另一个角度来看,这些国家也是最具经济增长潜力的国家。事实上,图2-1的数据就显示,2000年,缅甸、老挝、柬埔寨等不发达国家的经济增长率就在东盟10国中名列前茅;到2013年,这些国家的经济增长率仍然位列东盟10国的前三位。从这些逻辑出发,周边国家不发达的经济特征意味着滇西边境少数民族地区远离世界经济中心,但周边国家快速的经济增长也意味着如果能够与这些国家建立紧密的经济合作关系,滇西边境少数民族地区就能够分享这些国家的经济快速增长的溢出效应。因此,重塑滇西边境少数民族地区的经济地理与发展机制就需要着眼于东南亚的经济一体化。

(二) 中国经济能量的加速溢出

尽管滇西边境少数民族地区地处中国西南边疆,并且远离国内经济中心;但作为中国境内的一个行政区,地区发展不可避免地也会打上全国经济发展的烙印。从这个逻辑出发,重塑滇西边境少数民族地区的经济地理与发展机制还需要分享中国经济发展的成果,尤其需要关注中国经济能量的加速溢出。

就中国经济发展而言,尽管未来一段时间内我国经济增长速度不可避免会有所缓慢,但仍然会保持较快的增长趋势,受此影响总量经济规模仍然会持续扩张。世界银行、国务院发展研究中心的研究结果(2012)表明:虽然驱动中国经济增长的有利因素,如劳动人口的增长、全要素生产率的提升、投资需求的增长、出口规模的快速扩张等,均不可避免地会有所放缓,有些因素甚至会消失,受此影响中国经济增速的放缓将是一个不可逆

第二章 滇西边境少数民族地区的发展战略：重塑经济地理与发展机制

转的趋势；但伴随中国经济的进一步调整与结构性改革的推进，尤其是新型城镇化的全面推进与城镇中等收入群体的持续扩张，消费型的经济扩张将会部分抵消上述不利影响，得益于此中国经济仍然会保持较快的增长趋势。具体而言，在2015年之前，尽管中国经济的年均增长速度不会继续维持在10个百分点左右，但仍然会高达8.6个百分点；在2016—2020年间，尽管中国经济的增长率会进一步下滑，但仍然可以实现年均7个百分点的增长速度；在2021—2025年间，中国经济的增长率虽然会继续下滑，但也能实现年均5.9个百分点的增长速度；在2026—2030年间，中国经济的年均潜在增长率还能实现5个百分点（见表2-2）。得益于此，中国经济的总量规模仍然保持持续扩张的趋势，并具有全面超越美国成为全球第一大经济体的可能。事实上，英国经济学人信息部（Economist Intelligent Unit，EIU）在2006年出版的 *Foresight 2020: Economic Industry and Corporation Trends* 中就已预测：在未来10年内，中国GDP占全世界GDP的比重（以购买力平价计算，PPP）将超过16.6%，到2020年更是能够与美国、欧盟并驾齐驱，并以占全球GDP的19.4%而成为全世界GDP规模最大的国家之一（毛蕴诗、李洁明，2010）。世界银行也认为，如果中国经济能够继续保持上述增长速度，那么按照市场价格计算，2020年中国将成为世界上最大的经济体（世界银行、国务院发展研究中心，2012）。

表2-2 中国经济增长远景展望

单位：%

年 份	1995—2010	2011—2015	2016—2020	2021—2025	2026—2030
GDP潜在增长率	9.9	8.6	7.0	5.9	5.0
就业增加率	0.9	0.3	-0.2	0.2	-0.4
劳动生产率的增长率	8.9	8.3	7.1	6.2	5.5

资料来源：世界银行、国务院发展研究中心：《2030年的中国——建设现代、和谐、有创造力的社会》，http://www.shihang.org/zh/country/china/research。

得益于经济总量的持续扩张，近年来中国的进出口贸易、对外直接投资以及对外经济合作等都出现了持续、快速扩张的发展趋势，中国经济能量正在加速溢出①。图2-2的数据显示：就进出口贸易而言，2012年中国实现了18184亿美元的进口以及20481亿美元的出口，其贸易规模超过了美国并一举成为全球贸易规模最大的国家。就对外直接投资而言，2012年中国对外投资规模达到了5319亿美元，对外投资创了历史新高。就对外经济合作而言，2012年中国在外承包工程完成营业额达到了1166亿美元，也创了历史新高。与此同时，图2-3的数据也显示，2012年，中国通过承包工程派出人数为233365人，年末在外承包工程的总人数达到了344618人；通过对外劳务合作派出人数达到了278380人，年末在外劳务合作的人数达到了505563人。

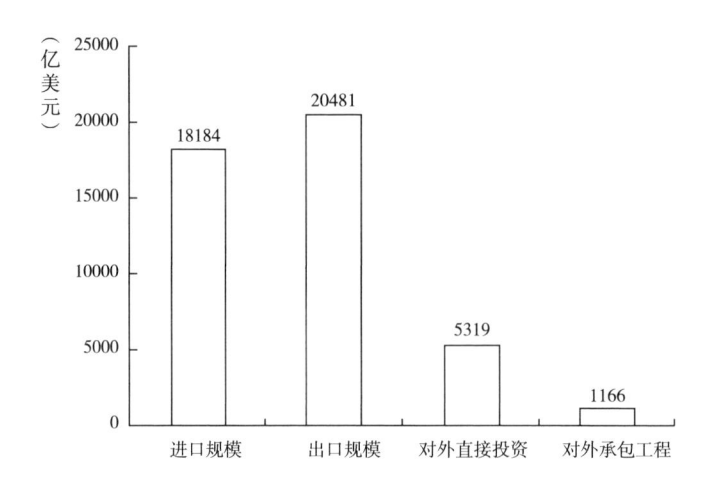

图2-2　2012年中国的出口、对外直接投资与对外经济合作

资料来源：根据《中国统计年鉴2013》计算所得。

正如经济地理学所一再强调的那样，经济大国周边的毗邻地区能够最大限度地分享区域经济中心的溢出效应，中国经济能量的加速外溢将使得亚洲国家，尤其是东南亚各国的经济发展明显受益。首先就亚洲国家而言，图2-4的数据显示，2012年中国的进口、对外直接投资以及对外经济合作

---

① 考虑到研究重点所在，此处本研究报告将不构建经济能力外溢的模型，而是选择进出口贸易、对外直接投资与对外经济合作等简单的统计指标进行分析。

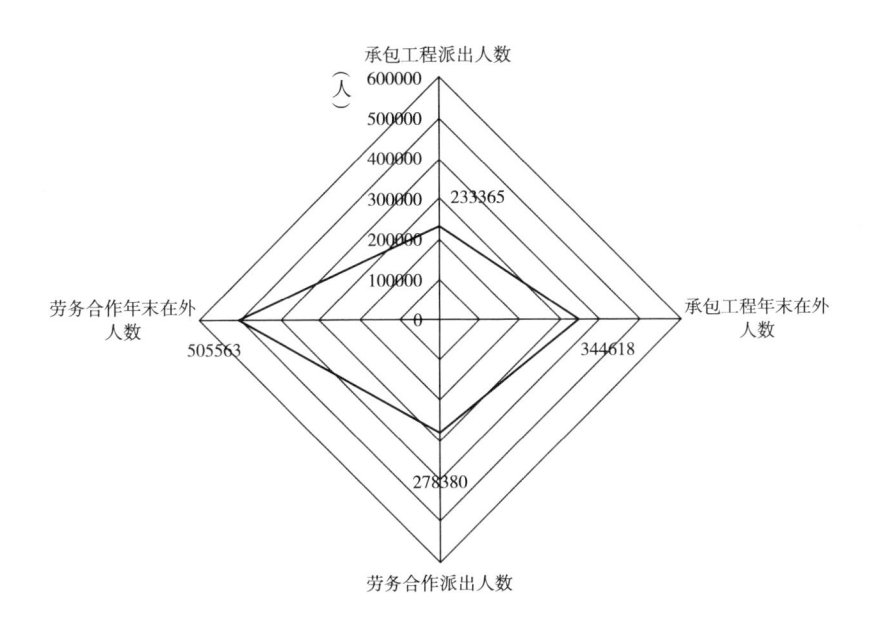

图 2-3　2012 年中国通过承包工程与劳务合作的人口跨国流动

资料来源：根据《中国统计年鉴 2013》计算所得。

等均主要集中在亚洲地区。具体而言，当年中国对亚洲的进口总额为 10383.0 亿美元，占到了中国全国进口总额的 57.1%；中国对亚洲的直接投资总额为 3644.1 亿美元，占到了当年中国对外直接投资总额的 68.5%；中国在亚洲承包工程完成营业额为 543 亿美元，占到了当年中国在国外全部承包工程完成营业额的 46.6%。由于东南亚国家与中国山水相邻，在分享经济溢出效应的过程中，相较于其他亚洲国家而言，这些国家更容易分享中国经济增长的溢出效应，也更容易融入中国市场。事实上，图 2-5 的数据就显示，2012 年中

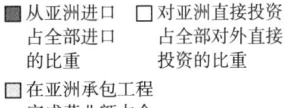

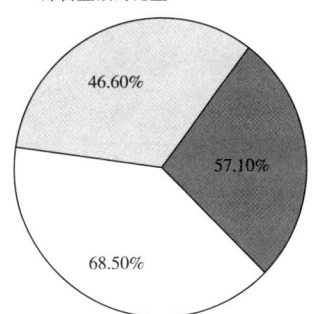

图 2-4　中国经济能量溢出中亚洲所占的比重

资料来源：根据《中国统计年鉴 2013》计算所得。

国对东南亚国家均有进口,其中对马来西亚、新加坡、印度尼西亚、越南、泰国的进口均超过 100 亿美元,对马来西亚的进口更是达到了 583.1 亿美元;同年,中国也实现了对大部分东南亚国家的直接投资,其中对印度尼西亚、新加坡的直接投资更是超过了 10 亿美元;2012 年中国在东南亚各国均有承包工程,除文莱与缅甸之外,中国在其他东南亚国家的承包工程完成营业额均超过了 10 亿美元,其中在印度尼西亚、新加坡、越南、马来西亚的承包工程完成营业额更是突破了 20 亿美元,有些国家(如印度尼西亚与越南)甚至超过了 30 亿美元。

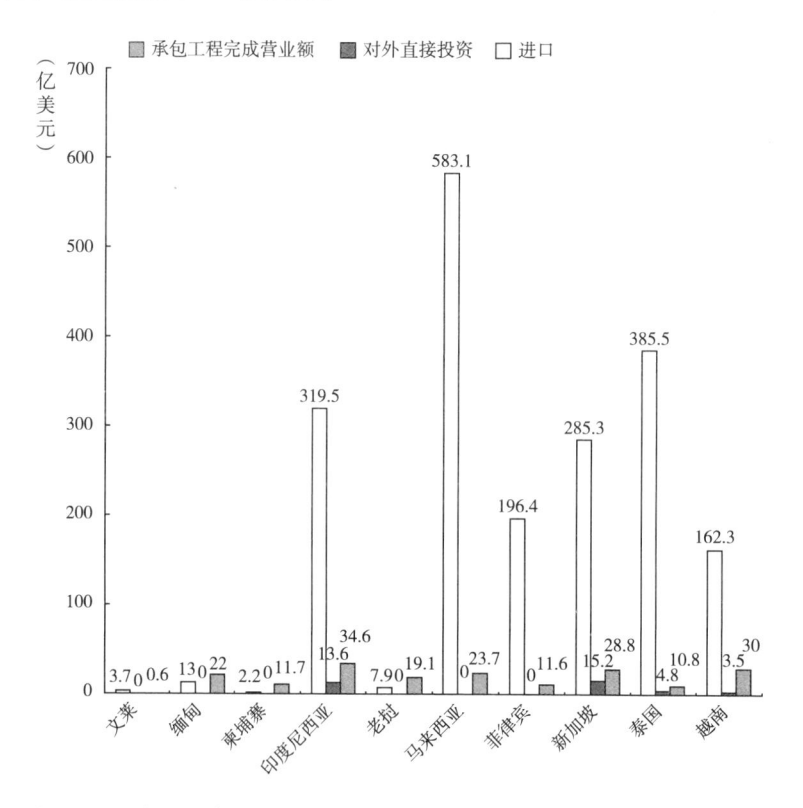

图 2-5　中国对东盟 10 国的进口、直接投资及承包工程的完成营业额

说明:图中所标出的"0"表示国家统计局未给出中国在该国的直接投资数据。
资料来源:根据《中国统计年鉴 2013》计算所得。

如果说在中国经济能量外溢的过程中,亚洲国家,尤其是东南亚国家能够做到"近水楼台先得月",那么相比较这些国家而言,滇西边境少数民族地区则更容易分享中国经济能量的外溢。这一方面是因为滇西边境少数民族地区与中国东部沿海地区没有边界的分割，要素流动更为便利，另一方面是因为中央政府也正在大力推进中国东部沿海地区的成熟产业向中西部地区的转移，并将这种经济能量转移视为我国优化生产力的空间布局、形成合理产业分工的有效途径以及实现地区之间社会经济协调发展的重大举措。从这些逻辑出发，重塑滇西边境少数民族地区的经济地理与发展机制就需要充分着眼于中国经济能量的加速外溢。

（三）我国西南地区外向型经济发展的快速推进

从整体上看，我国西南地区包括云南、广西、西藏等省区，这些地区均毗邻东南亚或南亚的部分国家，地区经济发展与空间区位条件也基本类似。从这个逻辑出发，我国西南地区基于空间区位优势的发展都必须权衡各个地区之间的竞争与合作。这就是说，在新的历史条件下，滇西边境少数民族地区重塑经济地理与发展机制还需要考虑我国西南地区外向型经济发展的快速推进。

就西南地区的外向型经济发展而言，得益于中国改革开放的持续推进与沿边开放的纵深发展，近年来云南、广西等西南地区省区不但纷纷将外向型经济发展作为地区发展的重要着力点，而且各个省区的外向型经济发展也都取得了重大进展。就前者而言，以广西为例，为加快地区经济发展，广西正在不断提升对外开放的质量与水平。具体措施包括：首先是通过构建出海出边的高等级公路网、大能力铁路网与大密度航空网，广西正在加快构建面向东盟各国的国际大通道；其次是通过钦州报税港区、南宁保税物流中心、凭祥综合保税区等园区建设，广西正在加快构建沿边各类型的经济合作载体；再次是通过对外直接投资、对外承包工程等方式，广西正在推进省内企业走向越南、柬埔寨、缅甸等东南亚国家；最后是通过参与大湄公河次区域经济一体化、中越"两廊一圈"、泛北部湾和南宁—新加坡经济走廊等次区域经济合作，广西正在全面参与毗邻国家与周边区域的经济发展。就后者而言，图2-6的数据显示：2012年广西的出口总额、进口总额、外商投资总额与国际旅游外汇收入分别为15467百万美元、14016百万美元、31143百万美元、1278百万美元,除国际旅游外汇收入外,其余各项指标均在西南地区排名第一;云南的出口总额、进口总额、外商投资总额与国际旅游外汇收入分别为10017百万美元、10996百万美元、22561百万美元、1947百万美元,除国际旅游外汇收入,云南的各项指标均落后于广西;西藏的出口总额、进口总额、外商投资总额与国际旅游外汇收入分别为3355百万美元、69百万美元、1131百万美元、106百万美元,尽管其各项指标排名靠后,但也取得了新的突破。

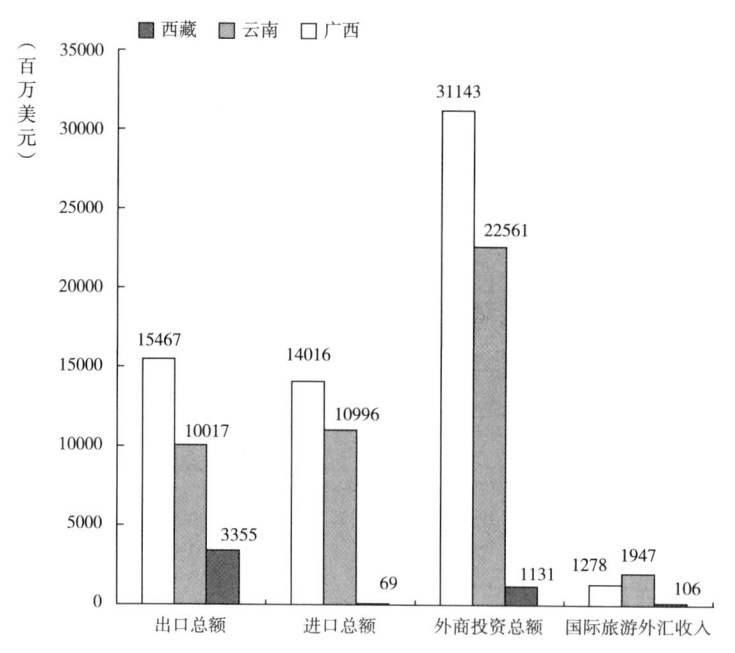

图2-6 2012年我国西南地区的外向型经济发展

资料来源:根据《中国统计年鉴2013》计算所得。

由于滇西边境少数民族地区地处中国的大西南地区,西南地区的外向型经济发展不可避免会影响这片地区的发展。这首先是因为无论是基于东南亚的经济一体化还是依托中国经济能量的加速外溢,滇西边境少数民族地区立足于空间区位优势的发展必须要面对来自西南地区,尤其是广西沿边地区的全面竞争。以国家级重点开放开发试验区为例,云南瑞丽与广西东兴均为我国重点开放开发试验区,虽然广西东兴主要着眼于面向越南的沿边开发开放,云南瑞丽主要着眼于面向缅甸的沿边开发开放,但由于越南与缅甸均为东南亚的毗邻国家,云南瑞丽与广西东兴不可避免会展开激烈的竞争。其次是因为大西南地区的经济基础、产业水平与资源禀赋也存在一定的差异,在对外开放与发展外向型经济的过程中,西南地区内部的各个省区也需要基于各种的比较优势强化地区之间的合作,并以此为基础应对来自地区外部的挑战。综上所述,在新的历史条件下,重塑滇西边境少数民族地区的经济地理与发展机制还需要着眼于我国西南地区外向型经济发展的全面推进。

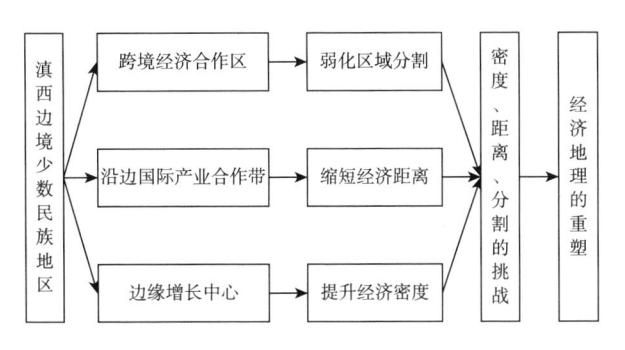

二 重塑滇西边境少数民族地区经济地理的基本路径

基于滇西边境少数民族地区的发展现状以及面临的机遇与挑战,并结合东南亚的经济一体化、中国经济能量的加速外溢以及沿边地区外向型经济发展的纵深推进等宏观环境,在新的历史条件下要想有效应对密度、距离与分割的三重挑战,滇西边境少数民族地区就需要突出"一条路径主要应对一个挑战"的原则,通过以下三条有针对性的发展路径来重塑这片地区的经济地理。具体而言,第一是构建边缘增长中心,提升滇西边境少数民族地区的经济密度;第二是构建沿边国际产业带,缩小滇西边境少数民族地区的经济距离;第三是建立跨境经济合作区,弱化滇西边境少数民族地区的区域分割(见图2-7)。

图2-7 重塑滇西边境少数民族地区经济地理的路径

(一) 构建边缘增长中心，提升滇西边境少数民族地区的经济密度

增长中心又叫发展极，1950年由法国学者帕鲁（Perroux）提出。它强调在地区经济增长过程中，由于某些主导产业或是具有创新能力的企业与行业在一些地区或大城市的集聚，能够形成一种资本与技术高度集中、具有规模效应、自身增长迅速并能对邻近地区产生强大辐射作用的增长中心，然后通过增长中心与城市的优先发展，来带动邻近地区的共同发展。在帕鲁最初的陈述中，诱导的增长是在经济空间内发生的。后来，缪尔达尔（Myrdal，1957）、赫尔希曼（Hir-schman，1958）、保德威尔（Bouderville，1966）和其他一些学者在各自著作中也阐明了同样的观点，即推动性工业所诱导的增长发源于推动性工业所在的地理中心，这种地理中心称为增长中心。

一般来说，增长中心对毗邻地区的经济增长的影响主体通过以下三条途径来实现：首先通过前向联系和后向联系促使原有公司扩建或推动新公司的产生；其次通过地方化的经济，在与推动性部门相同类型的部门中形成新的公司；最后通过居民的活动，间接地促进与消费活动和零售贸易有关的公司的扩建或新建。需要强调的是，增长中心对周边地区的经济增长的影响必须具备以下三个条件：第一需要有推进型企业和主导产业。在增长中心有一种占统治或支配地位的大型推进型企业，它隶属于主导产业，这种产业规模大、增长迅速并能够对周围环境产生巨大的增长推动力。第二需要有适当的周围环境。适当的周围环境指那些有利于增长中心发展的地理位置、交通条件、地区资源、经济结构、技术水平以及区域政策等，如果没有这些相应的环境条件相配合，推进型地区和主导产业的发展就会遇到困难。第三需要一个高效畅通的地区增长传递机制。增长中心与周围地区有一个资金、人才、技术和物资的交流过程，要使增长中心的溢出效应得以发挥，这个过程必须快速、高效。

按照增长中心与地区（区域）之间的关系，增长中心可以划分为以下五种类型（见图2-8，大圆代表一个地区，小圆代表增长极）：A. 经典型：地区内有一个能够带动整个地区经济增长的增长中心（用实心小圆表示）。

B. 飞地型：地区内有一个增长中心，但其影响却在地区之外，从而它的存在更多的是作为经济部门中的中心而不是地区中的"极"。对于本地区来说它是一块"飞地"或一个"孤岛"（用空心小圆表示），没有起到带动本地区经济增长的作用，而且强化了区域二元结构。C. 点轴型：地区内有一条重点开发轴线，沿轴线有一些发展到一定程度的增长极（用深色实心小圆表示）。进一步可以配置一些新的增长中心（用浅色实心小圆表示），也可以对原有的增长中心进行重点开发，使其能够逐步形成产业密集地带。D. 散点型：大的地区或区域内散布着几个增长中心，其中可能有一个主要的、发展程度最高的增长中心。散点型本质上还是经典型，地区或区域可以看作是几个各自带有一个增长中心的小地区的联合，这种联合往往是行政上的，增长中心的作用被限制在小地区内。E. 网络型：类似于散点型，不同的是各个增长中心之间有着紧密的联系，能够有效地促进整个大地区或区域的经济增长。

图 2-8 增长极类型

正是由于经济中心对地区经济发展具有上述重要作用，重塑滇西边境少数民族地区的经济地理首先就需要突出构建边缘增长中心这条路径，并以此应对经济地理变迁中密度的挑战。需要强调的是，之所以突出"边缘增长中心"，主要是因为滇西边境少数民族地区地处中国西南边疆地区，构建的经济增长中心也主要是着眼于边境两侧的区域，这和国内的经济增长中心主要辐射国内形成了鲜明的对比。目前，尽管在滇西边境少数民族地区尚未形成事实上的边缘增长中心，但这片地区仍然具备构建边缘增长中心的主要条件。这首先是因为滇西边境少数民族地区地处中国与东南亚、南亚各国的地理中心，是中国前往东南亚、南亚各国的最为便捷的陆上通道，加之滇西边境少数民族地区及其周边国家均为资源丰富、劳动力成本低廉的地区，因此伴随中国对外开放的持续推进、优惠政策的不断叠加以及区域之间基础设施的持续改进，滇西边境少数民族地区已经具备构建增长中心所需要的各种外部条件。其次是伴随大通道的快速推进，云南目前已经构建西路、中路、东路三条通往东南亚、南亚各国的国家大通道；加之始于昆明、连接曼谷与新加坡的泛亚高速铁路已经提到议事日程，这些基础设施的改进也意味着滇西边境少数民族地区已初步具备了一个高效畅通的传递各种经济要素的网络。因此，只要基于滇西边境少数民族地区的比较优势与资源禀赋特征，加快吸引推进型企业或主导产业在这片地区的特定位置落户与发展，并吸引来自国内与东南亚、南亚各国的经济资源，滇西边境少数民族地区就完全可以诱导聚集经济的形成，即完全可以形成边缘经济增长中心。

在重塑经济地理的过程中，构建边缘增长中心的主要目的是提升滇西边境少数民族地区的经济密度，并以此应对经济地理变迁的挑战。这主要是因为地区性的经济增长中心本就是资源要素的集聚中心与经济活动的中心，其人口密度与经济密度均远远高于其他地区的人口密度与经济密度；加之地区经济增长中心能够显著提升地区的专业化水平与产业分工，并促进地区之间的贸易与往来，这种关联效应通过乘数效应还能够进一步刺激增长中心毗邻地区的经济增长，这也有助于整个地区经济密度的提升。需要强调的是，尽管构建边缘增长中心主要是应对经济密度的挑战，但这条发展路径也有助于滇西边境少数民族地区缩短经济发展过程中的各种距离。这主要是因为经济距离更多是指与经济中心的距离及其所引致的时间成本与货币成本，因此只要滇西边境少数民族地区能够构建联系东南亚、南亚各国的区域性经济增长中心，地处其中的滇西边境少数民族地区自然就能够大幅度缩小空间物理距离及其引致的各种经济距离。

（二）构建沿边产业带，缩小滇西边境少数民族地区的经济距离

所谓沿边产业带是指顺应国际产业梯度转移与中国经济能力加速外溢的发展趋势，通过滇西边境少数民族地区及其周边国家的双边或多边投资便利化以及营造良好的制度环境来降低边境效应，从而基于各个地区（区

域）的比较优势与资源禀赋特征，并以资源开发与精深加工、产品生产与组装等为重点，在滇西边境少数民族地区提升产业层次、延伸产业链条，最终构建能够创造更多就业机会、拓展工业化基础并加快地区经济发展的国际产业合作带。从世界各国经济发展的历史来看，在边境地区构建产业带也不乏成功的例子，莱茵河的沿河国际产业合作带就是典型的成功案例。从上述逻辑出发，重塑滇西边境少数民族地区的经济地理就需要突出"构建沿边产业带"这条发展路径。

专栏 2-1 莱茵河的沿河国际产业合作带

莱茵河是西欧第一大河，发源于瑞士境内的阿尔卑斯山，途经奥地利、法国、德国和荷兰，最后经鹿特丹注入北海。莱茵河全长 1232 公里，通航里程长约 869 公里，流域面积（包括三角洲）超过了 220000 平方公里。

得益于莱茵河取之不尽的水源、便捷与低成本的运输体系，周边国家沿莱茵河构建了上、中、下游共生共荣的国际产业链条与国际产业合作带。在下游，以欧洲门户鹿特丹为中心，壳牌、英国石油 BP、ESSO、海外石油等跨国石油垄断公司，绵延 50 多公里，形成了化工产业的"莱茵梦地"；在中游，以德国拜耳、巴斯夫、赫希斯特等国际巨头为骨干，形成了沿莱茵河支流的化工产业带；在上游，以瑞士的桑多兹公司为大本营，形成了石化和化工产业的生产基地。加之周边国家的钢铁、冶金、机械等制造业产业带也沿着莱茵河两岸分布，沿河产业带已经成为整个欧洲工业的"心脏"，对周边国家的经济发展起到了巨大的推动作用。以德国为例，沿莱茵河产业带的经济产值就占到了德国整个国民生产总值的 50% 以上，是德国工业体系的支柱与脊梁。

目前，虽然滇西边境少数民族地区及其周边区域尚未形成国际产业合作带，但随着东南亚经济一体化、中国经济能量的加速外溢以及中国对外开放的持续推进，滇西边境少数民族地区也开始逐步具备构建国际产业合作带的基本条件。具体而言，这些条件主要体现在以下几个方面。

首先就滇西边境少数民族地区的外部环境及其区域经济合作而言，目前这片区域的经济一体化已取得实质性的进展，加之滇西边境少数民族地区的毗邻地区也迫切需要通过产业合作来加快经济发展，这些均为构建国际产业合作带打下了坚实的基础。目前中国－东盟自由贸易区已经全面建成，大湄公河次区域经济合作已得到纵深推进并由贸易领域向人员培训、资源合作开放、产业发展等方面推进，加之孟中印缅经济走廊与"一带一路"的务实推进，在这样的背景下，美国、日本、澳大利亚等发达国家的跨国公司正在积极介入这一区域，区域内部的经济行为主体也正在积极探索各种形式的国际经济合作。另外，滇西边境少数民族地区毗邻区域，如越南北部地区、老挝北部地区、缅甸北部地区的工业化才刚刚起步，加之斯里兰卡、孟加拉国等南亚国家也迫切需要通过工业化来加速地区经济发展，所以这些国家目前正在积极吸引外资，尤其是利用来自中国的资本来发展加工工业与制造业。

其次就中国的经济政策与经济能量而言，目前中国逐步形成了一系列有利于产业国际合作的发展政策，并有能力、有动力通过对东南亚国家直接投资等形式促进中国西南地区的整体发展，这些也有助于在滇西边境少数民族地区构建国际产业合作带。具体而言，为支撑云南的经济发展及其面向西南开放的桥头堡建设，近年来中央政府已给予云南省"境内关外"、"出口加工区"、"沿边开发开放试验区"、"沿边金融综合改革试验区"等一系列的优惠政策，并鼓励云南省与周边国家及其各级政府开展各种形式的经济合作；得益于此，近年来滇西边境少数民族地区也正在沿国界线探索纵向经济走廊与国家产业合作带。不但如此，在中国经济能量加速外溢的背景下，中国境内成熟的冶金工业、劳动密集型产业等也正在积极寻找能够拓展产业生命周期的目标市场，考虑到滇西边境少数民族地区周边国家的技术能力与市场容量，中国东部沿海地区的成熟产业已经开始出现向这些国家转移的趋势。以耐克运动鞋为例，2000年我国生产了世界40%的耐克鞋，全球第一，同年越南的生产份额仅为13%；到2010年，越南就已取代中国，成为全球最大的耐克鞋生产国（许会娟，2012）。

最后滇西边境少数民族地区已经具有构建国际产业合作带的基础设施，

并在一些地区开始试点工作。就前者而言，云南省内已经构建起西路、中路、东路三条通往东南亚、南亚各国的国际大通道，始于昆明、连接曼谷与新加坡的泛亚高速铁路已经提到议事日程；加之云南与周边国家的通信、能源合作以及边境地区的口岸对接项目等也在有序推进，这些均能够为滇西边境少数民族地区构建国际产业合作带打下坚实的基础。就后者而言，老挝北部九省已经委托中国云南帮助编制产业发展规划并希望借助于此融入中国的大西南经济圈，而云南边境地区也已经开始启动与周边国家的产业分工与合作，并取得了一定的成效。

在经济地理重塑的过程中，构建沿边产业合作带有助于滇西边境少数民族地区缩短经济距离，并以此应对经济地理变迁的挑战。这主要是因为落后地区不但是经济增长缓慢、低生产率与低收入地区，而且是远离国内外经济中心的地区；而通过构建沿边地区的国际产业合作带，并以此促进滇西边境少数民族地区及其周边国家的产业分工与合作、经济往来与联系、信息共享与要素流动等，不但有助于这片区域在共同增长与共同繁荣的过程中构建区域性的大市场，而且有助于这片区域内部各个地区（国家）之间的基础设施与宏观制度的完善。前者不仅能够为滇西边境少数民族地区提供接近大市场的毗邻效应，而且有助于滇西边境少数民族地区缩短要素流动的时间成本、货币成本与人口流动的"心理成本"等，这些均有助于降低经济地理重塑过程中的距离。不但如此，构建沿边国际产业合作带还有助于滇西边境少数民族地区提升经济密度并弱化区域之间的分割。前者主要是因为沿边国际产业合作带也是某种程度的要素聚集与经济活动集中，自然有助于提升地区经济密度；后者主要是因为国与国之间构建国际产业合作带自然需要推进边界的"变薄"，并弱化国界之间的各种分割。

（三）建立跨境经济合作区，弱化滇西边境少数民族地区的区域分割

所谓跨境经济合作区是指两个国家共同在毗邻的边境地区划出特定区域，一方面是逐步赋予该地区特殊的财政、税收、金融、投资、贸易等方面的优惠政策，另一方面是通过特殊的海关监管模式，吸引人流、物流、

资金流、技术流与信息流等各种经济要素在该区域的聚集以及经济活动的集中，从而实现该地区的快速发展并以此带动周边区域的共同发展。在开放的经济条件下，跨境经济合作区不但有助于毗邻国家的接壤地区发挥各自的比较优势与资源禀赋优势，而且有助于国家之间的优惠政策与地区经济环境的有机融合，这种对空间地理优势的进一步挖掘引起了理论界与政府部门的广泛关注，并逐步成为毗邻国家的接壤地区实现共同发展的一种重要方式。在这方面，墨西哥在墨美边境地区设立的出口加工区就是典型的成功例子。从上述逻辑出发，重塑滇西边境少数民族地区的经济地理还需要突出"构建跨境经济合作区"这条发展路径。

纵观全球范围内跨国经济合作区的实践，成功的跨境经济合作区需要具备以下几个条件：首先是毗邻国家不但需要政治经济关系良好，而且需要具有强烈的跨国合作的意愿；其次是跨境经济合作区对两国毗邻地区的口岸有特殊的要求，即一方面要求这种口岸是历史上两国边境地区长期进行跨境往来的历史沉淀，另一方面要求这种口岸也是目前两国进行贸易与边境经济技术合作的主要载体；再次是毗邻国家的接壤地区需要具备互补的资源禀赋与产业分工，双方能够基于各自的比较优势进行某种层面的经济合作；最后是毗邻国家的接壤地区至少有一方的经济相对发达，并能够为地区之间或区域之间的经济合作提供坚实的腹地支撑。目前，滇西边境少数民族地区已经具备构建跨境经济合作区的基本条件，部分地区也已经开始了跨境经济合作区的实践。就基本条件而言，首先是就中国与越南、老挝、缅甸等国家而言，双方之间的政治经济关系均相对稳定，且各国之间也有加强经济合作的强烈愿望，尤其是在这些国家毗邻中国的地方政府层面，强化经济往来与产业合作的意愿更是十分强烈，这就为滇西边境少数民族地区推进跨境经济合作区的建设扫除了国家层面的障碍。其次是滇西边境少数民族地区具有符合理论逻辑与现实条件的口岸条件，如河口口岸、磨憨口岸等口岸不但已经开展了跨境经济合作区的实践，而且其经济发展能力也具备带动毗邻国家接壤地区快速发展的基本能力。最后是中国与越南、老挝、缅甸等国家的产业发展与技术水平也存在一定的发展梯度，这也有助于滇西边境少数民族地区与上述国家的边境地区建立跨境经济合作区。就跨国经济合作区的实践而言，中越河口－老街跨境经济合作区是当前滇西边境少数民族地区，乃至云南省内配套设施最完善、发展条件最成熟的跨国经济合作区。目前，这个跨境经济合作区已经完成基础设施建设，正在大力推进毗邻地区的产业分工与合作、企业聚集与发展。除此之外，滇西边境少数民族地区内部的中老磨憨－磨丁跨境经济合作区、中缅姐告－木姐跨境经济合作区等也正在加速推进。

> **专栏 2－2　墨美边境地区的出口加工区：早期跨境经济合作的典型案例**
>
> 　　墨美边境地区的出口加工区是早期跨境经济合作区的典型案例，这种跨境经济合作区虽然只位于墨西哥毗邻美国的边境地区，但通过比较优势的挖掘与制度安排，墨美边境地区的出口加工区仍然有效地带动了墨西哥北部地区的快速发展。具体而言，自从上个世纪80年代放弃进口替代政策并加入北美贸易区之后，墨西哥就开始充分挖掘墨美边境地区的比较优势，即两国之间存在明显的产业分工与技术水平的梯度、双方的经济合作空间巨大；墨西哥的北部地区接近美国市场，这不但使得企业的运输成本能够做到最小化，而且可以克服墨西哥国内市场有限的制约；位于墨西哥的北部边境地区，企业不但能够充分利用国内无限供给的廉价劳动力，而且可以利用美国成熟的加工制造技术。针对这些比较优势，墨西哥果断地在墨美边境地区设置出口加工区，并废除了对美出口的贸易壁垒。在这种制度安排下，短时间之内墨西哥在墨美边境地区的出口加工区就吸引了众多企业的入驻并迅速成为墨西哥的经济增长中心。其中，仅1980—1995年间，以1987年不变美元计算，墨西哥对美国的出口就由180亿美元迅速攀升到480亿美元（Hanson，1998），墨西哥经济与美国经济的供给联系也得到了极大的提升。
>
> 　　资料来源：哈维、阿姆斯特朗等：《区域经济学与区域政策》，格致出版社、上海人民出版社，2009。

在经济地理重塑的过程中，构建跨境经济合作区主要是最大限度降低区域之间的分割，并以此应对经济地理变迁的挑战。这一方面是因为跨境经济合作区需要当事国在一定程度上让渡国家主权并共享这片区域的治理权，这种弱化"边界"的制度安排显然有助于毗邻国家的边境"变薄"以及区域分割的减弱；另一方面是因为在跨境经济合作区内，当事国均实行特殊的优惠政策以及特殊的海关监管模式，这种有助于区域之间要素流动、经济活动的频繁往来的政策安排，显然能够最大限度提升这片地区的市场准入并弱化区域之间的各种分割。需要强调的是，尽管构建跨境经济合作区主要是应对区域分割的挑战，但这种发展路径也有助于滇西边境少数民族地区提升经济密度并缩短经济距离。就前者而言，跨境经济合作区本是通过要素聚集与经济活动集中来构建区域经济增长中心，其经济密度自然要高于其他地区的经济密度；就后者而言，区域内部的资源共享、特殊政策的供给以及两国边界的"变薄"，也显然有助于缩短因制度等方面的因素所造成的经济距离。

三　构建滇西边境少数民族地区的发展机制

所谓地区发展机制是指在某个特定时期，经济行为主体针对某个特定地区（经济地区或行政地区）在发展过程中所存在的各种问题，并基于自身的偏好与比较优势，在考虑社会经济发展趋势的基础上而选择的社会经济发展的行动准则、方针政策与规范性措施等方面的组合，其总体目标是提升经济效率、促进社会包容与和谐，进而实现该地区的可持续发展以及区域之间的发展趋同。就滇西边境少数民族地区而言，重构地区发展战略除了需要重塑这片地区的经济地理之外，还需要构建符合自身特征的地区发展机制。考虑到长期以来滇西边境少数民族地区的发展机制主要是嵌入云南省或我国沿边地区的发展机制之中，本研究报告认为需要从我国沿边地区的发展机制及其演化逻辑出发（见专栏2-3），通过分析影响滇西边境少数民族地区发展的内生因素与外生变量来重构这片地区的发展机制。

> **专栏 2-3　我国沿边地区的发展机制及其演化逻辑**

改革开放以来，我国沿边地区的发展机制共经历传统的区域发展机制、外源发展机制、开始具备内生发展特征等三个阶段（见图 2-9）。其中，1978～1999 年间的发展机制为传统的区域发展机制，第一轮西部大开发时期的发展机制为外源发展机制，新一轮西部大开发时期的发展机制则开始具备内生发展的特征。

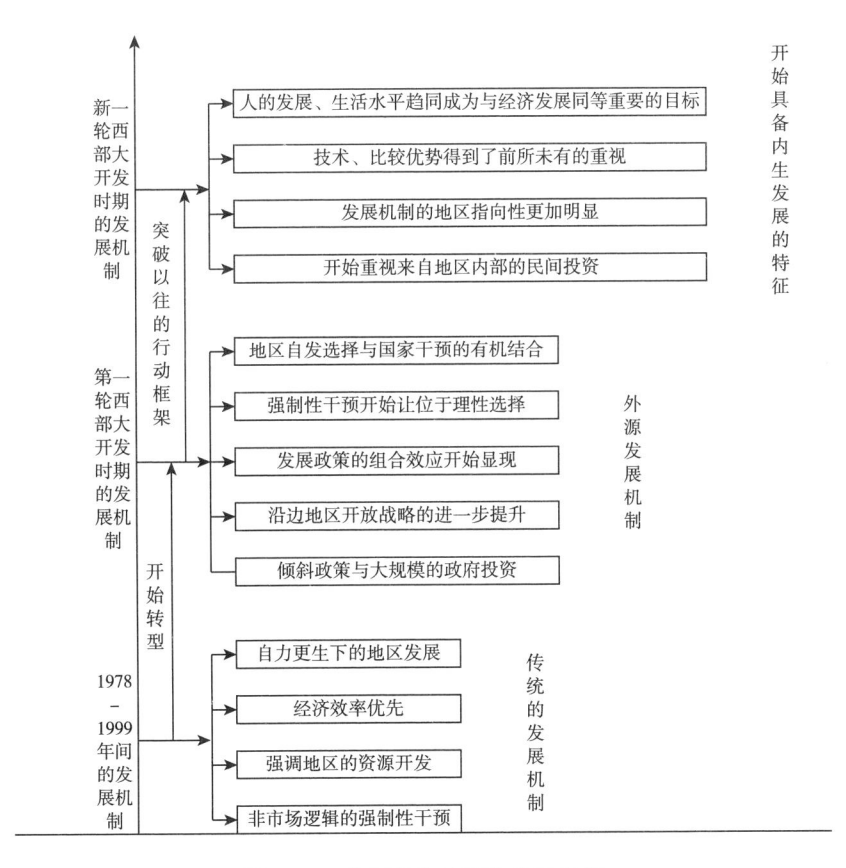

图 2-9　我国沿边地区的发展机制

就演化逻辑而言，我国沿边地区的发展机制主要有以下几个特征：第一，就发展机制的选择而言，沿边地区的发展机制经历了从"自力更生"下经济行为主体的自发选择向区域自发选择与中央政府干预有机结合的转化。第二，就发展机制的目标而言，沿边地区的发展机制经历了以经济效率优先向人的发展、生活水平趋同与经济效率提升并重的转化。第三，就发展机制的发展方式而言，沿边地区的发展机制经历了从自力更生向政府大规模投资的进入、政府大规模投资的进入向政府投资、民间投资双轮驱动的转化。第四，就发展机制的政策组合而言，我国沿边地区的发展机制经历了以财政、税收、对外开放等优惠政策的简单组合向财政、税收、金融、产业、技术、教育、扶贫、对外开放、国际国际合作等政策体系的多重组合的转化。

（一）影响滇西边境少数民族地区发展的内生因素

从经济学的理论逻辑来看，探讨地区发展的成熟理论大致可分为以下三类：新古典经济学强调资本、劳动力与技术等供给层面对地区经济增长的影响；凯恩斯主义则强调财政支出、投资、出口等需求层面对地区经济增长的重要性；累计因果模型则强调地区增长过程中的自我持续性。结合上述三个方面的理论逻辑论点并考虑滇西边境少数民族地区的现实状况，本研究报告认为影响这片地区发展的内生因素主要有以下四个方面的变量：资源禀赋、产业基础、空间区位、技术能力等（见图2-10）。

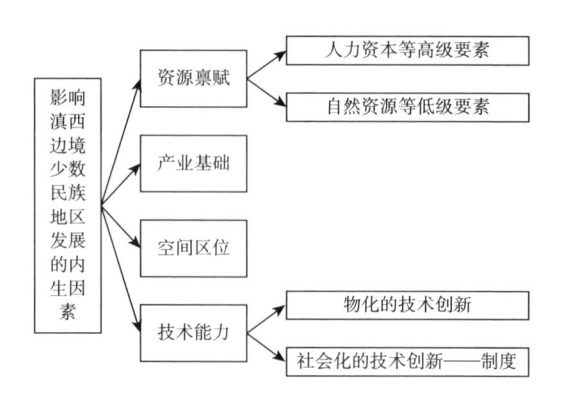

图2-10 影响滇西边境少数民族地区发展的内生因素

就影响滇西边境少数民族地区发展的资源禀赋而言，结合迈克尔·波特（1990）的研究，本研究报告认为这种资源禀赋既包括人力资本等高级生产要素，又包括天赋资源等低级生产要素。具体而言，前者主要是指滇西边境少数民族地区内部具有一定劳动技能，并符合地区产业发展与经济发展要求的人力资源。目前，尽管滇西边境少数民族地区的人口总量约为1861.6万，地区内部的劳动力资源也十分丰富；然而，无论是就地区内部劳动力者的受教育程度或技术培训程度而言，还是就地区内部劳动力的转移频率或人文发展状况而言，滇西边境少数民族地区的人力资本不但低于云南省的平均水平，而且远远低于东部沿海地区的人力资本。后者主要是指滇西边境少数民族地区内部的自然资源，具体包括水资源、土地资源、矿产资源等。尽管滇西边境少数民族地区的上述资源存量均十分丰富，有些资源（例如水资源）甚至远远高于全国的人均水平；然而，正如迈克尔·波特所指出的那样，这些低级的生产要素尽管能够在一定程度上影响地区发展，但并不是地区发展的决定性因素。事实上，如果地区内部某种天赋资源的存量过多，地区经济发展反而会陷入"资源诅咒"的陷阱。这一点在荷兰北海的石油开发过程中就表现得十分突出。

由于不同产业的增长速度及其发展潜力具有显著的多样性特征，因此如果地区的经济体系主要是以具有高增长率与高发展潜力的产业为基础，那么这片地区的经济增长速度将明显高于其他地区的经济增长速度。从这个逻辑出发，产业基础也是影响滇西边境少数民族地区发展的重要因素之一。目前，一方面由于滇西边境少数民族地区在整体上仍然处于工业化的早期或向中期转化的阶段，地区内部的工业化进展十分缓慢；另一方面是因为滇西边境少数民族地区的主导产业仍然集中于原材料开发、农业种植等传统产业方面，地区内部的新兴产业发展十分缓慢；这种产业基础构建的地区经济体系不可避免地会影响滇西边境少数民族地区的发展。

在开放的经济条件下，空间区位也是影响地区发展的内生变量之一。正如前面分析中所一再强调的那样，较之于毗邻发达国家的地区而言，那些远离世界经济中心或主流市场地区的经济发展则会因为其空间区位而受损。就滇西边境少数民族地区而言，作为中国面向西南开放的前沿阵地，其空间区位显然有助于地区经济发展；然而，由于地处中国西南边疆地区，加之毗邻国家均为发展中国家或最不发达的国家，这种远离国内外经济中心的空间区位显然也会制约滇西边境少数民族地区所能分享的溢出效应并影响其发展。

就影响滇西边境少数民族地区发展的技术能力而言，结合演化经济学的最新进展，本研究报告认为这种技术能力既包括物化的技术创新，又包括社会化的技术创新。前者主要是指通常意义上的企业技术创新，后者主要是指制度创新与政策调试等，这些均是地区内生发展的关键因素。就滇西边境少数民族地区而言，企业技术能力与地区知识存量本就远远落后我国东部沿海地区，加之地区内部的新知识的创造速度也十分缓慢，因此物化层面的技术创新显然也无法满足地区经济快速发展的要求。在地区发展过程中，虽然滇西边境少数民族地区能够享受国家层面与省级层面的优惠叠加政策，但就地区层面的制度供给与政策安排而言，其社会化的技术创新也无法满足微观经济行为主体的理性选择以及进一步降低交易成本等方面的要求，这也就是说优惠政策叠加固然能够提升滇西边境少数民族地区的比较优势，但其内生的制度供给与政策安排仍然具有持续改进的巨大空间，仍然无法满足这片地区加快发展的要求。

（二）影响滇西边境少数民族地区发展的外生变量

尽管现代经济理论特别强调地区发展要依赖于来自地区内部的各种因素并以此促进内生发展，但这并不意味着外生变量对地区发展就不重要。事实上，在地区发展过程中，外生变量不但能够直接影响地区的发展速度，而且通过影响内生因素还能够使地区发展打下深深的外部因素的烙印。从这个逻辑出发，构建滇西边境少数民族地区的发展机制还需要分析影响这片地区发展的外生变量。结合第一章对空间地理的三个层次的划分，本研究报告选择从区域层面、国家层面与省级层面来分析这些外生变量（见图2-11）。

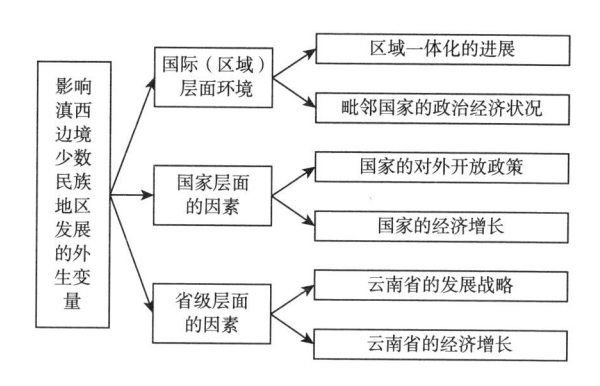

图 2-11 影响滇西边境少数民族地区发展的外生变量

首先就国际（区域）层面的外生变量而言，影响滇西边境少数民族地区发展的因素包括东南亚的区域一体化与毗邻国家的政治经济状况等。一般而言，在地区发展过程中，区域经济一体化程度越高、毗邻国家的政治越稳定及其经济发展速度越高，地区就越容易应对区域分割的挑战并分享经济中心的溢出效应。目前，东南亚的经济一体化正在加速推进，加之越南、老挝、缅甸、柬埔寨等毗邻国家的经济增长也出现了持续高涨的趋势，这些显然有助于滇西边境少数民族地区的发展。不过，需要强调的是，国际层面的外生变量还需要考虑毗邻国家内部的政治局面，包括地区合作的意愿、国内的资源民族主义等因素。事实上，在前面分析中本研究报告就已经指出尽管滇西边境少数民族地区的毗邻国家具有强烈的经济合作的意愿，但其国内资源民族主义也在持续高涨，这显然会对滇西边境少数民族地区的发展战略提出新的要求。

其次就国家层面的外生变量而言，影响滇西边境少数民族地区发展的外生变量包括中央政府在对外开放方面的制度供给以及国家经济的发展状况等方面因素。就前者而言，沿边开放战略、面向西南开放的桥头堡战略等一系列的制度供给使得滇西边境少数民族地区的空间区位发生了翻天覆地的变化，但这片地区的发展仍然需要中央政府的持续放权与新的政策刺激，例如将部分财政政策的权利向滇西边境少数民族地区转移，赋予这片地区更加灵活的汇率政策与贸易政策等。就后者而言，国家经济的发展阶段与增长周期也是地区发展的重要变量。一般而言，经济发展阶段越高、经济增长速度越快，国家内部的特定地区就越容易分享国家经济发展的溢出效应。目前，中国经济能量正在加速外溢，这显然有助于滇西边境少数民族地区的发展；但全国经济的转型升级及其引致的经济增长速度的放缓，不可避免地也会对滇西边境少数民族地区的发展带来新的挑战。

最后就省级层面的外生变量而言，这些因素与国家层面的因素基本类似，具体包括省级层面的政策安排、制度供给以及全省的经济发展阶段、经济增长速度等。目前，云南省级的外生变量对滇西边境少数民族地区发展的影响也主要是挑战与机遇并存。

（三）在一体化进程中重构滇西边境少数民族地区的发展机制

基于滇西边境少数民族地区的发展现状，并结合影响其发展的内生因素与外生变量，在新的历史条件下重构滇西边境少数民族地区发展机制需要突出以下三个方面的内容。

第一，构建地区发展机制需要以滇西边境少数民族地区的本地居民为主体，通过技术进步、中小企业、人文发展等方式，刺激形成创新环境与学习型地区。具体而言，之所以强调以滇西边境少民族地区的本地居民为发展主体，是因为一是本地居民对滇西边境少数民族地区的各种情况最为熟悉，二是能够最大限度地维护滇西边境少数民族地区的利益，加之地区内部的微观经济行为主体本就应该成为地区发展的主要受益者，因此重构滇西边境少数民族地区的发展机制首先就需要以本地居民为发展主体，并使其成为主要的参与者与受益者。之所以强调技术进步，是因为技术进步不但有助于企业引进具有更高边际利润的新产品或新服务，从而提升滇西边境少数民族地区的经济效率；而且能够通过提供更加丰富的选择与更高的价值来提升消费者福利，因此是滇西边境少数民族地区发展经济的最主要的推动力之一。事实上，促进技术进步并帮助企业提升技术能力已成为政策制定者培育地区发展能力的重要手段，这一点无论是在发达国家还是在发展中国家均是如此。之所以强调中小企业，首先是因为地区内部的中小企业能够提供大量的新就业机会，是本地就业岗位最重要的提供者；其次是因为中小企业能够促进企业之间的激励竞争，并有助于在地区内部形成有活力的企业文化并促进技术创新；最后是因为根植于本地资源、技术、文化的中小企业通过发挥企业家精神，能够在地区内部形成多样化、灵活的产业基础，并提升产业之间、企业之间的关联度。之所以强调人文发展，是因为人文发展能够培育滇西边境少数民族地区内部人的能力（如健康的改善、知识与技能的获得等）以及对所获得能力的运用（用来生产或参与社会政治事务等）。事实上，人文发展的本质就是全社会成员的共同发展和每个人的全面发展，这是走出"贫困陷阱"的重要措施，也是实现地区之间经济趋同的重要手段，因此重构滇西边境少数民族地区的发展机制还需要重视地区内部的人文发展。之所以要形成创新环境与学习型地区，是因为中小企业在地区内部的空间聚集及其向集体学习系统的转化，不仅有助于形成具有国际竞争力的产业区，而且有助于缩小滇西边境少数民族地区与沿海地区的生活水平差距。

第二，重构滇西边境少数民族地区的发展机制还需要构建一揽子的政策支撑系统，并将影响地区发展的所有工具，即公共制度、基础设施、激励措施（干预措施）等纳入到行动框架中，以"一个政策工具应对一个目标的原则"来克服滇西边境少数民族地区发展过程中密度、距离与分割的三重挑战。具体而言，公共制度是指制定时没有明确考虑地区之间的异质性特征，但其影响和结果却有可能因地区不同而变化的政策范畴，具体包括所得税制度、政府之间的财政关系、土地治理与房地产市场、基础教育、社会保障、公共服务等普适性制度体系，这是顺应经济地理规律与促进资源有效配置的基础。基础设施是所有连接不同地区和提供公共运输的设施，不但包括促进要素流动、商品交易而修建的地区之间的高速公路与铁路，而且包括促进信息流通并加强观念交流而发展的现代化信息通信体系等，这些能够决定滇西边境少数民族地区从事多样化生产、参与经济竞争以及保护生态环境等方面的成败。激励措施主要是弥补制度与基础设施方面的不足，具体包括影响劳动力配置的教育培训、财政鼓励、提升地区内部企业的管理效率、地区内部与地区之间的协调措施等。干预措施是基于滇西边境少数民族地区内部所存在的各种问题或制约因素，而采取的地区针对性措施，具体包括补贴、退税、地方管理规则、地方基础设施发展以及产业园区的特殊管理条例等特殊性措施等。

第三，重构滇西边境少数民族地区的发展机制还需要顺应区域（东南亚）一体化的发展趋势，并最大限度地利用中国经济增长的溢出效应及其对外开放的优惠政策。具体而言，之所以强调要顺应东南亚的区域一体化，主要是因为滇西边境少数民族地区从毗邻国家进入欧盟、美国等世界中心市场的空间距离要小于从国内其他地区进入上述市场的空间距离，加之东南亚一体化的推进也意味着"区域内部的分割弱化与区域整体对外的分割强化"的并存，滇西边境少数民族地区只能选择顺应这种一体化发展趋势并加速融入区域发展，否则滇西边境少数民族地区的空间区位优势将变成区位劣势，并面临国内、国外的双重分割。之所以要最大限度地利用中国经济增长的溢出效应，主要是因为中国经济不但具有成为全球最大经济体的潜力，而且其整体经济能量也正在加速外溢，滇西边境少数民族地区尽管远离国内经济中心，但较之于边界所造成的国与国之间的分割而言，这片地区在分享溢出效应的过程中仍然具有"近水楼台先得月"的优势，因此需要最大限度地发挥这种优势并以此促进滇西边境少数民族加快发展。之所以要突出利用中国对外开放的优惠政策，主要是因为滇西边境少数民族地区的空间区位变迁本就是这种政策改变的结果，这片地区只有充分利用这种优惠政策，才能最大限度提升自身的比较优势，并以此为基础来加快地区发展。

总之，重构滇西边境少数民族地区的发展机制不但需要以本地居民为主体，以技术进步、中小企业、人文发展、创新环境和"学习型地区"的培育为一揽子的行动重点；而且需要以公共制度、基础设施、激励措施（干预措施）等一揽子的政策支撑系统来应对密度、距离与分割的三重挑战；最后还需要顺应区域（东南亚）一体化的发展趋势，并最大限度地利用中国经济增长的溢出效应及其对外开放的优惠政策（见图2-12）。

第二章 滇西边境少数民族地区的发展战略：重塑经济地理与发展机制

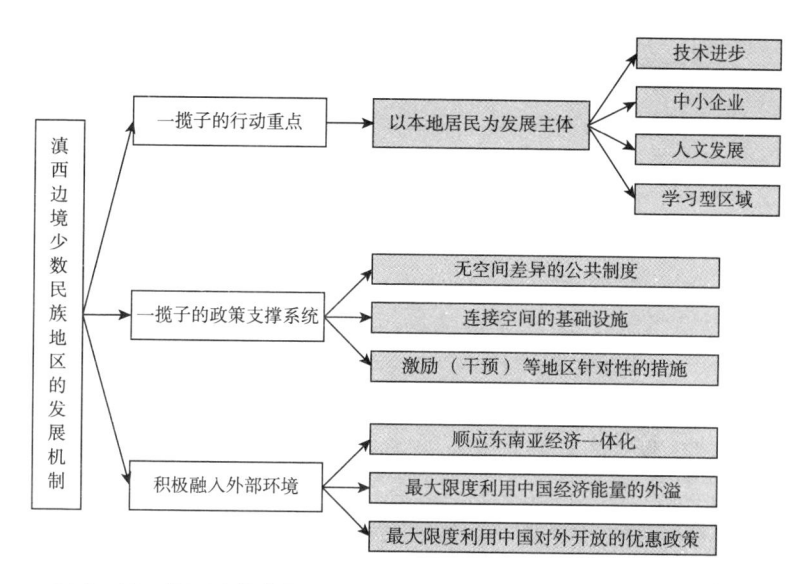

图 2-12 滇西边境少数民族地区的发展机制：逻辑架构与发展重点

四 滇西边境少数民族地区重塑经济地理与发展机制的难点

由于经济地理重塑需要依赖地区的发展能力，尤其是内生发展能力，而构建地区发展机制也需要一揽子的行动重点与政策支撑系统，因此各个地区内部所存在的多样性特征必然会影响各个地区重塑经济地理与发展机制的绩效。从这个逻辑出发，并结合滇西边境少数民族地区的发展态势及其面临的挑战，目前这片地区重塑经济地理与发展机制至少需要从内部、外部两个方面重视以下难点：就内部因素而言，主要是人力资本低下、金融要素供给不足、企业空间聚集面临严峻挑战、公共财政需要全面转型等所引致的地区内生发展能力不足；就外部因素而言，主要是滇西边境少数民族地区及其毗邻区域的一体化仍然面临着多重制约。

（一）重塑经济地理与发展机制需要的内生发展能力有待全面提升

正如理论逻辑所一再强调的那样，来自地区内部的发展能力是各个地区重塑经济地理与发展机制的关键；因此本研究报告认为滇西边境少数民族地区可以依托"构建边缘增长中心、沿边国际产业合作带以及跨境经济合作区"等路径来重塑经济地理并以此应对密度、距离与分割的挑战，可以基于一揽子的行动重点与政策支撑系统并顺应一体化的发展趋势等来构建地区发展机制；但无论是重塑经济地理还是构建地区发展机制，这片地区都必须正视地区内部人力资本低下、金融要素供不足、企业空间聚集面临严峻挑战以及公共财政需要全面转型等内生性的发展因素。

首先就人力资本而言，对人力资本的投资及其向上流动机制的构建是不同发展水平的地区之间最终走向趋同的最重要条件，这种趋同作用一方面是因为人力资本投资有助于提升微观经济行为主体的生产率水平，得益于此被投资者就可以在劳动力市场上获得更高的回报并使其走出"贫困陷阱"；另一方面是因为人力资本投资具有明显的正外部性，其对地区经济增长的促进作用要明显大于所有个人效果的加总，因而能够推动"来自区域内部"的发展并实行区域之间的趋同与收敛。纵观滇西边境少数民族地区的发展，人力资本的低下既是地区竞争能力不足的原因，又是地区发展滞后与竞争能力低下所导致的主要后果。在某种程度上甚至可以这样说，滇西边境少数民族地区与我国东部沿海地区的发展差距更重要的不是体现在诸如投资水平、空间距离、产业基础等经济条件上面，而是体现在区域内部的人力资本及其向上流动机制等方面，即滇西边境少数民族地区的人力资本的数量与质量均要远远低于东部沿海地区的人力资本的数量与质量。事实上，世界银行的研究就表明——早在2003年中国东部沿海地区的人类发展指标（教育、健康和收入水平的综合指标）就高达0.97，与韩国的水平旗鼓相当；但在西部落后地区，其人类发展指标仅为0.59，与老挝的水平基本相同（World Bank，2010）。需要强调的是，滇西边境少数民族地区的人力资本不足既有资源投入不足所导致的教育供给有限等方面的问题，又有资源配置效率不高所导致的人力资本投资与劳动力市场脱节等方面的问题。这就是说，较之于其他地区而言，滇西边境少数民族地区的人力资本面临着更为严峻的挑战。这不可避免会影响滇西边境少数民族地区重塑经济地理与发展机制。

> **专栏 2-4　现代金融体系更容易聚集于经济中心区，欠发达地区面临的挑战更为严峻**
>
> 　　在市场经济条件下，尤其是国内一体化的过程中，经济核心区有很强的向心力使得金融体系向本地区集中。具体而言，这种向心力的形成主要有以下几个方面的原因：第一是经济核心区能够创造更多的就业机会与更高的收入，大多数的金融机构更愿意选择经济核心区；第二是金融机构拥有分布广泛且高效的网络，能够将储蓄从欠发达地区吸引到经济核心区；第三是风险投资企业更倾向于投资于经济核心区及其周围的中小企业；第四是一体化的推进过程进一步加剧了资本的流动性，使得欠发达地区在吸引投资方面越来越处于弱势地位。正是因为如此，在欧盟一体化的过程中，大多数国家均要求银行将它们的部分存款投资到经济欠发达地区，至少是做到将来源于欠发达地区的存款重新投资到存款的来源地；德国甚至以法律的形式，要求地区银行与区域银行将它们的部分存款重新投资到所在地区。
>
> 　　资料来源：哈维、阿姆斯特朗等：《区域经济学与区域政策》，格致出版社、上海人民出版社，2009。

　　其次就金融要素供给而言，由于金融供给能够决定特定地区的各种投资规模及其可获得性程度，而投资规模及其可获得性程度又是地区经济增长的驱动力量之一，因此在经济发展过程中地区内部的金融体系受到了政府部门与理论界越来越多的关注。然而，一方面是由于位于经济中心的微观行为主体具有更快的成长性与较低的信用风险，金融体系并不愿意向发展缓慢的欠发达地区提供信贷；另一方面是因为经济欠发达地区的低收入水平与市场发育程度等使得这些地区更加需要高流动性的金融信贷，也更加依赖现代金融体系，因此在现实经济中欠发达地区更容易成为全国金融市场的"洼地"，地区发展也更容易面临金融信贷的严峻挑战。就滇西边境少数民族地区而言，作为中国最不发达的地区之一，地区内部的金融发展本就严重滞后，加之市场经济的推进又进一步加剧了这片地区的金融信贷供给的挑战；这就意味着较之于中国发达地区而言，滇西边境少数民族地区的金融信贷制约更为严峻。从这些逻辑出发，重塑滇西边境少数民族地区的经济地理与发展机制还需要突出"加快构建普惠制金融体系"这个特点，即需要让滇西边境少数民族地区内部的所有居民均能够享受到更多的金融服务，并以此促进地区发展。

再次就公共财政的转型而言，由于在地区经济发展的过程中，公共财政不但能够通过控制经济系统中的总需求水平帮助欠发达地区发展经济，而且可以通过社会保障支出与转移支付等方式降低地区之间的人均收入差距，公共财政能够全面影响特定地区重塑经济地理与发展机制的绩效。需要强调的是，如果强调来自地区内部的发展，公共财政的重点则不在于将公共财政投资于地区内部的经济生产，而是需要突出地区之间基本公共服务的均等化以及促进欠发达地区的可携带投资等。这一方面是因为基本公共服务均等化既是公共财政"公共性"的重要体现，也是实现地区之间基本生活水平趋同的条件，对促进社会公正，维护社会稳定并提升欠发达地区的吸引力等具有十分重要的意义；另一方面是因为突出基础教育、社会保障、公共医疗等可携带的公共投资不但有助于突破贫困与人文发展的恶性循环，而且有利于培育地区内生发展能力，从而能够实现地区之间经济社会的和谐发展。就滇西边境少数民族地区而言，首先由于地区性发展差距的客观存在以及人口与要素尚不能完全自由流动等分割因素的制约，这片地区尚未具备充足的财政资源来实现地区之间基本公共服务的无空间差异；其次由于地区内部社会经济发展的长期失衡以及人文发展的严重滞后，这片地区的基础教育、社会保障、公共医疗以及反贫困等可携带型的公共投资严重匮乏。因此，如何通过公共财政的转型与战略性调整来实现滇西边境少数民族地区的基本生活水平趋同与内生发展，也是这片地区重塑经济地理与发展机制所需要正视的难点。

最后就企业集聚而言，企业的空间集聚不但有助于产业分工与协作以及各种要素的相互关联，而且有助于集聚地区共同的行为并促使形成"学习型区域"。加之，作为介于市场和科层制组织之间的"中间性体制组织"，企业在一些地区或大城市的空间集聚，能够催生一个资本与技术高度集中、具有规模效应、自身增长迅速并能对邻近地区产生强大辐射作用的增长中心；而在现实经济中，地区增长中心不仅能够实现自身的迅速增长，而且通过乘数效应能够推动其他部门的快速增长。因此，企业集聚也是重塑经济地理与发展机制的关键。就滇西边境少数民族地区而言，一方面由于地广人稀、企业稀少以及经济发展滞后等方面特征，另一方面由于地区内部的工业化进展缓慢以及企业技术创新能力不足等，因此较之于其他地区而言，这片地区要想推动企业空间集聚并以此形成边缘增长中心将面临更为严峻的挑战。

（二）滇西边境少数民族地区及其毗邻区域的一体化仍然面临多重制约

重塑经济地理与发展机制既需要培育来自地区内部的发展能力，又需要进一步挖掘地区周边的地理优势。发展中国家的发展经验也表明，挖掘而不是平衡区域的地理优势是地区可持续发展的关键。就滇西边境少数民族地区而言，进一步挖掘地区周边的地理优势就需要充分发挥毗邻东南亚的空间区位优势并全面推进毗邻区域的一体化。然而，较之于其他地区而言，滇西边境少数民族地区的毗邻区域一体化尽管取得了长足进展，但由于推进毗邻地区的一体化需要发挥各个部门的积极性并协调其集体行动，滇西边境少数民族地区的毗邻区域一体化仍然面临着多重制约。这不可避免会影响滇西边境少数民族地区重塑经济地理与发展机制绩效，因此在重构发展战略的过程中这片地区还需要正视毗邻区域一体化仍然面临的多重制约。

具体而言，滇西边境少数民族地区的毗邻区域一体化所面临的多重制约主要体现在以下几个方面：首先是消除地区之间与区域之间的市场分割，并促进资本、劳动力与中间投入等要素跨边境流动的政策安排仍然有待于进一步完善。正如在前面分析中所强调的那样，目前滇西边境少数民族地区的周边区域仍然面临多重分割；加之周边国家多为最不发达的国家或地区，这些国家不但在市场准入方面存在严重的非国民歧视，而且缺乏健全的税收、金融、产权保护等市场经济所需要的基础实施，这些都会影响滇西边境少数民族地区的毗邻区域一体化。其次是由于跨国界的基础设施不但需要大量的外部资金支援，而且需要在多国或多地区之间进行协调，毗邻国家的边境地区一体化都会不同程度地面临基础设施的挑战。目前，滇西边境少数民族地区周边的各项基础设施，如促进生产力提升的电力、移动电话、国际互联网的连接等基础设施，提升要素流动性的高等教育与职业技术方面的国际合作与培训，促进国际贸易的水上、路上与空中运输系统等，都不同程度地缺乏。这些已经开始影响区域内部经济行为主体的各项选择。最后是从政府部门的经济交流与推进国际合作等方方面面的正式协议到微观经济领域私人部门引领的深化经济关系的非正式协议等，都是推进一体化的重要手段，因此促进区域一体化还需要各种协调性的干预措施。目前，无论是在解决市场失灵或协调区域内部各国之间的贸易纠纷等方面的公共制度供给，还是在促进企业之间的分工与合作并实现区域生产多元化等方面的跨国政策安排，滇西边境少数民族地区的毗邻区域都还没有建立全面的区域针对性的干预措施。这些也会影响毗邻区域的一体化。

第三章　互联互通、园区建设与滇西边境少数民族地区的区位再造

在全球化经济发展的新时期,生产要素的国际流动深刻变革了世界经济的运行机制与结构特征。沿边开放进程中,以边境地区作为空间着力点,通过创造促进边界效应转化与边境区位特征演进的基础性条件,提升边境毗邻区域的一体化水平,打造经济集中趋势,加速生产要素的流动与集聚进而推动边境地区的区位再造,是重塑边境地区经济地理与发展机制的重要路径。为此,本研究通过对边界效应条件下互联互通和园区建设如何构建滇西边境少数民族地区区位再造的基础条件的探讨,对开放进程中滇西边境少数民族地区的毗邻区域一体化效应及经济集中趋势进行研判,在此基础上,深入分析滇西边境少数民族地区与毗邻国家的互联互通条件及其缺口以及该地区的园区发展状况及其制约因素,研究如何以互联互通和园区建设为基础支撑,推动和实现滇西边境少数民族地区的区位再造,激活滇西边境少数民族地区的区位优势与发展条件。

一　边界效应与滇西边境少数民族地区区位再造的基础条件

边境地区是邻近国家边界的特殊区域范围,边界效应的存在与转化对边境地区区位特征的形成和演进具有重要影响。本部分在边界效应条件下,分析边境地区区位特征的变化及区位再造的本质内涵,进而研究和探索互联互通和园区建设如何构建滇西边境少数民族地区区位再造的基础条件。

（一）边界屏蔽效应与边境地区区位特征的锁定

从地理学角度来看，边境地区是指邻近国家边界的特殊区域范围。作为一种划分不同政治实体及其管辖地域的政治和经济地理"分割线"，国家边界的存在分割了两个经济系统，延长了经济行为体互动的空间和时间距离，为跨边界合作带来困难（Ratti，1993）。汤建中等人（2002）认为，国家边界具有阻碍空间相互作用的屏蔽效应，国家边界的屏蔽效应受到来自边界两侧的自然地理、制度和社会文化等因素差异性的影响。在一体化进程中，虽然毗邻国家之间通过签订合作协定或者其他制度性框架协议推进经济一体化，但自然地理障碍对生产要素的跨境流动仍然具有较强的阻碍作用，这主要源于国家边界的自然地理障碍决定了边境地区促进跨边界要素流动的便利化设施建设滞后，尤其山区型国家边界的自然地理屏蔽效应更为明显。同时，作为国家政权和法律覆盖范围的分割线，国家边界成为国家之间各种制度性差异的汇集地带，国家之间政治、法律、经济等方面的制度差异越大，国家边界的制度性屏蔽效应就越强。此外，"国内偏好"的存在也容易导致国家认同和民族认同在某些边境地区出现分化，并由此形成国家边界对居民行为的约束进而导致社会文化特征在边界两侧的差异化。

在封闭型边界条件下，国家边界的屏蔽效应提高了人口、资本、技术、信息等生产要素跨境流动、商品和服务跨境贸易以及跨境生产和投资的交易成本，从距离、分割、密度三个层面对边境地区的空间区位特征形成锁定。

从距离层面看，国家边界的屏蔽效应延长了跨境合作的经济距离，使得边境区位面临来自远离国内、国外中心市场的双重制约。距离层面的锁定效应首先来源于物理距离，由于边境地区处于国家的地理边缘，从而使得边境地区与国内、国外中心市场的来往存在较长的物理距离，如滇西边境少数民族地区（以西双版纳傣族自治州为例）离国内中心市场如北京和上海的平均物理距离分别约为3184.5公里和2880.8公里，离毗邻国家最近的中心市场如曼谷的平均物理距离约为1289.7公里。不仅如此，与中心市场的距离更重要的方面则体现在经济意义上所形成的距离。经济距离衡量了商品、服务、劳务、资本、信息和观念等穿越空间的难易程度，实质上衡量了上述要素在地区间流动的难易程度。以商品和服务的跨境贸易为例，经济距离实际测度了商品和服务跨境贸易的时间成本和货币成本。一方面，交通运输基础设施的位置和质量、运输的可得性极大地影响任何两个国家之间的经济距离。由于边境地区及其与毗邻国家区域的交通基础设施建设的滞后性，会导致要素的跨境流动、贸易与投资跨境合作的收益可能被高昂的运输成本所抵消，从而增加了边界两侧的经济距离。另一方面，以关税、非关税壁垒和投资限定等市场准入限制所形成的制度性屏蔽效应，阻碍了跨境的贸易流和投资流，也同样扩大了边界两侧的经济距离。Brocker (1984) 通过分析欧盟的边界效应，认为跨边界的贸易流比国内贸易流下降 1/6；McCallum (1995) 的研究结论显示，加拿大的国内贸易比该国与美国的跨边界贸易量大 22 倍；Wei (1996) 针对 OECD 国家的边界效应进行估计，结果认为边界屏蔽效应使贸易量下降了 2.5%。

从分割层面看，国家边界的屏蔽效应会自然形成并加剧边界两侧的市场分割。国家边界的地理存在并不完全导致分割，但国家对商品、资本、人员和知识流动的限制却是造成分割的最重要原因。通过对世界国家的经济透视，一国边界的宽度或密集度与该国强加于他国之间的商品、资本、人员和知识流动之上的限制因素成比例（Lall, Wang, Deichmanm, 2008），并进而影响分割的程度。关税和非关税壁垒是导致国家边界两侧市场分割和国家间贸易流减少的直接原因，近期的估测显示，国家边界导致工业国家之间贸易规模降低的比例仍然高达 20% – 50%（Anderson and Van Wincoop, 2003, 2004），在贸易壁垒更加严重的发展中国家之间，贸易规模降低的比例甚至更大。同时，国家边界的屏蔽效应通过阻碍资本、人员与知识的流动，导致毗邻国家区域的生产与投资活动的分割，并由此产生经济分散的趋势。不仅如此，分割的另一个重要方面在于国家边界两侧的民族与文化分割。由于国内偏好的存在，居民往往具有较强的国家认同感和民族认同感，从而导致毗邻两国间存在着来自社会惯例、文化传统、语言文字等方面的异质性，为防止对方可能采取的欺骗、偷懒、搭便车、道德风险等行为，国家之间通常会通过制定一系列契约规则来限制对方、保护自己，从而加大了国家间的协调成本，提高了分割程度。

从密度层面看，距离与分割共同导致边境地区的经济分散化状态并进而形成地区经济密度的低水平锁定。经济密度衡量了每单位土地的经济总量或经济产出，是区域发展的重要经济地理特征。国内外经验表明，愈是富裕的地区，其经济密度也愈高。传统区位理论认为，国家边界降低了边境地区的"中心性"，这是由于较强的国家边界屏蔽效应所形成的边境地区与国内外中心市场相对较远的经济距离以及边界两侧较严重的市场分割会导致边境地区尤其是内陆边境地区要素流动与集聚条件的缺失，并由此造成地区经济的分散化状态，形成边境地区经济密度的低水平锁定，极易导致边境地区成为国家发展的"边缘区"。

（二）开放条件下边界效应的转化与边境区位特征的演进

由于国家边界具有连接内外关系的重要属性，从而为弱化边界屏蔽效应，促进国家边界由"分割带"向"接触带"演化，进而促进边境地区由"边缘区"向"核心区"的转变提供了现实可能。沿边开放为促进封闭型边界向开放型边界的演化，加速商品、服务、劳务、资本、信息和观念在边界两侧的流动，消除导致边界两侧市场分割的因素，进而为边境地区区位特征的演进创造了重要前提。

在开放条件下，封闭型边界逐渐向开放型边界演化（见图3-1），从而促进国家边界效应从屏蔽效应向市场扩展效应、资源聚合效应、资本跨境流动效应、技术跨境转移效应和毗邻两国边境地区双币流通效应等开放效应进行转化（梁双陆，2008）。

开放条件下边界效应的这种转化过程，同样从距离、分割与密度三个维度对边境区位特征的演进产生重要影响。

其一，边界效应转化能够缩短边境地区与毗邻国家之间的经济距离。开放条件下边界两侧的经济距离变化与封闭条件下的经济距离变化呈反向过程，边界效应的转化通过弱化国家间的边界屏蔽效应，促进商品、服务、劳务、资本、信息和观念的跨边界流动，提高相互间市场准入的程度，从

第三章 互联互通、园区建设与滇西边境少数民族地区的区位再造

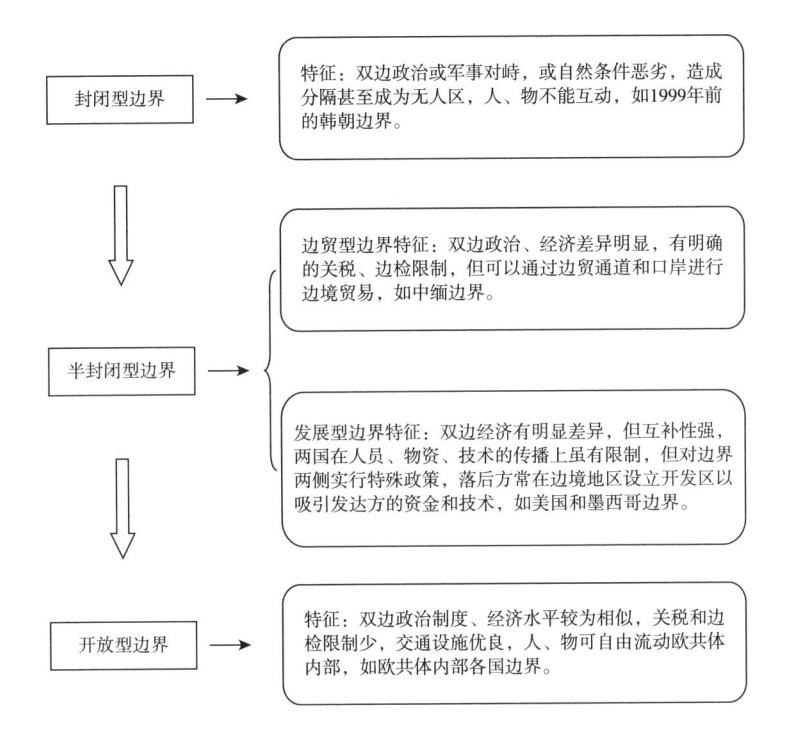

```
┌─────────┐      ┌──────────────────────────────────┐
│ 封闭型边界 │ ───→ │ 特征：双边政治或军事对峙，或自然条件恶劣，造成 │
└─────────┘      │ 分隔甚至成为无人区，人、物不能互动，如1999年前 │
     │           │ 的韩朝边界。                       │
     │           └──────────────────────────────────┘
     ↓
                  ┌──────────────────────────────────┐
                  │ 边贸型边界特征：双边政治、经济差异明显，有明确 │
              ┌─→ │ 的关税、边检限制，但可以通过边贸通道和口岸进行 │
┌─────────┐  │   │ 边境贸易，如中缅边界。               │
│半封闭型边界│ ─┤   └──────────────────────────────────┘
└─────────┘  │   ┌──────────────────────────────────┐
     │        │   │ 发展型边界特征：双边经济有明显差异，但互补性强， │
     │        └─→ │ 两国在人员、物资、技术的传播上虽有限制，但对界 │
     │            │ 两侧实行特殊政策，落后方常在边境地区设立开发区以 │
     ↓            │ 吸引发达方的资金和技术，如美国和墨西哥边界。    │
                  └──────────────────────────────────┘
┌─────────┐      ┌──────────────────────────────────┐
│ 开放型边界 │ ───→ │ 特征：双边政治制度、经济水平较为相似，关税和边 │
└─────────┘      │ 检限制少，交通设施优良，人、物可自由流动欧共体 │
                  │ 内部，如欧共体内部各国边界。           │
                  └──────────────────────────────────┘
```

图 3-1 开放条件下的边界效应转化过程

而产生了近距效应。基础设施（包括交通、通信基础设施）的质量与制度条件成为影响国家间经济距离的两个重要因素。一方面，边境地区与毗邻国家基础设施互联互通的水平直接影响到要素跨境流动的成本以及贸易与投资的便利化程度，完善的基础设施为相互间的市场准入创造基础条件。国外学者对交通基础设施与市场准入关系的研究表明，交通基础设施越完善，交通速度就越快，从而市场准入越好（见图3-2）。通过加强边境地区与毗邻国家的交通和通信等基础设施的互联互通建设，能够有效缩短跨境合作的物理与经济距离。另一方面，良好的次区域合作机制与制度互联互通水平能够为边境地区与毗邻国家之间共同消除关税非关税壁垒、投资限定等制度性障碍创造重要制度基础，进而缩短次区域一体化中的经济距离。

其二，边界效应转化与次区域一体化能够有效缓解和消除来自国家边界两侧的市场分割。在开放条件下，边界效应的转化与次区域一体化进程的加快有利于边境地区与毗邻国家在资源要素、产业梯度、市场空间、制

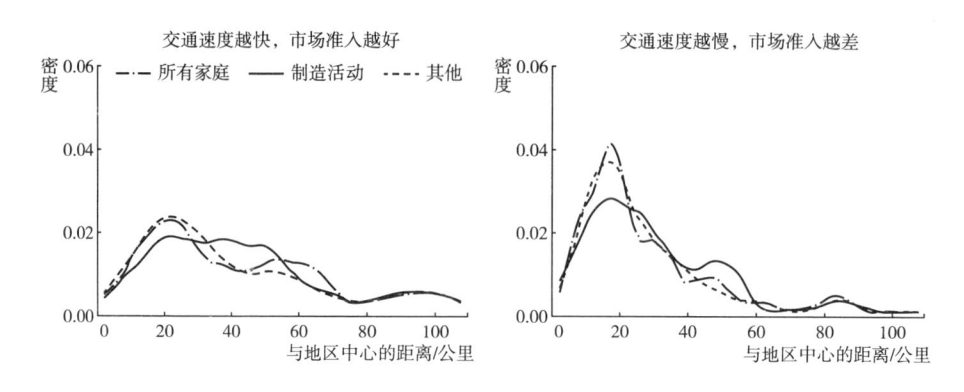

图 3-2　交通基础设施与市场准入的关系

资料来源：2009 年世界发展报告《重塑世界经济地理》。

度与政策协调、社会文化交融等方面次区域合作的深化，能够有效提升次区域一体化程度并进而缓解和消除边境地区与毗邻国家之间的市场分割。比如，通过在边境地区建立综合的生产网络如跨境经济合作区，能充分利用边境两侧经济体的比较优势，并通过一定程度的主权让渡来促进边界效应的转化和交易成本的降低，有效缓解和消除次区域市场分割。

其三，边界效应的转化为边境地区的经济集中创造条件从而提升边境地区的经济密度。经济密度衡量了一个地区经济集中的程度，距离与分割的区位特征演进为边境地区经济集中创造了重要条件，如在印度尼西亚，良好的公路交通状况缩短了行程时间和与经济中心的距离，从而创造了大规模的集聚区，提升了经济活动的密度。在近距效应与一体化效应的作用下，要素跨境流动和贸易与投资便利化程度的提升为边境地区实现要素集聚与经济集中提供了重要条件，能够显著提升边境地区的经济密度水平，促进边境地区由"边缘区"向"核心区"进行转变。

（三）以互联互通和园区建设创造滇西边境少数民族地区区位再造的基础条件

开放条件下，边界效应的转化为边境地区区位特征的演进创造了重要前提，而边界效应转化的程度则直接决定边境地区的开放层次与效果。从我国边境地区发展的经验来看，沿边开放仅仅停留在低层次开放层面，边境地区发展长期停留在以边境贸易为主的阶段，区位优势难以得到显著提升，地区经济面临内生发展困境。从而，在沿边开放进程中，需要进一步探索如何以边境地区作为空间着力点，通过对某些条件的改变或创建，来有效促进边界效应转化进而推动区位特征的演进，提升边境毗邻区域的一体化水平，打造经济集中趋势，加速生产要素的流动与集聚，从而实现边境地区的区位再造，这是重塑边境地区经济地理与发展机制的重要途径。

事实上，在边境地区进行区位再造的实质是立足于边境地区的特殊区位属性，利用与整合沿边开放进程中边境区位变迁的潜在优势，通过强化边境地区与毗邻国家和区域在基础设施、制度环境、产业发展、社会文化等重点领域的互联互通建设来推动边界效应转化进而提升毗邻区域一体化水平，同时，通过加快推进不同层次、不同类型的园区体系建设与功能整合，形成吸引要素、企业和产业集聚的规模报酬递增空间格局，来共同推进边境地区空间区位的再造，为重塑边境地区的经济地理与发展机制提供重要支撑。

内陆沿边地区的特殊区位属性决定了该类地区的区位再造过程必须在边界效应条件下推进，滇西边境少数民族地区作为我国连接东南亚、南亚的重要内陆沿边地区，其区位再造的实现同样需要具备一个重要前提，即边界效应得以有效转化，这是促进滇西边境少数民族地区的毗邻区域一体化水平与加速生产要素跨境流动的重要条件。由于滇西边境少数民族地区与毗邻国家和区域在资源禀赋、劳动成本、要素流动、产业发展、经济与政治制度、社会文化等方面存在着多重差异，这种差异只能通过建立双边或多边的互联互通机制来予以弱化或消除。从而，基础设施的互联互通、制度环境的互联互通、产业发展的互联互通、社会文化的互联互通就成为弱化或消除这些异质性特征进而促进边界效应转化的最基本手段，由此构成了滇西边境少数民族地区区位再造的基础条件之一。

基础条件一：互联互通。来自国家边界两侧的自然地理、制度和社会文化等因素差异是形成边界屏蔽效应进而阻碍边境地区区位特征演进的重要原因，滇西边境少数民族地区区位再造的实现必须通过基础设施、制度环境、产业发展和社会文化等多层面的互联互通建设来弱化或消除这些异质性特征进而促进边界效应的有效转化。因此，互联互通的基本条件或构成要素主要包括以下方面：条件①：基础设施互联互通。基础设施互联互通的水平是影响要素跨边界流动、贸易与投资便利化程度提升的重要因素。基础设施互联互通的基本要素包括交通基础设施、信息与通信技术基础设施（ICT）和能源基础设施等，通过公路网、铁路线、内陆水运航道、海运系统等运输系统以及信息与通信基础设施（ICT）的建设，提升基础设施互联互通水平。条件②：制度互联互通。制度互联互通的基本要素包括贸易自由化和便利化、投资与服务的自由化与便利化、多边认证协定、区域运输协定、跨境手续简单化、能力建设等方面。通过运输便利化的框架协定，区域内商品贸易障碍的消除，特定组织服务部门、贸易便利化的改进，边境区管理能力、公平的投资规则、基础制度能力的提升等方面建设，增强制度互联互通。条件③：社会文化互联互通。社会文化互联互通从人的方面，侧重于人与人之间连接，突出体现地区之间在教育、文化交流与旅游方面的联系。通过社会和文化的理解与交融和人口自由流动等建设战略，增强国家之间社会文化融通。

不仅如此，区位再造的内涵还表明，区位再造过程是促进流动要素向规模报酬递增空间集聚的过程，从而，与上述条件相并行的，滇西边境少数民族地区区位再造的实现还需要通过合理的制度安排，推动该地区不同性质、不同类型的园区体系建设与功能整合来构建能够有效吸引要素、企业和产业等集聚实现的规模报酬递增空间格局，由此，园区建设则构成了滇西边境少数民族地区区位再造实现的另一基础条件。

基础条件二：园区建设。规模报酬递增的前提是经济规模化与集聚效应，如何吸引流动中的各类要素向一个地理空间范围集聚就成为滇西边境少数民族地区实现区位再造的关键。实现这一目标的具体条件在于滇西边境少数民族地区是否具备吸引要素和企业集聚的投资环境，是否具有形成产业合作与产业集聚的产业基础条件，是否具有区域性的创新能力集合，这些条件的形成与整合需要通过园区体系这一重要的空间载体予以支撑。以墨美边境地区为例，墨西哥在墨美边境上通过设立工业园区并以优惠的政策吸引美国厂商，而美国厂商则利用墨西哥廉价劳动力来降低生产成本并将其作为拓展墨西哥市场的基地，吸引了一部分大企业复杂的最终产品装配过程落地，并带来与其有产业关联的大量中小企业的集聚，在这一过程中，墨西哥的边境区接受美国的经济外溢，而美国、欧洲和亚洲的跨国企业则追求市场的扩张、低成本人力资本以及看重优惠政策，从而使边境区位得以再造，使其成为新的增长点。因此，在滇西边境少数民族地区探索如何通过对不同性质、不同类型的园区发展形态如产业园区、边境经济合作区、跨境经济合作区、综合保税区、自由贸易区等进行建设与功能整合，就构成了该地区吸引和承载要素、企业、产业集聚，形成规模报酬递增空间格局与推动区位再造的重要基础性条件。

二　开放进程中滇西边境少数民族地区的毗邻区域一体化效应与经济集中趋势研判

滇西边境少数民族地区作为我国的西南边陲，是集边疆地区、民族地区、贫困地区为一体的特殊区域，同时也是我国连接东南亚、南亚的重要区域。独特的自然地理区位优势使得滇西边境少数民族地区成为国家沿边开放的重要前沿，根据国家支持云南省加快建设面向西南开放重要桥头堡的战略部署，滇西边境少数民族地区被定位为我国面向西南开放的重要门户。近年来，随着中国－东盟自由贸易区、大湄公河次区域合作、中国连接东南亚和南亚国际大通道建设、"一带一路"建设等开放战略的有序推进，滇西边境少数民族地区的区位优势进一步凸显，面向西南开放重要门户的地位和作用进一步增强。在沿边开放进程中，滇西边境少数民族地区与毗邻国家的市场一体化效应是否得以增强，毗邻区域一体化效应变化是否对该地区经济集中趋势产生影响？这是判断滇西边境少数民族地区与毗邻国家间边界效应转化程度与地区经济集聚条件变化的重要前提，为此，本部分对沿边开放进程中滇西边境少数民族地区的毗邻区域一体化效应变化以及该地区的经济集中趋势进行深入研判。

（一）滇西边境少数民族地区的毗邻区域一体化效应变化及评估

滇西边境少数民族地区与毗邻国家的市场一体化程度能够间接反映边

界效应转化的程度,是滇西边境少数民族地区区位特征演进与区位再造实现的重要前提。在沿边开放与区位优势有所提升的背景下,滇西边境少数民族地区与毗邻国家的市场一体化效应是否得以增强?为此,课题组采用"一价定律"(Law of One Price)对滇西边境少数民族地区的毗邻区域一体化效应变化进行评估。

依据"一价定律",即如果两个独立的市场被看作一个经济市场,那么在所有时刻两个市场的价格是趋同的。"一价定律"假定在世界各国之间不存在贸易壁垒的条件下,同一商品在各国的价格应等于生产价格加运输成本,如果某国的这一商品价格较高,那么其他国家生产的此类商品就存在套利空间,从而引致价格回落至国际同一水平。"一价定律"说明,如果两个市场完全整合,则一个市场价格的变化将全部传递到另一市场,而非整合的市场价格信息则可能歪曲市场决策,从而导致商品的低效率流转。因此,通过应用"一价定律",能够衡量滇西边境少数民族地区与毗邻国家的市场一体化程度。然而,现实中由于存在运输消耗等形式的交易成本,如商品在贸易中由于自然地理的阻隔、制度性障碍所发生的损耗,两个价格不可能完全相等,相对价格会在一定的区间内波动。运输成本的减少、制度性壁垒的削弱均意味着交易成本下降与市场整合程度提高,此时相对价格波动的范围也会随着缩窄。据此,我们可以以相对价格变动构造出市场分割指数,来反映市场一体化程度。

假设滇西边境少数民族地区的价格水平为 p_{dt},毗邻国家(以缅甸与老挝为例)的价格水平为 p_{mt}(缅甸)和 p_{lt}(老挝)。采用消费者价格指数(CPI)衡量区域的价格水平,数据期间为1998—2012年,数据来源于各年度《中国统计年鉴》、《云南统计年鉴》以及缅甸国家统计局和老挝国家统计局。

构造滇西边境少数民族地区与缅甸的市场分割指数为:

$$\Gamma_{dm} = \ln(p_{dt}/p_{dt-1}) - \ln(p_{mt}/p_{mt-1})$$

同理,滇西边境少数民族地区与老挝的市场分割指数为:

$$\Gamma_{dt} = \ln(p_{dt}/p_{dt-1}) - \ln(p_{lt}/p_{lt-1})$$

第三章　互联互通、园区建设与滇西边境少数民族地区的区位再造

则滇西边境少数民族地区与相邻两个国家（缅甸与老挝）整体市场分割指数为：

$$\varGamma = (\varGamma_{dm} + \varGamma_{dt})$$

市场分割指数衡量了区域间市场以价格变化表示的市场一体化程度，若市场分割指数收敛，则表示区域间市场一体化程度不断增强，若市场分割指数发散，则表示区域间市场分割程度不断增强。

根据分析结果（见图3-3），滇西边境少数民族地区与缅甸的市场分割指数以及滇西边境少数民族地区与老挝的市场分割指数均呈现逐渐收敛趋势，同时，滇西边境少数民族地区与毗邻国家（缅甸和老挝）整体的市场分割综合指数也呈现逐渐收敛趋势，表明在沿边开放战略推进下，滇西地区与毗邻国家的市场一体化效应正在逐渐增强，毗邻区域一体化效应的不断增强将促进滇西边境少数民族地区的要素跨境流动，进而为滇西边境少数民族地区区位特征演进创造了条件。

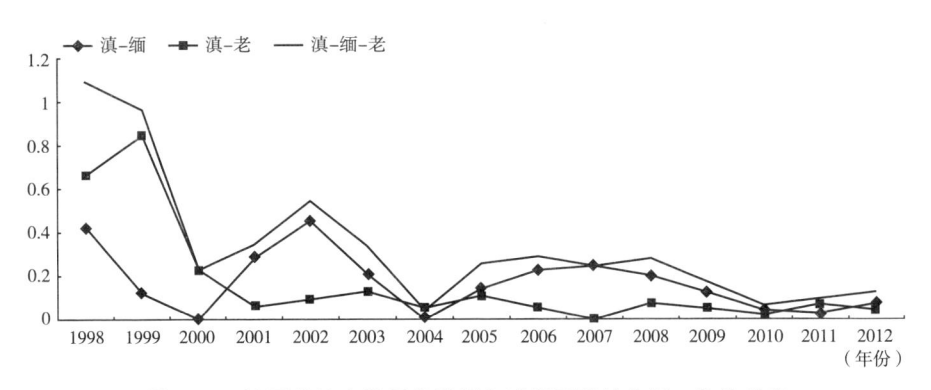

图3-3　滇西边境少数民族地区与毗邻国家的市场一体化效应

（二）滇西边境少数民族地区的经济集中趋势判定

在滇西边境少数民族地区与毗邻国家的市场一体化效应有所增强的背景下，滇西边境少数民族地区的经济规模化与集聚化状态是否得到改进？为此，我们通过几个核心指标对滇西边境少数民族地区的经济集中效应进行测度，这些指标有：①区域人口密度（人/平方公里）。人口密度反映了一个地区的

人口稠密程度，测量一个地区人口集聚的程度，用区域总人口数除以区域地理总面积来表示；②区域经济密度（万元/平方公里）。经济密度测量一个地区经济集聚的总体情况，用区域 GDP 总量除以区域地理总面积来表示。相应数据来源于历年的《云南省统计年鉴》，数据期间为 1985—2012 年。

通过计算滇西边境少数民族地区的平均人口密度水平，并与全省和全国的人口密度水平进行比较，结果显示（见图 3-4），1985—2012 年滇西地区的人口密度显著低于全省和全国水平，并且人口密度变化未表现出强于全省和全国的增长趋势。表明滇西边境少数民族地区的人口集聚程度仍然较低。从 1985—2012 年滇西区域内部各地区的人口密度变化情况来看（见图 3-5），受沿边开放政策与口岸经济建设的带动效应影响，西双版纳、怒江和德宏三个地区的人口密度增长表现出相对较高的水平。

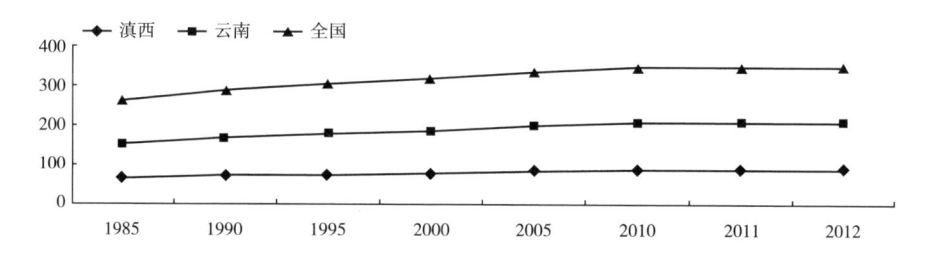

图 3-4 滇西边境少数民族地区的人口集聚水平的变化与比较

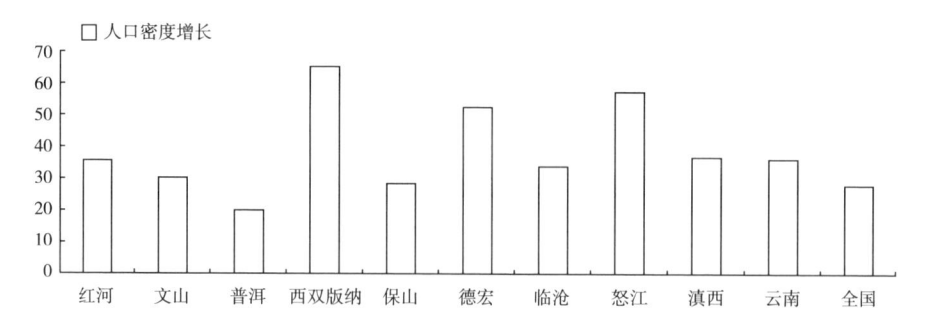

图 3-5 1985—2012 年滇西边境少数民族地区人口密度增长水平比较

通过计算滇西边境少数民族地区的平均经济密度水平，并与全省和全国的经济密度水平进行比较，结果显示（见图 3-6），2000—2012 年滇西地区的经济密度显著低于全省和全国水平,并且经济密度变化弱于全省和全国的增长水平。表明滇西边境少数民族地区的经济集聚程度仍然较低。从 2012 年滇西区域内部各地区的人口密度情况来看(见图 3-7),受沿边开放政策与口岸经济建设的带动效应影响,红河、保山和德宏三个地区的经济密度高于滇西边境少数民族地区平均水平。

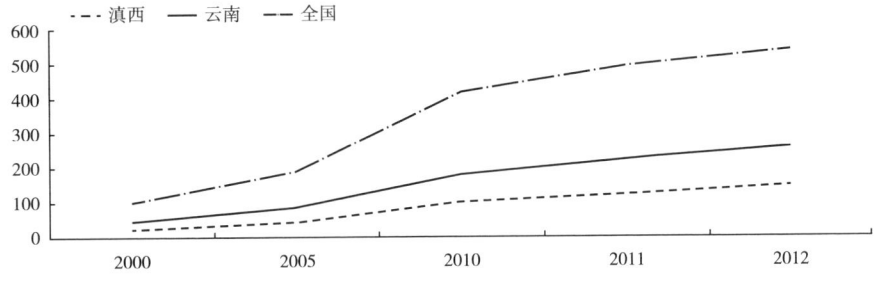

图 3-6 滇西边境少数民族地区的经济集聚水平的变化与比较

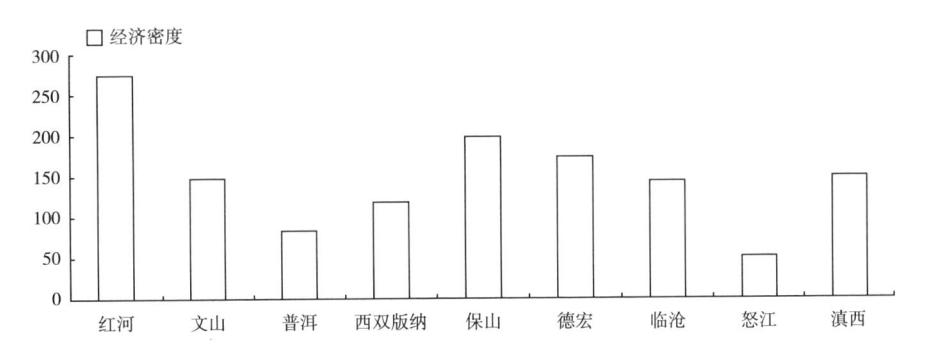

图 3-7 2012 年滇西各地区的经济集中水平比较

综合来看,在沿边开放战略推动下,滇西边境少数民族地区与毗邻国家的市场一体化效应有所增强,为滇西边境少数民族地区要素跨境流动与经济集中创造了较有利的外部条件。然而,滇西边境少数民族地区仍然属于世界贫困区域之一,与国内外中心市场经济距离较远、市场分割程度较高以及内生发展动力的不足仍然制约着滇西边境少数民族地区的发展。为此,需要从影响滇西边境少数民族地区空间区位特征演进的基础性条件着手,深入分析判定滇西边境少数民族地区互联互通和园区建设状况及其制约因素。

三 滇西边境少数民族地区与毗邻国家的互联互通条件及其缺口

针对滇西边境少数民族地区与毗邻国家发展特征的多重差异以及区位再造内涵，本部分专门针对滇西边境少数民族地区区位再造的基础条件——互联互通进行研究，对开放进程中滇西边境少数民族地区与毗邻国家的互联互通条件及其缺口进行分析与评价。

（一）滇西边境少数民族地区与毗邻国家的基础设施互联互通条件及其缺口

近年来，在建设中国—东盟自由贸易区和加快建设面向西南开放重要"桥头堡"战略推动下，云南公路、铁路、航空和水运网络日趋完善。公路方面，云南已经形成"七入省四出境"的交通网络，中越、中老泰、中缅和中印4条国际大通道境内段全部实现高等级化；铁路方面，"四入省一出境"的格局已经形成，"八入省四出境"的铁路网络已经纳入国家规划；航空方面，云南民用机场已经开通12个，全省民航年旅客吞吐量居全国第4位。目前云南省已形成通往东南亚、南亚国家的3条便捷的国际大通道：一是西路通道，包括沿滇缅（昆畹）公路、中印（史迪威）公路和昆明至大理的铁路西进，并拥有多个出境口岸，可分别到达缅甸密支那、八莫、腊戌等地，并直达仰光，还可经密支那到印度雷多，与印度铁路网连接后通往孟加拉国的达卡、吉大港和印度的加尔各答港。二是中路通道，由澜沧江—湄公河航运、昆明至打洛公路、昆明至曼谷公路和西双版纳机场构成，通往缅甸、老挝、泰国并延伸至马来西亚和新加坡。三是东路通道，以现有滇越铁路、昆河公路及待开发的红河水运为基础，通往越南河内、海防及其南部各地。

从云南交通运输线路长度占全国比重情况看，截至2012年，云南的铁路营业里程为0.24万公里、公路通车里程为21.91万公里、内河航道里程为0.34万公里、民用航空航线里程为22.85万公里（其中国际航线里程为4.84万公里），占全国各类交通运输线路长度的比重分别为2.46%、5.17%、

2.72%和6.97%（其中国际航线里程占比3.77%）。总体来看，云南交通运输线路长度占全国比重较小，反映出云南总体的交通运输基础设施建设仍然相对滞后。从与全国其他陆上沿边省份的比较情况来看，铁路营业里程方面，云南铁路营业里程在沿边9省份中位于倒数第三，仅好于甘肃和西藏；内河航道里程方面，云南的内河航道里程在沿边9省份中位于第三；公路里程方面，云南的公路里程在沿边9省份中位于第一，但高等级公路如高速路的公路里程在沿边9省份中仅位于中间水平，表明云南的公路里程虽较长，但高质量公路建设仍相对滞后。通过以上分析，综合来看，云南的交通运输基础设施仍然相对不足，难以为全省尤其是边境地区的经济发展提供足够的支撑（见表3-1、表3-2）。

表3-1　云南各类交通运输线路长度占全国比重

单位：万公里

	铁路营业里程	公路通车里程	内河航道里程	民用航空航线里程（国际航线）
云南	0.24	21.91	0.34	22.85（4.84）
全国	9.76	423.75	12.50	328.01（128.47）
占比	2.46%	5.17%	2.72%	6.97%（3.77%）

表3-2　云南交通运输线路长度与内陆沿边省份比较

单位：公里

地区	铁路营业里程	内河航道里程	公路里程	等级公路	#高速	#一级	#二级	等外公路
内蒙古	9474.3	2403	163763	151046	3110	4666	14092	12717
辽宁	5006.4	413	105563	90033	3912	3263	17360	15530
吉林	4398.4	1456	93208	85414	2252	1921	8914	7794
黑龙江	6021.8	5098	159063	129260	4084	1521	9623	29803
广西	3194.5	5479	107905	91583	2883	984	9720	16322
云南	2619.4	3158	219052	171960	2943	974	10299	47092
西藏	531.5		65198	41776		38	956	23422
甘肃	2487.1	914	131201	101372	2549	178	6648	29829
新疆	4749.7		165910	118861	2277	1417	12172	47049

交通运输基础设施建设的滞后与较高的运输成本直接联系,作为运输成本的直接反映,边境地区的货运量和货物周转量充分体现了该地区运输成本的高低。从云南与其他沿边省份货运量和货物周转量对比情况看,在沿边9省份中,云南省货运总量位于第4位,而货物周转总量位于第8位。分项来看,在三种运输方式中,公路运输货运量处于全国沿边省份中游水平,然而公路运输货物周转量则位于全国沿边省份倒数第2位;铁路运输货运量和货物周转量均位于全国沿边省份倒数第2位;水路运输货运量和货物周转量情况也不容乐观,与广西和辽宁形成巨大的数量级差距。综合来看,云南相对落后的交通基础设施和相对较高的运输成本对货物运输和周转的总量形成一定制约(见表3-3、表3-4)。

表 3-3 云南与沿边省份货运量对比

单位:万吨

地 区	合计	铁路	国家铁路	地方铁路	合资	公路	水运
内蒙古	189942.2	64682.2	42436.3	3900.3	18345.7	125260	
辽 宁	206788.7	19802.7	17387.5	2415.2		174355	12631
吉 林	54808.1	7347.1	6922.4	424.7		47130	331
黑龙江	65230.7	16590.7	15719.7	722.0	148.9	47465	1175
广 西	161356.0	6846.0	6846.0			135112	19398
云 南	68734.9	5030.9	4650.0	380.9		63239	465
西 藏	1126.6	84.6	84.6			1042	
甘 肃	45831.7	6289.7	6289.7			39517	25
新 疆	58793.5	6839.5	6839.5			51954	

表 3-4 云南与沿边省份货物周转量对比

单位:亿吨公里

地 区	合计	铁路	国家铁路	地方铁路	合资	公路	水运
内蒙古	5870.3	2570.5	2282.3	30.0	258.3	3299.8	
辽 宁	11563.7	1404.9	1400.7	4.2		2675.4	7483.3
吉 林	1596.1	621.0	618.5	2.4		974.1	1.1

续表

地区	合计	铁路	国家铁路	地方铁路	合资	公路	水运
黑龙江	2002.3	1065.7	1058.1	7.1	0.5	929.0	7.6
广西	4110.6	860.0	860.0			1878.3	1372.3
云南	1123.4	412.1	409.7	2.4		702.5	8.7
西藏	46.2	18.3	18.3			27.9	
甘肃	2351.7	1457.1	1457.1			894.6	
新疆	1614.5	790.7	790.7			823.8	

总体看，在国家大通道建设与云南桥头堡建设战略推动下，滇西边境少数民族地区作为连接中国、云南与毗邻国家的重要交通枢纽，与毗邻国家的基础设施尤其是交通基础设施的互联互通水平具有一定程度的提升，初步形成了贯穿内外的立体交通体系。但相比全国其他区域，滇西边境少数民族地区乃至云南省的交通基础设施建设仍然相对滞后，与毗邻国家的基础设施连接离真正意义上的"无缝连接"仍然具有较大差距，较落后的交通基础设施导致了地区内外运输成本的相对高企，制约了滇西边境少数民族地区承载要素跨境流动功能的提升。

（二）滇西边境少数民族地区与毗邻国家的制度互联互通条件及其缺口

制度的互联互通主要指通过连接不同的国际或区域协定以便利于商品和服务的国际交易以及自然人的跨界活动。为衡量滇西边境少数民族地区与毗邻国家的制度互联互通的状况，本部分从运输便利性，商品、服务、投资、劳动力等要素的自由流动、跨境程序等方面，分析滇西边境少数民族地区与毗邻国家的制度互联互通条件及缺口。

1. 运输便利性条件

近年来，在国际组织和我国与云南省的共同努力下，多个惠及滇西边境少数民族地区与毗邻国家运输便利性的协定已经形成，这些协定包括：《大湄公河次区域跨境运输协定》、《中华人民共和国政府与东南亚国家联盟政府海上运输协定》（简称《中国-东盟海运协定》）、《中国-东盟航空运输协定》、《关于共同推进昆曼公路民间便利化运输的方案》等。上述协定为滇西边境少数民族地区与毗邻国家的陆路、海上和航空的立体货物运输便利性提供了重要支撑。然而，相关协定的实施由于受到国家间地缘政治经济博弈与次区域合作努力程度差异的影响和制约，滇西边境少数民族地区与毗邻国家在共同推进双边或多边运输便利性建设方面尚存在一定困难，难以真正实现滇西边境少数民族地区与毗邻国家在运输系统上的"无缝连接"。

专栏3-1 《大湄公河次区域跨境运输协定》

该协定由亚行技援项目支持设定，是专为便利客货跨境运输设计、由所有大湄公河次区域成员采用的多边法律文件，该协定旨在为双边和多边合作中简化规章制度，提高效率，在次区域范围内减少无形壁垒提供实际措施。其中涵盖了有关跨境运输便利化的各个方面，包括：一站式通关、人员的跨境流动（如营运人员的签证）、运输通行制度（包括免除海关检验、保证金抵押、护送、动植物检疫）、公路车辆必须具备跨境通行的先决条件、商业通行权利的交换、基础设施（包括公路和桥梁设计标准、公路标识与信号）等。

专栏3-2 《中华人民共和国政府与东南亚国家联盟政府海上运输协定》

简称《中国-东盟海运协定》，该协定旨在为缔约方的海上运输活动提供便利，进一步提高中国与东盟各国在客运和货运等海上事务的合作程度，以加强双边的经贸交往。该协定主要包括船舶的待遇、船员问题、便利化运输、船上管辖权、付款和汇款方式、海事合作、争端的解决机制以及保护国家安全和公共卫生等方面的内容。

2. 贸易便利性条件

贸易便利性反映了次区域和小区域范围内商品和服务流动的障碍程度。从边境地区来看，边境贸易直接反映了边界两侧区域商品和服务要素自由流动与贸易便利性的程度。在沿边开放政策推动下，滇西边境少数民族地区的边境贸易总量不断增长，从1985年的边境贸易进出口总量0.44亿美元增长至2012年的21.49亿美元，增长近48倍。边境贸易绝对额的大幅度增长反映出沿边开放政策推动下边界两侧区域的商品和服务便利化程度明显增强。然而，值得注意的是，边境贸易额占全省进出口贸易总额的比重却在不断下降，由1985年的占比20.95%下降至2012年的10.23%，表明在全省的贸易格局中，以边境地带作为空间载体的贸易模式的重要性在相对下降，反映出滇西边境少数民族地区的边境贸易便利化发展仍然面临一定的制约因素（见图3-8）。

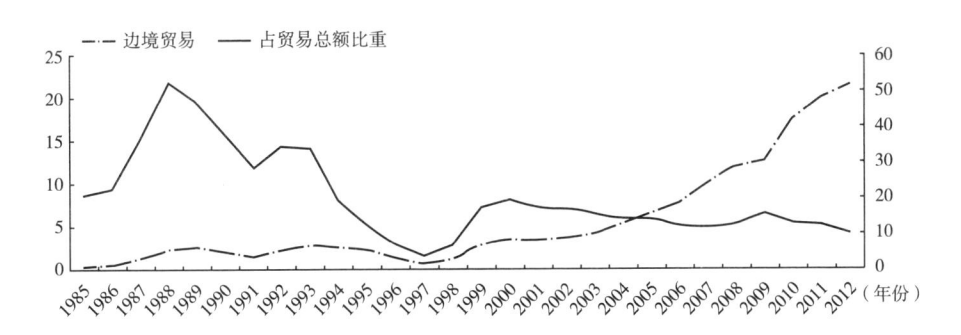

图3-8 滇西边境贸易发展态势

这进一步表明，随着国家间经济联系日益紧密，互市贸易等传统边境贸易方式已不能满足经贸合作需要，许多加工贸易、过境贸易、转口贸易等新贸易方式由此在一些边境地区衍生出来。但目前云南边境对外贸易方式依然较单一，传统贸易方式占绝对比重，特别是对缅、越、老三国仍以传统贸易为主，加工贸易基本为空白。如云南出口到越、缅等国的摩托车，其产地基本在温州等东部地区。尽管近年云南一些口岸也在积极培育加工基地，对进出口货物进行一定程度的深加工，但这种加工大多仍停留于粗加工层面，边境城市吸引的投资投向也基本集中于制造业，企业生产处于价值链低端。此外，云南沿边口岸从事贸易的人员普遍素质偏低，企业产能和科技创新能力有限，造成边境对外贸易对当地产业结构的优化力度受限，区域增长的产业支撑力不足，边境地区传统意义上的通道功能远大于其增长极功能，这些都一定程度上直接制约了云南边境对外贸易的规模效益和发展水平提升。

3. 投资自由流动条件

滇西边境少数民族地区外商直接投资占全省外商直接投资的比重能够衡量投资在边境地区流动和集聚的相对程度。从2003—2012年滇西边境少数民族地区利用外商直接投资额变化及其占全省外商直接投资额比重的变化来看，总体而言（排除2012年极端情况），滇西边境少数民族地区利用外商直接投资额呈上升趋势，表明沿边开放政策对滇西边境少数民族地区投资的自由流动具有一定的强化效应。从占比情况来看，滇西边境少数民族地区利用外商直接投资额占全省外商直接投资额的比重先从2003年的29.57%下降至2004年的9.06%，之后一直稳定在8%-12%的水平，随后于2011年上升至27.90%后又下降至2012年的20.27%（见图3-9）。从滇西边境少数民族地区外商直接投资的地理空间密度看，占全省地理面积50.60%的地区，其外商直接投资的平均比重（以2003—2012年十年计算）仅为15.45%，表明滇西边境少数民族地区外商直接投资的地理密度较低，投资的空间集聚效应较弱。以上分析表明，滇西边境少数民族地区可能存在较其他地区更为严重的投资摩擦与制度障碍，吸引外商直接投资的环境仍然较为薄弱。

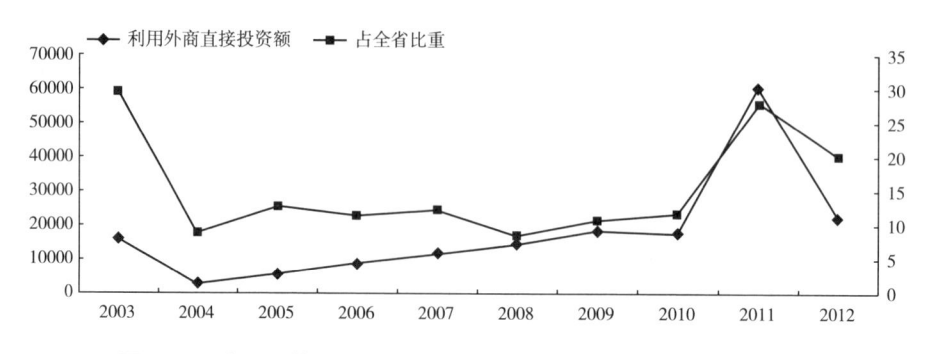

图3-9 滇西边境少数民族地区利用外商直接投资额及其比重变化

(三) 滇西边境少数民族地区与毗邻国家的产业互联互通条件及其缺口

我国与毗邻的三个国家（越南、缅甸和老挝）之间存在明显的资源禀赋与产业技术水平异质性特征，这种特征为滇西边境少数民族地区承接国内产业转移进而在边界地带强化与毗邻国家的产业合作提供了较好条件。与滇西边境少数民族地区相邻的三个毗邻国家拥有丰富的石油、天然气、煤、铁、铜、钛、金、铅等矿产资源以及木材、农作物、水海产品等资源，而我国在相关产业则具有相对较强的制造和加工技术水平，如矿产资源勘探开采和冶炼技术、生物资源加工技术等，资源和技术较强的互补性为滇西边境少数民族地区与毗邻国家在矿产资源、农产品及生物资源、加工工业等多领域开展产业合作提供了基础。

以越南为例，中国与越南在不同行业间存在着较明显的技术发展水平差异（见图3-10），课题组对以下行业（以横轴从左到右）的技术发展水平（纵轴：以产业的劳动生产率衡量）进行比较：食品、饮料、烟草类产业；纺织、服装类产业；木材、家具、印刷类产业；石油、化工类产业；矿物原料和冶金类产业；生产类机电设备产业；消费类机电设备产业。可以看出，中国绝大部分产业的技术水平领先于越南，产业技术差距为中国以滇西边境少数民族地区为纽带推进产业梯次转移，并通过资源和技术互补推进滇西边境少数民族地区与毗邻国家产业合作提供了巨大可能。

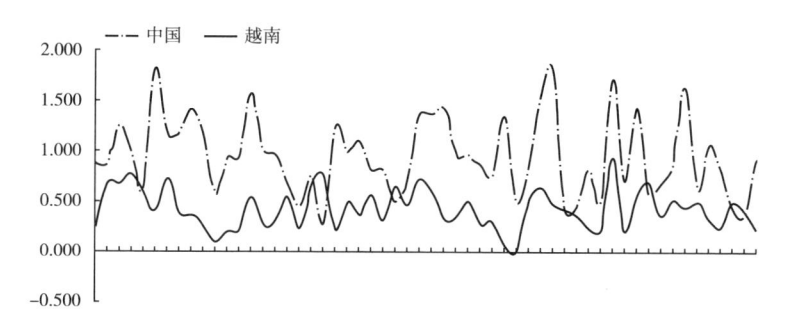

图3-10 中国和越南的产业技术水平差异

然而，从目前滇西边境少数民族地区与毗邻国家产业合作现状来看，产业合作层次较低是制约边境地带产业合作深化与产业集聚的重要因素。从滇西边境少数民族地区与毗邻三国的进出口商品构成看，出口产品多为机电产品、纺织品及钢铁制品，而进口的多为农产品和资源类产品，高技术和高附加值的产品很少，特别是进口产品，多为初级产品，表明滇西边境少数民族地区与毗邻三国的产业合作还处于较低层次。究其原因，一方面，滇西边境少数民族地区目前的产业发展水平仍较低，相邻国家产品结构均以农产品为主，工业相对集中在加工业和劳动密集型产业，产业结构具有低质同构特征。另一方面，跨境基础设施的薄弱以及主权让渡的敏感性，限制了跨境生产要素的自由流动，增加了跨境产业合作的难度。

四 滇西边境少数民族地区的园区体系及其发展的制约因素

针对滇西边境少数民族地区实现要素集聚与经济集中进而推动区位再造的本质内涵，本部分专门针对滇西边境少数民族地区区位再造的基础条件——园区建设进行研究，对开放进程中滇西边境少数民族地区的园区体系结构及其发展的制约因素进行分析与评价。

（一）滇西边境少数民族地区的园区体系及其发展现状

在国家对外开放的宏观背景下，滇西边境少数民族地区作为国家重要的开放前沿之一，近年来享受到不同以往的战略及政策叠加效应。在大湄公河次区域经济合作、中国－东盟自由贸易区建设、孟中印缅经济走廊建设、"一带一路"战略、沿边开放战略、西部大开发战略、兴边富民行动、面向西南开放的桥头堡战略等国家层面政策以及打造跨境经济合作区和构建国际大通道等省内措施的共同推动下，滇西边境少数民族地区的各种园区形态不断形成，园区发展体系逐步完善。目前滇西边境少数民族地区已初步形成了一个包含1个国家重点开发开放试验区（瑞丽）、1个综合保税区（红河）、3个跨境经济合作区（中越"河口－老街"、中缅"瑞丽－木姐"、中老"磨憨－磨丁"）、10个边境经济合作区（临沧、河口等）、2个边境贸易区（姐告、磨憨）、以重点口岸为依托的各类产业园区以及边境城市的经济技术开发、高新技术开发区和各类工业园区等所组成的较为庞大的园区发展体系（见表3-5）。

表3-5 滇西边境少数民族地区的园区发展体系

国家重点开发开放试验区	瑞丽国家重点开发开放试验区
国家级综合保税区	红河综合保税区
跨境经济合作区	中越"河口-老街"跨境经济合作区（国家级）
	中缅"瑞丽-木姐"跨境经济合作区（国家级）
	中老"磨憨-磨丁"跨境经济合作区（国家级）
边境经济合作区	瑞丽边境经济合作区（国家级）
	畹町边境经济合作区（国家级）
	河口边境经济合作区（国家级）
	临沧边境经济合作区（国家级）
	麻栗坡（天保）边境经济合作区（省级）
	耿马（孟定）边境经济合作区（省级）
	腾冲（猴桥）边境经济合作区（省级）
	孟连（勐阿）边境经济合作区（省级）
	泸水（片马）边境经济合作区（省级）
	勐腊（磨憨）边境经济合作区（省级）
边境贸易区	姐告边境贸易区
	磨憨边境贸易区
以重点口岸为依托的各类产业园区	一类口岸（16个）：①公路口岸（河口、天保、金水河等）；②水运口岸（思茅港、景洪港）；③航空口岸（昆明、丽江、西双版纳机场等）
	二类口岸（7个）：公路口岸（孟连、片马、盈江、长凤、南伞、沧源、田蓬）
边境城市的各类园区	经济技术开发区、高新技术开发区和各类工业园区等

瑞丽国家重点开发开放试验区按照"一核两翼"的总体思路进行布局：一核，即瑞丽试验区发展核或核心经济区，包括瑞丽市和畹町经济开发区；两翼，即试验区拓展配套的东、西翼发展区域，东翼包括瑞丽-畹町-遮

放－芒市，西翼包括瑞丽－陇川－盈江。瑞丽国家重点开发开放试验区包括和整合了区内的瑞丽、畹町2个国家一类口岸，陇川、章凤2个国家二类口岸，瑞丽、畹町2个国家级边境经济合作区以及实行"境内关外"海关特殊监管模式的姐告边境贸易区。瑞丽国家重点开发开放试验区定位为中缅边境经济贸易中心、西南开放重要国际陆港、国际文化交流窗口等。为全面推进瑞丽国家重点开发开放试验区建设，云南省人民政府出台了包括财税、投融资、产业、土地、公共服务、行政和人才等一系列加快试验区建设的配套支持政策。

红河综合保税区于2014年1月经国务院批复同意设立，是目前国内内陆地区开放层次最高、功能最齐全的海关特殊监管区，具有保税加工、保税物流、保税服务等核心功能。红河综合保税区的目标定位为西面地区面向东南亚和走向亚太的口岸物流中心、保税物流基地、保税加工园区、生产性服务贸易平台。红河综合保税区总体遵循"统筹规划、分步实施、满足园区、兼顾发展"的理念，按照"一心三轴九片"进行架构，规划主导产业为有色金属深加工、轻纺、生物医药、电子信息、装备制造、新能源新材料。所谓"一心"，就是公共服务中心；"三轴"就是围绕主干道形成三条产业发展轴，"九片"是指特色商贸区、综合产业区以及七个保税物流区和加工贸易区。

边（跨）境经济合作区建设方面，目前滇西边境少数民族地区具有中越"河口－老街"、中缅"瑞丽－木姐"、中老"磨憨－磨丁"3个跨境经济合作区和临沧、瑞丽、河口、畹町等10个边境经济合作区。在国家政策支持下，云南省通过进一步完善财税政策、投融资政策、产业政策、土地政策、公共服务政策、行政管理和人才政策等，加大对各跨境经济合作区和各边境经济合作区的政策支持力度，使得滇西边境少数民族地区吸引要素集聚的环境和条件进一步改善，园区发展的集聚效应有所增强。以瑞丽、畹町、河口三个国家级边境经济合作区为例，"十一五"期间，瑞丽、畹町、河口3个边境经济合作区共完成生产总值155.4亿元，占德宏州和红河州生产总值总和的5.13%，进出口贸易额390.9亿元，占全省进出口贸易总额的13.84%。在边境经济合作区多年发展所创造的良好条件的基础上，滇西边境少数民族地区加快推进三大跨境经济合作区发展。跨境经济合作区是在两国边境附近划出特定的区域作为跨边境线的经济区，并赋予该区域财政税收、投资贸易、海关法规、产业发展等方面的优惠政策，以实现区域内商品、资本、技术的自由流动。由于跨境经济合作区能够有效融合边界两侧区域的比较优势，从而有利于吸引各种生产要素和资源的集聚并促进边境地区由"边缘区"向"核心区"转变，从而构成边境地区外向型经济发展与对外开放中的一种重要的园区新形态。目前，滇西边境少数民族地区的三大跨境经济合作区主要依托边境经济合作区或边境贸易区而建立，基本形成了核心区和扩展区的空间布局，并通过加强基础设施建设、完善双边会晤与合作机制、强化产业合作基础、加大政策支持力度等，为跨境经济合作的深化打下了一定基础。

以最先启动建设的中越"河口－老街"跨境经济合作区为例，2010年由云南省政府和老街省政府人民委员会正式签署的《关于进一步推进中国河口－越南老街跨境经济合作区建设的跨境协议》明确了该合作区发展的两个阶段，第一阶段中越红河商贸区构成跨境经济合作区的核心区域，在核心区大力发展现代物流、国际会展、进出口保税加工、金融保险服务、宾馆餐饮等产业，第二阶段以中国河口口岸北山片区和红河工业园区、越南老街口岸经济区、腾龙工业区、贵沙矿区作为跨境经济合作区的扩展区域，重点发展两国的能源合作和矿产资源合作、技术资源合作、农林产品的加工合作、加工贸易合作，使扩展区发展成为出口加工基地，为边境贸易的发展提供产业基础。在管理体制上，在核心区域形成"两国一区、封闭运作、境内关外、自由贸易"的管理模式，实行自由贸易区的有关政策，在扩展区则实行"计划和规划协调、分工合作、互惠互利"的管理模式。

（二）滇西边境少数民族地区园区发展面临的主要问题与制约因素

滇西边境少数民族地区目前初步形成的园区发展体系，为以园区为载体的地区规模报酬递增空间格局的形成进而区位再造的实现创造了一定条件。然而，目前滇西边境少数民族地区园区发展过程中尚存在园区体系功能层次模糊、政策体系支持不足、产业支撑能力较弱、发展与管理模式缺乏创新等问题，制约了滇西边境少数民族地区园区发展对地区区位再造的基础性功能与作用的发挥。

1. 园区体系的功能层次模糊，缺乏统一规划与功能整合

目前滇西边境少数民族地区具有一个较为庞大的园区体系，不同性质的园区之间、相同性质但不同地域的园区之间如何实现功能层次的有效划分与衔接，是滇西边境少数民族地区园区体系发展面临的核心问题。以跨境经济合作区为例，跨境经济合作区与边境经济合作区最明显的区别在于，跨境经济合作区是一个跨越边境线的经济区，因而跨境经济合作区建设特别需要相邻两国政府对本国所涉及跨境经济合作区的区域做出一定的主权让渡，进而对边界两边的主权让渡区实施共管与主权共享，从而利用边界两侧的比较优势联合构建综合生产网络。然而，从目前滇西边境少数民族地区三大跨境经济合作区的总体规划与功能界定来看，其仅作为一种边境经济合作区的高级形态出现，规划缺乏稳定有效的双边深层次合作机制支持，致使功能定位仅强化于本地区域并与边境经济合作区存在一定的功能重合现象。同时，三大跨境经济合作区未能依据与特定毗邻国家和区域的发展条件、合作基础、产业结构互补性等层面特点进行有差异化的功能定位，发展规划大同小异缺乏针对性。由此来看，尽管滇西边境少数民族地区的园区体系较为完整，但园区形式较多所导致的园区功能重合与功能层次模糊现象也较为明显，园区体系缺乏整体统一规划与功能整合是制约滇西边境少数民族地区园区体系发展的重要因素。

2. 园区建设的政策体系支撑不足，差异性优惠政策较为缺乏

从滇西边境少数民族地区园区体系的政策支撑格局来看，目前尚存在政策支撑体系不足以及差异性优惠政策较为缺乏等问题。其一，瑞丽国家重点开发开放试验区和红河综合保税区建设尚处于起步阶段，配套政策体系还不完善，园区发展的基础条件仍较为薄弱。其二，三大跨境经济合作区目前尚未获得国家批准立项，由于跨境经济合作区建设涉及海关监管、检验检疫、政府外交等全局性、政策性方面的问题，还涉及国家主权及利益冲突等敏感性问题，地方政府无力解决，从而使跨境经济合作区建设缺乏国家层面的政策体系支撑，这也将制约跨境经济合作区的跨境合作与要素集聚功能发挥。其三，边（跨）境经济合作区与边境贸易区建设缺乏有针对性优惠政策的有效支持。从目前边（跨）境经济合作区与边境贸易区情况看，几乎都存在土地、金融、财税政策支持不足等问题，尤其是跨境经济合作区尚缺乏可执行的优惠政策的支持，从而使跨境经济合作区功能发挥受到限制。同时，现有的优惠政策未能体现与非边境地区优惠政策的差异性，如磨憨边境贸易区没有享受任何不同于内地的优惠政策，致使园区发展缺乏更加有针对性的优惠政策的有效支持。

3. 主导或支柱产业竞争力不强，产业支撑能力较为薄弱

对园区发展而言，具有一个竞争能力强的主导或支柱产业是有效吸引要素和相关产业集聚实现的重要条件，产业发展对园区集聚功能的形成与完善具有重要的支撑作用。目前，尽管在滇西边境少数民族地区的一些相对发达区域如瑞丽发展形成了具有一定主导作用的优势产业如玉石产业、红木加工业、出口加工装配行业等，但整体而言，由于滇西边境少数民族地区及其毗邻区域远离中心市场，长期以来较为贫穷和落后，仍未形成具有较强竞争力的主导或支柱产业，经济发展仍然是以边境贸易带动为主的单一发展模式，对要素流的集聚缺乏较强的吸引力。如瑞丽当地的生产加工能力相对较高地区仍然较弱，尚未形成具有较强竞争力的主导型加工装配制造业及其集群，未能形成有效支持边境贸易区、边（跨）境经济合作区发展的坚实产业基础。再如磨憨，由于长期缺乏主导或支柱产业支撑，产业发展能力薄弱，不仅当地人流量不高，而且其他生产要素也由于集聚条件的缺乏而难以汇聚于此。可见，滇西边境少数民族地区整体较弱的产业基础，难以有效为园区发展的集聚功能提供较好的产业条件支撑。

4. 园区的发展与管理模式缺乏一定的创新性

目前，滇西边境少数民族地区的园区发展与管理模式仍缺乏一定的创新性，制约了该地区园区功能的有效整合与提升。从三大跨境经济合作区建设情况来看，由于跨境经济合作区地跨两国，从而如何实现有效管理就成为合作区发展中的一个难点。目前中越"河口－老街"、中缅"瑞丽－木姐"、中老"磨憨－磨丁"3个跨境经济合作区的发展与管理模式采用通行的双方各管一边、定期协商的管理模式，均在核心区实行"两国一区、封闭运作、境内关外、自由贸易"的管理模式，由双方各自成立管理机构，依据本国司法管理所属核心区域，通过协商解决合作区面临的双边问题，而在扩展区则实行"统一规划、统筹协调、分工合作、互惠互利"的运作模式，扩展区不封闭，由所在一方配合核心区建设实行单边管理。这种管理模式使双方均具有对所属合作区域的主动权，能够在一定程度上弱化主权敏感性等问题，但这种管理模式容易造成单面负责、效率低下等问题，甚至可能由于双方合作机制难以有效深化进而导致合作区功能定位不衔接和相互间政策分割等严重问题。因此，目前滇西边境少数民族地区的园区发展尤其是跨境经济合作区的发展与管理仍然缺乏较有效的创新模式，在一定程度上制约了跨境经济合作区功能的实质性发挥。

五 以互联互通和园区建设推动滇西边境少数民族地区区位再造的思路与对策

滇西边境少数民族地区由于发展的初始条件较为薄弱，与毗邻区域仍处于低度一体化进程，要素的自由流动与空间集聚仍然受到诸多因素的制约。在此背景下，重塑滇西边境少数民族地区经济地理与发展机制的关键在于以互联互通和园区建设为主要突破口创造基础条件，推动和实现滇西边境少数民族地区的区位再造，激活滇西边境少数民族地区的区位优势与发展条件。

（一）加快和完善基础设施互联互通建设，增强滇西边境少数民族地区连接东南亚、南亚的国际大通道功能

基础设施互联互通水平是影响次区域要素流动和贸易投资便利化的基础因素，对推动边境地区的区位再造具有非常重要的影响。滇西边境少数民族地区应积极利用国家"一带一路"、孟中印缅经济走廊建设、泛珠三角区域合作、云南建设面向西南重要桥头堡等重要战略机遇，通过推进云南连接东南亚、南亚的国际大通道建设，加快同毗邻国家和区域的基础设施互联互通建设，加快形成无障碍的立体交通运输网络和现代物流体系，增

强交通、通信、能源等综合基础设施的次区域无缝化物理连接，充分发挥滇西边境少数民族地区连接东南亚、南亚的国际大通道功能。一是充分利用各种战略机遇，强化本地区综合交通基础设施建设及省际交通基础设施连接的质量。针对薄弱环节，全力推进国家高速公路网云南段、地方高速公路项目建设，加快实施"八出省"铁路通道云南段改造建设，抓住泛珠三角区域合作战略机遇，与邻近省区、泛珠各省共同打造省际交通大动脉。二是利用本地区区位优势与国际大通道建设战略，协调与毗邻国家的利益，加强次区域各方合作，完善跨境交通、口岸和边境通道等基础设施建设，以构建印度洋国际大通道为重点，以航空为先导、铁路和高速公路为骨干、内河航运和海上运输网络为补充、管道运输为辅助，共同完善次区域内的航空、铁路、高速公路、内行航运与海上运输体系，改善提升次区域交通运输通达条件，构建优势互补、高效安全、畅通便捷的一体化现代综合交通运输体系。三是通过加强次区域国际合作，加快同毗邻国家和区域合作建立宽带走廊、互联网交换网络以及单一电信市场等，提升滇西边境少数民族地区与毗邻国家和区域的信息和通信技术基础设施互联互通水平。四是利用云南建设面向西南开放重要桥头堡战略机遇，加快外接东南亚、南亚和印度洋沿岸国家，内连西南及东中部腹地的天然气、石油等能源管网与电力网建设，加强同毗邻国家和区域的能源基础设施互联互通。

（二）更加强化制度与人文的非物理性互联互通建设，增强滇西边境少数民族地区连接内外经济和人文关系的核心纽带作用

在次区域一体化进程中，相比基础设施的物理性连接更重要的则是来自制度与人文等非物理层面的"软性"连接。滇西边境少数民族地区不仅要加快和完善与周边国家和区域的基础设施互联互通，而且要更加重视和强化制度与人文等非物理性的互联互通建设。制度和人文的互联互通能够有效增强次区域范围内的制度与人文一体化建设，致力于消除交通运输、贸易与投资、人文交流等方面障碍，进而有效释放次区域内的劳动力、资本、技术等各类要素以及商品、服务的流动性，显著增强滇西边境少数民族地区连接内外经济和人文关系的核心枢纽地位。一是进一步深化中国与

东盟国家的在途商品便利化、国家间运输便利化、多式联运便利化等框架协定,通过加强国家间协调与合作,在滇西边境少数民族地区推进建立次区域一体化的航空、航运及陆运市场,最小化滇西边境少数民族地区与毗邻国家和区域的交通运输成本及制度障碍。二是促进中国-东盟关税同盟区建设,弱化关税和非关税壁垒,同时,以滇西边境少数民族地区为试点,与毗邻区域共建区域化标准如产品生产和销售的通用规则等,推进"单一窗口"通关模式建设,提高商品和服务贸易便利性,增强商品和服务在次区域范围内的自由流动。三是通过增强滇西边境少数民族地区的制度能力和改进与毗邻国家和区域的政策、程序和项目协调,建立和完善公平、自由和开放的投资规则,最小化来自地区内外的投资摩擦与障碍。四是通过强化教育与文化制度改革,加强同毗邻国家和区域的教育合作与文化交流,增进社会和文化的相互理解和包容,同时,通过进一步建立和完善签证互免制度、移民通道、旅游对外开放政策、境外技能劳动力权利保护制度等,鼓励和增强人口和劳动力的跨境流动。

(三)以面向"两亚"的沿边国际产业合作带建设为重点推动产业互联互通,夯实滇西边境少数民族地区的产业基础

面向"两亚"(东南亚和南亚)的国际产业合作带建设,就是通过滇西边境少数民族地区参与双边或多边的投资便利化,营造特定的制度环境,降低边界效应,顺应国际产业转移趋势,发挥各方比较优势,利用资源开发与加工,提高当地优势资源的附加值,提升产业层次,延伸产业链条,从资源地区变成有特定产业支撑的经济增长带。国际上边境地区成功构建沿边国际产业带的典型例子如美国和加拿大的边境国际产业合作带、上莱茵河跨国次区域产业合作带等。在滇西边境少数民族地区构建面向两亚的国际产业合作带,可成为加快滇西边境少数民族地区与毗邻国家和区域产业互联互通进而夯实本地产业基础的重要途径。滇西边境少数民族地区建设面向"两亚"的国际产业合作带的基本思路是以现有的重点口岸为基础,围绕双方对应的口岸建设一批经济合作区、旅游合作区、自由贸易区、国际经济合作区,使西南沿边地区形成贯穿东西的产业合作带,通过

边境地区的要素优势互补，内地产业转移和沿边开放政策、次区域合作机制的结合，形成沿边国际产业合作的格局，带动区域经济发展。一是通过加强研究和高起点谋划，积极获取国家战略支持。要积极动员各方力量，就合作的具体产业、重点领域、合作方式、产业布局、合作策略等方面进行深入研究，形成统一认识。在此基础上，通过高起点谋划，制定发展战略和实施方案，积极争取获得国家的支持，争取纳入国家发展战略和对外开放战略，在政策、资金、外交等方面给予重点支持。二是强化国际产业合作带的功能区划分。滇西边境少数民族地区面向"两亚"的国际产业合作带的范围可分为核心区、拓展区和辐射区。其中，核心区是依托我国西南滇桂两省区的边境地区，在边界两侧条件适宜地区建立的若干个产业园区、开发区；拓展区是支撑跨境合作产业园区、开发区的资源地区，地理范围覆盖我国西南地区、中南半岛和南亚东部地区；辐射区是拓展区所能影响的周边区域，包括我国西南地区以外的地区、东盟其他国家和南亚国家。三是强化通道建设，进一步完善口岸功能。将铁路、公路为重点的通道建设列为重中之重，尽快形成贯通沿边与内地的比较完备的交通网络，同时，加强一类口岸基础设施建设，完善口岸功能，提高铁路和公路通关能力，并逐步将二类口岸升格为一类口岸，推进口岸加工区和境外园区的建设。四是推进服务体系建设，优化和完善软环境。建议国家有关部门进一步加强与毗邻国家边境地区政府间的政策协调、外交磋商，建立定期沟通、协商和信息交流机制；金融主管部门和有关部门，应进一步研究和完善人民币对外结算机制，统一出口退税政策；积极发挥商务和外交部门、境外企业、行业协会等各自优势，相互协作，共同构建信息共享平台。

（四）以制度改革和创新着力推进投资环境优化，为滇西边境少数民族地区园区体系发展提供有力支撑

区域投资环境的优化是吸引要素集聚与经济集中，进而有效形成规模报酬递增空间格局的重要基础条件，投资环境的优化不仅来自基础设施质量提升等"硬环境"，而且还来自吸引各类要素、企业和产业集聚的体制、

机制与政策等制度性"软环境"。滇西边境少数民族地区应积极争取、利用国家和省级沿边开放与区域发展的相关战略与政策，以制度改革和创新为核心，着力推进区域投资环境优化。一是积极推进行政体制改革与创新，建立以服务市场主体为核心的公共服务体系，创造良好的发展环境。在明确市场经济条件下政府目标和定位的前提下，合理界定政府职能，积极推进体制改革和创新，规范政府行为，切实把政府经济管理职能转到主要为市场主体服务和创造良好发展环境上来，推进政府管理流程再造，进一步优化服务流程，营造精简高效的服务环境。二是改革沿边开放管理体制，创新沿边开放相关政策。明确滇西边境少数民族地区在沿边开放中的目标与定位，制订和实施针对滇西边境少数民族地区沿边开放的专门规划，健全企业进出口与税收管理、跨境人民币结算与兑换、信息共享平台管理等制度，完善和创新滇西边境少数民族地区的财政、金融、贸易、产业等政策体系。三是加强产业和项目引导，加快完善引资载体建设。根据国际和国内产业转移的趋势与滇西边境少数民族地区的产业结构特征，最大限度开放投资领域，加快吸引一批具有互补优势和未来发展潜力的特色产业群和项目群，以现有的国家级和省级工业园区、边境贸易区、边境经济合作区等为依托平台，加强引资平台建设。四是不断完善法律和信用体系建设，营造公平的投资环境。完善地方投资法律、法规和制度，努力创造良好的法律环境和构建统一透明的政策体系，进一步清理、修订和制定外来投资的地方性法规、规章和政策，提高执法和监督水平，确保投资环境的开放性、非歧视性，维护投资者的合法权益。

（五）以综合保税区建设为突破口，拓展和完善"自贸区"功能

综合保税区是自由贸易区建设的重要基础性平台，滇西边境少数民族地区应积极抓紧研究和借鉴上海自由贸易区发展经验，以综合保税区建设为突破口，拓展和完善"自贸区"功能，为云南沿边自贸区的设立与发展创造条件。目前，云南省要利用瑞丽国家重点开发开放试验区与红河综合保税区两个平台，加强制度创新，积极开展自由贸易区试点，在滇西边境少数民族地区探索云南沿边自由贸易区发展道路。一是红河综合保税区要

加大河口边境经济合作区、河口口岸、工业园区等园区功能的整合力度，实行"境内关外"政策，构建"一心两片"发展格局，设立保税加工区、保税物流区、口岸作业区和综合服务区等功能区块，将红河综合保税区定位为服务中越贸易往来的重要平台。红河综合保税区建设要积极吸收和借鉴上海自由贸易区相关制度政策，探索建立"一线逐步放开、二线高效管住、区内货物自由流动"的海关监管制度，推行工商注册登记"先照后证"、外商投资"负面清单"管理、国际贸易"单一窗口"等管理制度，积极加快区内税收和金融等政策创新。二是以瑞丽综合保税区建设作为加快瑞丽国家重点开发开放试验区发展的一个新的突破口，并以此加快建设云南（瑞丽）沿边自由贸易园区。以瑞丽综合保税区为基础平台的云南（瑞丽）沿边自由贸易园区建设采取"两步走"战略：第一步通过有效拓展姐告边境贸易区的功能区域与"境内关外"优惠政策，以"先行先试"为指导，以"一区多点、一片两区、点线结合、政策叠加、联网管理"为思路，推进集保税加工、保税物流、国际贸易、口岸通关作业、国际配送等功能于一体的瑞丽综合保税区建设，充分利用保税加工、物流、仓储等政策，形成"特色突出、错位发展、优势互补"的多个片区：畹町保税物流片区、芒令保税加工片区、弄岛保税加工片区、芒市空港保税片区；第二步则以瑞丽综合保税区为核心，通过整合瑞丽综合保税区的各个片区与姐告边境贸易区，将瑞丽重点开发开放试验区打造成与国际惯例接轨、具有全面保税功能的沿边自由贸易区。

（六）以跨境经济合作区建设为重点深化跨国经济合作，促进滇西沿边地带新增长极形成

跨境经济合作区应根据两国边境地区对外开放的特点和优势，划定特定区域，赋予该区域特殊的财政税收、投资贸易以及配套的产业政策，并对区内地区进行跨境海关特殊监管，以吸引人流、物流、资金流、技术流、信息流等各种生产要素在此聚集，有效促进边界两侧区域的充分互动和优势互补，并在该区域形成极化空间进而通过辐射效应带动周边地区发展。因此，跨境经济合作区对促进滇西边境少数民族地区的区位再造具有重要

作用。针对目前滇西边境少数民族地区三大跨境经济合作区建设与发展中存在的突出问题，今后阶段推进该地区跨境经济合作区发展的基本思路是：一是夯实基础，争取跨境经济合作区建设提升至国家战略层面进行高起点谋划。由于跨境经济合作区建设涉及跨边界的海关监管、产业规划、行政司法、交通管理等方面，国家间主权让渡的敏感性是制约跨境经济合作区发展的主要障碍。为此，中越"河口－老街"、中缅"瑞丽－木姐"、中老"磨憨－磨丁"三大跨境经济合作区建设应进一步夯实前期基础，并争取提升至国家战略层面以解决主权让渡的敏感性问题，同时，积极争取国家对跨境经济合作区在税收、出入境、通关便利化、口岸基础设施建设等方面以及对区内企业在贷款、土地、工商管理、出入境管理等方面的优惠政策，并争取相关免税、转移支付、跨境结算、外商待遇、境内关外等多种特殊政策。二是加强毗邻区域间政策和利益协调，构建稳定有效的次区域合作与磋商机制。国外跨境经济合作区建设的经验表明，超国家主权组织的存在是跨境经济合作区建设得以顺利推进的关键，如上莱茵地区的联席会议作为跨境经济合作区的超国家主权组织。在滇西边境少数民族地区跨境经济合作区的建设实践中，应借鉴国外跨境经济合作区管理的成功经验，采取第三方管理或由两国代表组成联合的跨境经济合作区管理组织机构的模式，构建两国间稳定有效的跨境经济合作区的磋商和协调机制，协调和化解各方在利益方面的冲突，加快合作进程。三是创新跨境经济合作区发展与管理模式。根据滇西边境少数民族地区及其毗邻国家和区域的发展条件、开放特点与合作条件，逐步推进核心区和扩展区建设。核心区是两国间经贸合作规范化、规模化、市场化和国际化的跨国合作高端平台，以及具备保税区、专用口岸等功能整合和政策叠加的区域，基础功能定位为物流服务、货物交易、产品深加工等，并实行"一线放开、二线管住、区内自由、入区退税"的管理模式；扩展区的建设主要侧重于为区域内生产要素的进一步自由流动创造条件，消除标准不统一、对人员车辆流动的限制等各种非关税壁垒，实现区域内经济优势互补和资源的最佳配置，提升区域整体参与国际经济竞争与合作的能力。扩展区应以现有园区为重点发展区域进行功能整合，并实行双方"计划和规划协调、分工合作、互惠互利"

的管理模式。四是采取以点带面方式逐步深化跨境经济合作，推进跨境经济合作区建设。在现有经济基础和政策条件下，以企业为主体，寻找扩大合作范围或提高合作水平的项目，以项目"走出去"展开合作，实行多目标协同开发模式，通过跨境经济合作经验和项目积累，为深化跨境经济合作与推进跨境经济合作区建设创造条件。

第四章 沿边发展的公共需求、政府行为与财政红利

我国沿边发展关系整个国家安全和民族稳定，但沿边发展往往又和贫困特征相互伴随。时间的长河将这种看似客观的"规律"归结为历史、区位等不可控的因素，使这种"规律"难以被打破，问题的关键是我们没有找到沿边地区发展滞后的症结所在。经济发展离不开政府，具有贫困特征的沿边地区更是如此。在财政学概念范畴的沿边，意味着发展上的公共需求除了具有特殊性外还具有强烈的外溢性，这种外溢性将导致沿边地区发展的公共需求在地方政府供给上会出现不积极的行为，加上沿边地区政府各种利益的存在，也不可避免地会出现财政的不努力和资金配置效率低下等问题。鉴于此，本部分基于沿边地区公共服务的特殊性分析公共服务的需求、投入和缺口，在此基础上，透视和识别我国西部沿边地区的财政红利，疏通财政支出及体制关系对沿边地区发展的传导路径，最后，提出针对沿边发展的财政改革措施。

一 沿边地区公共服务：需求、投入与缺口

沿边地区公共服务无论从需求还是投入来看都存在特殊性，如果考虑特殊性投入过程中充分满足了特殊性需求，则不会存在公共服务缺口，否则我们认为财政投入不能没有满足特殊性需求。

（一）沿边地区公共服务需求存在类型和责任的特殊性

从区位特征来看，沿边意味着连接国内与国外的一带区域，西部云南

的沿边地区包括怒江州、保山市、德宏州、临沧市、普洱市、西双版纳州和文山州等8个边境地级行政区和25个边境县（市），边境线长达4060公里，与缅甸、越南和老挝接壤。这些沿边地区在公共服务需求上具有特殊性，包括特殊的公共服务需求类型和特殊的公共服务责任主体。

1. 特殊的公共服务需求类型

一般而言，沿边地区相对于其他地区具有特殊性：一是自然条件特殊，沿边地区一般地形复杂、气候恶劣、生活条件较差、建设成本较高；二是地理位置特殊，沿边地区与其他国家毗邻，是国家对外交流的通道；三是民族成分特殊，沿边地区少数民族数量和少数民族人口规模一般较大；四是经济结构特殊，沿边地区的进出口贸易占比一般大于其他非沿边地区，是主要的经济增长点等。上述沿边地区的这些特殊性直接导致其公共服务需求不同于其他地区，具体表现在以下几个方面。

（1）少数民族事务公共服务

这类公共服务需求是大多数内地地区没有的，由于沿边地区少数民族多样化和少数民族人口规模大，为维护民族团结、贯彻民族政策每年需要花费很大财力发展沿边地区少数民族文化教育、医疗卫生等事业。从目前情况来看，少数民族事业公共服务的特殊性主要体现在教育、文化、公共基础设施等基本公共服务方面。具体包括：教育方面，由于沿边地区少数民族数量和人口较多，为尊重各少数民族风俗信仰和传承少数民族文化，需要对少数民族区别对待而建立更多数量的少数民族学校并为这些学校正常运行提供必要的相关教育服务，这样沿边地区就有针对少数民族学生的特殊基本教育服务需求；文化方面，少数民族文化工作历来受到政府重视，沿边地区因其民族结构特殊而需要保存和发展各民族文化的公共服务，例如抢救保护少数民族文化遗产、支持少数民族文化创新、尊重和保护少数民族使用本民族语言文字的权利、组织开展形式多样内容丰富的文化活动、培养少数民族文化人才等；公共基础设施建设方面，各少数民族因其生活习惯和文化传统差异，需要建设一些特殊的公共基础设施，例如寺庙、伊斯兰教堂等。

（2）促进沿边贸易公共服务

沿边地区相对于其他内地地区进出口贸易规模更大、占比更高，因此沿边地区需要促进沿边贸易的公共服务。促进沿边贸易的公共服务需求主要体现在公共基础设施需求上。沿边地区与其他国家相邻，在沿边贸易方面有巨大优势，沿边地区为促进沿边贸易发展经济，需要相应的促进沿边贸易的公共服务，例如跨国交通设施建设、跨国交流活动开展、重点开发开放实验区建立、沿边开放经济带建设等。

（3）国防公共服务

沿边地区位于国家边界，地理位置特殊，是保护国家领土主权和沿边稳定的前沿阵地，因此除了要提供和内地地区相同的治安管理、打击犯罪等社会治安服务外，还有国防服务需求，例如军队人员生活和军事训练、国防设施和兵器装备等物质条件的改善等。

（4）反恐公共服务

沿边地区的地理位置和民族成分的特殊性，导致沿边地区的社会治安公共服务需求不同于其他地区，主要表现在打击外国分裂势力和恐怖分子，而沿边地区特殊的自然条件又增加了追捕不法分子的难度，很多沿边地区已经深受其害，因此沿边地区对于反恐公共服务有强烈需求。

上述关于沿边地区存在的少数民族事务、促进沿边贸易、国防和反恐等特殊公共服务，使得加快沿边地区发展需要更多的公共服务需求。

2. 特殊的公共服务责任主体

从实际情况来看，上述部分具有特殊性的公共服务供给已由中央财政负担，但仍然有较多的公共服务支出责任落在地方财政身上。具体来看：少数民族事务公共服务支出通过中央对地方专项转移支付、一般性转移支付、民族优惠政策补助以及其他由国家加大的资金投入的形式，体现了中央对少数民族事务公共服务的支出。国防公共服务支出由中央承担，国防费用实行严格的财政拨款制度，每一年的国防费预算都纳入国家预算草案，由全国人民代表大会审查和批准。促进边境贸易公共服务支出由国家和地方分别承担，具体是纳入国家政策层面的边境贸易基础设施建设由国家拨付一定额度的专项资金进行资金支持，没有纳入国家政策层面的基础设施建设由地方自行解决。反恐公共服务目前仍涵盖在社会治安公共服务之内，其主要资金来源是地方财政。上述特殊公共服务除国防明确规定为中央事权外，其余即便由中央承担也主要通过各种财力性补助来实现，但更多的沿边地区公共服务还是归为地方财政责任，这明显不适应沿边公共服务有效供给。

沿边地区的区位特征决定了沿边发展不仅仅是自身发展的问题，更关系到整个国家的对外开放与发展，另外沿边地区还肩负着国家的安全屏障责任，是保障国家和平稳定的基础。因此，沿边地区的发展具有强烈的外溢性，作为发展需求的公共服务供给也需要由国家层面来承担相关责任，这种责任的确定需要落实在沿边公共服务事权和支出责任划分上，提升和强化中央政府对沿边地区公共服务供给的责任。

（二）沿边地区公共服务补助仅考虑面上的特殊性

沿边地区的特殊定位，决定着中央及省级政府应该对沿边地区采取特殊的财政政策。在此，我们首先对沿边地区的扶持、投入进行分析，透视沿边地区财政运行情况，以期观察沿边地区财政困境。

1. 现行体制下对沿边地区的特殊政策梳理

1994 年分税制改革以后，中央对沿边地区的特殊政策主要体现在中央对下补助方面，较为典型的包括民族地区转移支付和边境地区专项转移支付，以及其他补助中所考虑的边境及民族因素。

一是民族地区转移支付。沿边地区与民族特征相伴随，为了配合西部大开发战略的实施，进一步贯彻落实《中华人民共和国民族区域自治法》，经国务院批准，2000 年起中央财政专门设立民族地区转移支付，支持民族地区加快发展。在规模确定方面，2009 年以后，在上年转移支付额基础上，按照前三年全国增值税平均增长率递增；在范围确定方面，2000—2005 年，民族地区转移支付对象为 5 个民族自治区，青海、云南、贵州 3 个财政体制上视同民族地区对待的省份，以及吉林沿边、甘肃临夏等 8 个非民族省区管辖的民族自治州。2006 年，为了统一民族地区政策，经国务院批准，又将重庆市酉阳土家族苗族自治县、黑龙江省杜尔伯特蒙古族自治县等 53 个非民族省区及非民族自治州管辖的民族自治县纳入民族地区转移支付范围。民族地区转移支付资金分配分为民族省州和民族自治县两部分测算：(1) 民族自治县转移支付规模：主要在上一年度各自补助数额基础上，统一按照前三年全国增值税收入平均增长率滚动递增；(2) 民族省、州转移支付分配：转移支付总额扣除用于民族自治县后的部分，在8个民族省份和8个民族自治州分配。其中，70%部分按照均衡性转移支付标准收支缺口计算，30%部分考虑各地上划增值税贡献因素返还。另外，对于按照统一办法测算的转移支付额少于上一年度分配数的地区，按上年数额下达转移支付。

二是边境地区转移支付。2001—2005年，中央对地方边境地区的转移支付在均衡性转移支付中安排，为了切实发挥补助资金的政策作用，防止地方将补助资金用于平衡预算，经国务院批准，从2006年开始其边境地区转移支付从均衡性转移支付中划出，调整为专项管理。近年来，为了切实改善边境地区民生、维护边境地区安全、促进边境地区贸易发展，中央财政不断充实边境地区专项转移支付的内涵，并先后经历三次资金管理办法的调整。目前，边境地区专项转移支付包括：边境事务补助、边境口岸补助、边境贸易补助、边境安全补助和改善边境地区民生试点补助。边境地区转移支付资金分配，主要考虑边境县个数、边境线长度、边境县总人口、行政村个数，以及公路、水运和铁路的客货运量等指标和权重。

三是其他补助中的考虑。针对沿边地区的补助还体现在各项补助中对于相关因素的考虑，比如：(1) 在均衡性转移支付中，计算标准财政收支缺口过程中，将人口较少的少数民族特殊支出纳入标准支出测算考虑，另外还将少数民族人口占比等作为民族因素修正系数考虑，对民族地区较高的支出需求进行科学测量，加大对少数民族地区的补助力度。(2) 在中央对地方调整工资转移支付和农村税费改革转移支付等中，通过适当提高转移支付补助系数的方式来对民族地区予以照顾。(3) 2001年起实施艰苦边远地区特殊津贴制度，该项制度所对应的补助地区主要是西部民族地区。(4) 相关专项转移支付中，除了边境地区转移支付外，还设立了西部基层政权建设经费、支援不发达地区发展资金、财政扶贫资金等，这些专项转移支付的主要获得者也是西部沿边地区。

在中央政策基础上，云南省相应设立相关转移支付，也包括民族地区转移支付、边境地区专项转移支付,以及在其他补助中考虑边境和民族因素。

2. 现行体制下对沿边地区转移支付补助

对沿边地区转移支付,反映中央及省对沿边地区的财政资金补助,包括返还性收入、一般性转移支付和专项转移支付,其中:返还性收入指中央及省按照现行财政体制规定返还地方政府上缴的部分,包括增值税和消费税返还;一般性转移支付指不规定具体用途,可由地方作为财力统筹安排使用,旨在促进各地方政府提供基本公共服务的均等化和保障国家出台的重大政策实施;专项转移支付指为了实现上级政府的特定政策目标,实行专款专用的财政资金。以下分别对沿边地区的转移支付情况进行分析。

(1)沿边地区转移支付规模分析

——以25个边境县(区)为样本的分析

2005—2010年,25个边境县(区)转移支付从495985万元逐年递增到2090466万元,年均增幅达到33.34%,人均转移支付从776元逐年递增到3134元,年均增幅为32.20%(见表4-1)。具体表现为:一是25个边境县(区)转移支付增速高于非边境县(区),二是25个边境县(区)人均转移支付增速也高于非边境县(区),总体上看,中央和省在转移支付支出方面对边境地区存在较大倾斜(见图4-1、图4-2)。

表4-1 边境县(区)转移支付增长情况

年份	25个边境县(区)			非边境县(区)		
	转移支付总额(万元)	转移支付增速(%)	人均转移支付(元)	转移支付总额(万元)	转移支付增速(%)	人均转移支付(元)
2005	495985		776	2270312		596
2006	644317	29.91	1003	2964474	30.58	772
2007	867341	34.61	1344	3913530	32.01	1012
2008	1160101	33.75	1783	5109233	30.55	1313
2009	1670340	43.98	2551	6916056	35.36	1766
2010	2090466	25.15	3134	8557891	23.74	2175

观点1：25个边境县（区）转移支付增速高于非边境县（区）。

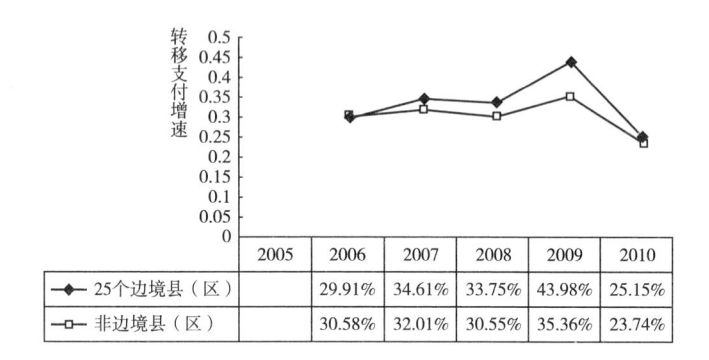

	2005	2006	2007	2008	2009	2010
25个边境县（区）		29.91%	34.61%	33.75%	43.98%	25.15%
非边境县（区）		30.58%	32.01%	30.55%	35.36%	23.74%

图 4-1　边境县（区）与非边境县（区）的转移支付增速比较

观点2：25个边境县（区）人均转移支付增速高于非边境县（区）。

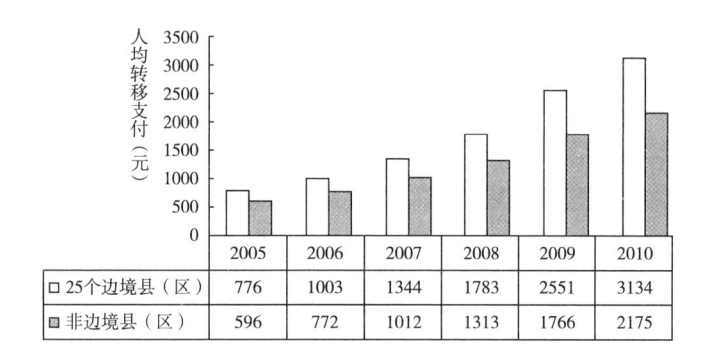

	2005	2006	2007	2008	2009	2010
25个边境县（区）	776	1003	1344	1783	2551	3134
非边境县（区）	596	772	1012	1313	1766	2175

图 4-2　边境县（区）与非边境县（区）的人均转移支付比较

——以8个边境州（市）为样本的分析

2005—2010年，8个边境州（市）转移支付从1112061万元逐年递增到4106302万元，年均增幅达到29.86%，人均转移支付从626元逐年递增到2232元，年均增幅为28.96%（见表4-2）。具体表现为：8个边境州（市）与非边境州（市）转移支付增幅基本相当，8个边境州（市）人均转移支付低于非边境州（市），这与25个边境县（区）明显不同，其原因是中央和省对下转移支付中考虑边境因素一般都以边境县（区）为依据，尚未覆盖边境州（市）。

表4-2 边境州（市）转移支付增长情况

年份	8个边境州（市）			非边境州（市）		
	转移支付总额（万元）	转移支付增速（%）	人均转移支付（元）	转移支付总额（万元）	转移支付增速（%）	人均转移支付（元）
2005	1112061		626	2026983		758
2006	1431848	28.76	801	2706128	33.51	1004
2007	1933728	35.05	1077	3502518	29.43	1288
2008	2384901	23.33	1321	4632655	32.27	1692
2009	3380989	41.77	1862	6274202	35.43	2278
2010	4106302	21.45	2232	7629281	21.60	2762

观点1：8个边境州（市）与非边境州（市）转移支付增幅基本相当，突出表现为8个边境州（市）转移支付增幅波动较大。

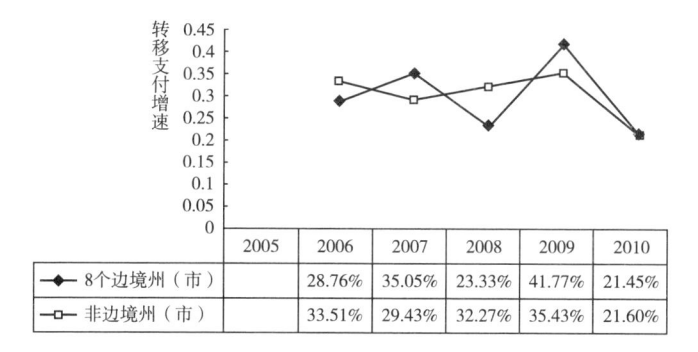

图4-3 边境州（市）与非边境州（市）的转移支付增速比较

观点2：8个边境州（市）人均转移支付低于非边境州（市）。

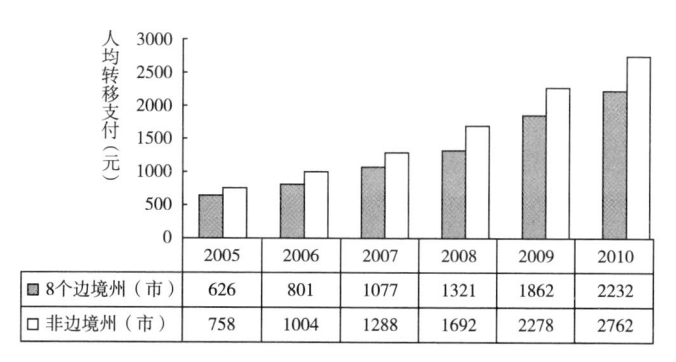

图4-4 边境州（市）与非边境州（市）的人均转移支付比较

(2) 沿边地区转移支付结构分析

——以25个边境县（区）为样本的分析

以2010年为例，25个边境县（区）返还性收入占2.78%；一般性转移支付占36.94%，其中：均衡性转移支付占7.90%；专项转移支付占60.28%。与非边境县（区）比较发现：第一，边境县（区）返还性收入占比较低，这主要是因为边境县（区）都属于贫困地区，上缴基数小，返还自然较小；第二，实现基本公共服务均等化为目标的均衡性转移支付占比基本相当；第三，边境县（区）一般性转移支付占比较低，而专项转移支付占比较高，非边境县（区）相对而言具有更多的一般性转移支付，原因是边境地区上级事权较多，但同时也反映出边境地区自由支配财力较少（见表4-3）。

表4-3 边境县（区）转移支付结构

类型	25个边境县（区）		非边境县（区）	
转移支付总额	2090466		8557891	
返还性收入	58111	2.78%	399476	4.67%
一般性转移支付	772298	36.94%	3553483	41.52%
其中：均衡性转移支付	165136	7.90%	671162	7.84%
专项转移支付	1260057	60.28%	4604932	53.81%

——以8个边境州（市）为样本的分析

以2010年为例，8个边境州（市）返还性收入占3.29%；一般性转移支付占42.90%，其中：均衡性转移支付占8.92%；专项转移支付占53.81%。与非边境州（市）相比较发现：第一，边境州（市）返还性收入占比远远低于非边境州（市），除了边境因素外，贫困因素是其主要原因；第二，边境州（市）均衡性转移支付占比较高，说明贫困因素在这些州（市）集中度较高，这刚好反映出均衡性转移支付更多地考虑贫困，边境因素考虑较少；第三，边境州（市）一般性转移支付占比较高，而专项转移支付两类地区基本相当（见表4-4）。

表 4-4　边境州（市）转移支付结构

类型	8个边境州（市）		非边境州（市）	
转移支付总额	4106302		7629281	
返还性收入	135121	3.29%	767661	10.06%
一般性转移支付	1761686	42.90%	2820898	36.97%
其中：均衡性转移支付	365656	8.90%	455844	5.97%
专项转移支付	2209495	53.81%	4040722	52.96%

3. 沿边地区财政投入分析

在上级财政补助基础上，加上自身财力等收支因素，最终形成沿边地区的财政投入格局，这种财政投入反映了各地最终用于公共服务供给的财政支出，以下将从不同视角进行分析（见表4-5）。

表 4-5　沿边地区财政支出总体情况

分类项目		2005年	2006年	2007年	2008年	2009年	2010年
25个边境县（区）	支出总量（万元）	624450	800159	1077474	1421416	1967655	2517504
	人均支出（元）	977	1246	1669	2185	3005	3775
	支出增幅（%）		28.14	34.66	31.92	38.43	27.94
	支出负担（%）	20.44	22.01	24.84	28.04	33.94	36.75
非边境县（区）	支出总量（万元）	3478290	4397379	5728657	7426353	9574696	12053687
	人均支出（元）	913	1145	1481	1908	2445	3063
	支出增幅（%）		26.42	30.27	29.64	28.93	25.89
	支出负担（%）	10.98	12.07	13.30	14.30	17.13	18.43
8个边境州（市）	支出总量（万元）	1450902	1868323	2495354	3053848	4186329	5358710
	人均支出（元）	816	1045	1390	1691	2305	2913
	支出增幅（%）		28.77	33.56	22.38	37.08	28.00
	支出负担（%）	15.47	16.79	18.77	19.62	23.75	25.99
非边境州（市）	支出总量（万元）	4020775	4936804	6254817	8239055	10208726	12862802
	人均支出（元）	1504	1831	2300	3010	3707	4657
	支出增幅（%）		22.78	26.70	31.72	23.91	26.00
	支出负担（%）	15.86	17.06	18.33	19.88	23.17	24.92

(1) 总量增长视角：沿边财政支出较快

从25个边境县（区）来看，一般预算支出总量从2005年的624450万元逐年增长至2010年的2517504万元，年度增幅呈现"M"型，较非边境县（区）增长较快（见图4-5）。

	2005	2006	2007	2008	2009	2010
25个边境县（区）		28.14%	34.66%	31.92%	38.43%	27.94%
非边境县（区）		26.42%	30.27%	29.64%	28.93%	25.89%

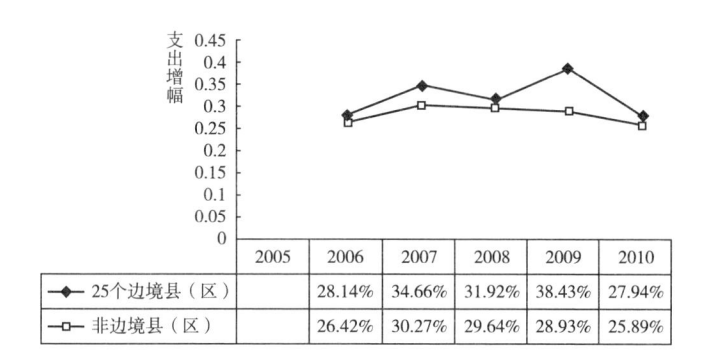

图4-5 边境县（区）与非边境县（区）财政支出增长比较

从8个边境州（市）来看，一般预算支出总量从1450902万元逐年增长至2010年的5358710万元，年度增幅也呈现"M"型，除2008年低于非边境地区外，其余年份都高于非边境地区（见图4-6）。

	2005	2006	2007	2008	2009	2010
8个边境州（市）		28.77%	33.56%	22.38%	37.08%	28.00%
非边境州（市）		22.78%	26.70%	31.72%	23.91%	26.00%

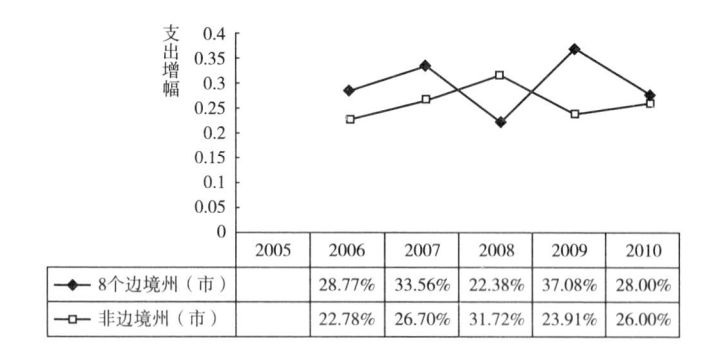

图4-6 边境州（市）与非边境州（市）财政支出增长比较

(2) 人均支出视角：沿边县（区）人均支出较高

从25个边境县（区）来看，人均一般预算支出从2005年的977元增加至2010年的3775元，人均水平高于非边境县（区）（见图4-7）。

第四章 沿边发展的公共需求、政府行为与财政红利 113

	2005	2006	2007	2008	2009	2010
25个边境县（区）	977	1246	1669	2185	3005	3775
非边境县（区）	913	1145	1481	1908	2445	3063

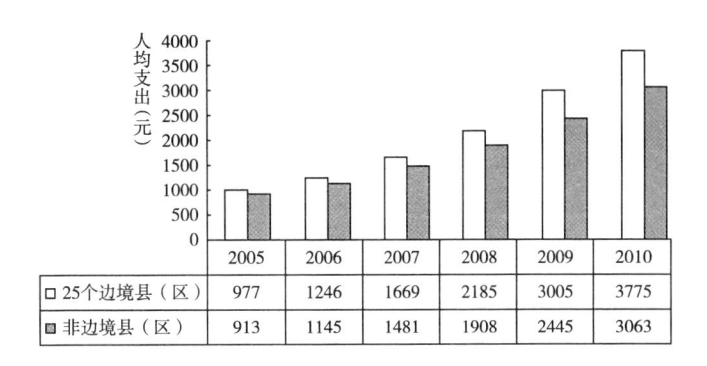

图 4-7 边境县（区）与非边境县（区）人均支出增长比较

从 8 个边境州（市）来看，2005—2010 年人均一般预算支出从 816 元增加至 2913 元，人均水平低于非边境州（市），之所以出现这种情况，是因为在这些州（市）中存在较多贫困因素，非边境州（市）主要都是发达地区（见图 4-8）。

	2005	2006	2007	2008	2009	2010
8个边境州（市）	816	1045	1390	1691	2305	2913
非边境州（市）	1504	1831	2300	3010	3707	4657

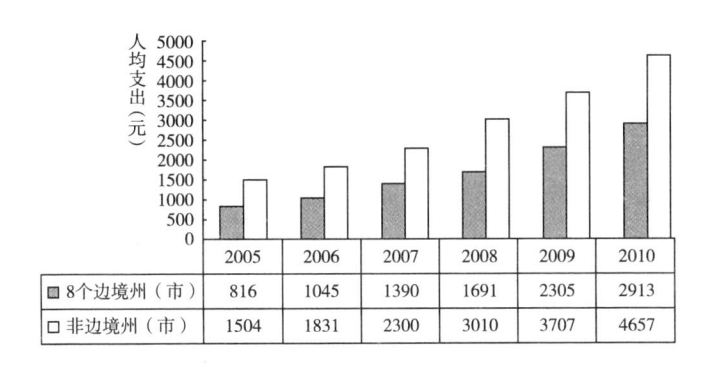

图 4-8 边境州（市）与非边境州（市）人均支出增长比较

（3）支出负担视角：沿边县（区）支出负担较高

从 25 个边境县（区）来看，2005—2010 年地区生产总值的支出负担从 20.44% 逐年增加至 36.75%，高于非边境县（区），这说明边境县（区）固有地存在投入多产出低的趋势，且这种趋势还越来越明显（见图 4-9）。

从 8 个边境州（市）来看，其地区生产总值的支出负担与非边境州（市）基本相当，可能的原因是边境州（市）投入较少，其产值也较低，而非边境州（市）投入多但其产值也较高（见图 4-10）。

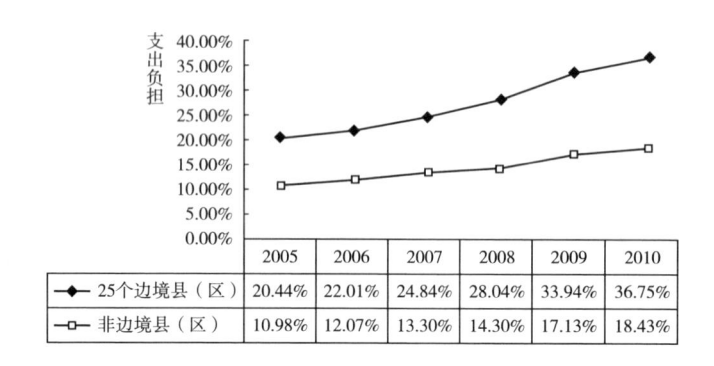

	2005	2006	2007	2008	2009	2010
25个边境县（区）	20.44%	22.01%	24.84%	28.04%	33.94%	36.75%
非边境县（区）	10.98%	12.07%	13.30%	14.30%	17.13%	18.43%

图4-9　边境县（区）与非边境县（区）支出负担增长比较

	2005	2006	2007	2008	2009	2010
8个边境州（市）	15.47%	16.79%	18.77%	19.62%	23.75%	25.99%
非边境州（市）	15.86%	17.06%	18.33%	19.88%	23.17%	24.92%

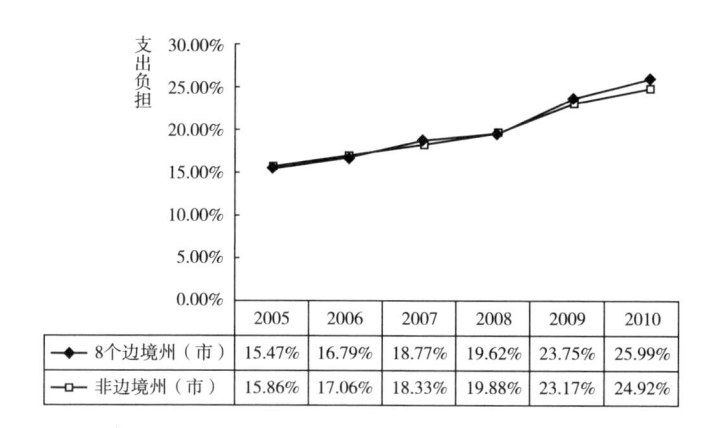

图4-10　边境州（市）与非边境州（市）支出负担增长比较

（三）沿边地区公共服务缺口分析

公共服务是财政投入的直接产出结果，以下将通过指标选择、方法构建和实证测度等环节，分别对25个边境县（区）和8个边境州（市）进行公共服务缺口分析。

1. 指标选择

在公共服务产出指标上，主要从城镇化、居民生活、社会就业、教育发展、医疗卫生、交通条件等方面进行选择，包括城镇化率、恩格尔系数、单位从业人员占比、中小学生均校舍面积、中小学生均教学实验仪器设备价值、中小学危房率、人均受教育年限、千人卫生机构数、千人卫生机构床位数、5岁以下儿童死亡率、公路覆盖率、有线电视村覆盖率、有效灌溉面积占比等13个指标（见表4-6）。

表4-6 公共服务产出指标体系

指　　标	代码	方向	单位
城镇化率	C01	正向	%
恩格尔系数	C02	负向	%
单位从业人员占比	C03	正向	%
中小学生均校舍面积	C04	正向	平方米/生
中小学生均教学实验仪器设备价值	C05	正向	万元/生
中小学危房率	C06	负向	%
人均受教育年限	C07	正向	年
千人卫生机构数	C08	正向	所/千人
千人卫生机构床位数	C09	正向	床/千人
5岁以下儿童死亡率	C10	负向	‰
公路覆盖率	C11	正向	公里/平方公里
有线电视村覆盖率	C12	正向	%
有效灌溉面积占比	C13	正向	%

2. 公共服务总体缺口分析

主要采用功效系数法对指标进行标准化处理，再采用因子分析法进行实证评价，具体步骤包括：

第一步：描述性统计分析（见表4-7）。

表4-7 公共服务产出指标描述性统计

指标代码	样本容量	距离	最小值	最大值	平均值 统计量	平均值 标准误	标准差	离散系数
C01	129	83.62	9.98	93.60	33.22	1.48	16.82	0.5062
C02	129	61.60	18.50	80.10	50.03	1.00	11.36	0.2271
C03	129	24.32	1.89	26.21	6.46	0.37	4.23	0.6541
C04	129	10.10	3.41	13.51	8.17	0.16	1.78	0.2177

续表

指标代码	样本容量	距离	最小值	最大值	平均值 统计量	平均值 标准误	标准差	离散系数
C05	129	0.14	0.01	0.15	0.03	0.00	0.02	0.6951
C06	129	80.71	5.75	86.46	48.09	1.60	18.16	0.3776
C07	129	6.15	5.31	11.46	7.41	0.08	0.90	0.1219
C08	129	0.24	0.02	0.26	0.06	0.00	0.03	0.4888
C09	129	10.92	0.80	11.72	3.05	0.16	1.77	0.5803
C10	129	43.10	0.00	43.10	14.88	0.51	5.74	0.3859
C11	129	1.71	0.05	1.76	0.66	0.03	0.30	0.4586
C12	129	100.00	0.00	100.00	54.73	2.69	30.55	0.5583
C13	129	54.27	3.64	57.91	29.14	0.92	10.50	0.3602

第二步：确定公因子。

公共服务产出因子分析的 KMO 值为 0.848，同时 Bartlett 球度检验统计量观测值为 758.24，相应的 P 值接近于 0，适合作因子分析。同时提取出具有独立关系的 6 个公因子，累计方差贡献率为 79.59%，完全能够反映原始指标的信息（见表 4-8）。

表 4-8 初始和旋转后因子方差贡献情况

评价对象	初始因子解 特征值	初始因子解 方差贡献率	初始因子解 累计贡献率	旋转后最终因子解 特征值	旋转后最终因子解 方差贡献率	旋转后最终因子解 累计贡献率
公因子1	5.2630	40.4849	40.4849	3.8202	29.3861	29.3861
公因子2	1.5826	12.1739	52.6587	1.6282	12.5248	41.9109
公因子3	1.2030	9.2539	61.9126	1.6176	12.4428	54.3537
公因子4	0.8211	6.3160	68.2287	1.1487	8.8362	63.1899
公因子5	0.7624	5.8647	74.0933	1.0983	8.4488	71.6387
公因子6	0.7144	5.4950	79.5883	1.0335	7.9497	79.5883

第三步：识别公因子。

公因子1——在城镇化率、单位从业人员占比、千人卫生机构床位数、

人均受教育年限、中小学生均教学实验仪器设备价值上具有较高的载荷系数,其方差贡献率为36.92%;

公因子2——在千人卫生机构数和中小学生均校舍面积上具有较高的载荷系数,其方差贡献率为15.74%;

公因子3——在有线电视村覆盖率、公路覆盖率和恩格尔系数上具有较高的载荷系数,其方差贡献率为15.63%;

公因子4——在有效灌溉面积占比上具有较高的载荷系数,其方差贡献率为11.10%;

公因子5——在中小学危房率上具有较高的载荷系数,其方差贡献率为10.62%;

公因子6——在5岁以下儿童死亡率上具有较高的载荷系数,其方差贡献率为9.99%。

表4-9 正交旋转后因子载荷矩阵

指标代码	公因子1	公因子2	公因子3	公因子4	公因子5	公因子6
C01	0.8708	-0.0276	0.2144	0.1385	0.0326	0.2493
C03	0.8315	0.1470	0.1647	0.0010	0.1428	0.1154
C09	0.8248	0.2211	0.0824	0.0206	-0.0710	0.1117
C07	0.7603	0.0473	0.2586	0.3034	-0.0130	0.2266
C05	0.6898	0.2870	0.1559	0.2632	0.1852	-0.0273
C08	0.1001	0.8875	-0.0413	0.0172	0.1469	-0.0037
C04	0.2213	0.7862	0.0991	0.1616	-0.1330	0.1014
C12	0.1394	0.1051	0.7917	0.2075	0.1048	0.3255
C11	0.3256	-0.1451	0.6624	-0.3061	-0.2760	-0.2217
C02	0.4722	0.0929	0.5765	0.2500	-0.1555	0.0857
C13	0.2699	0.1400	0.1016	0.8571	-0.1023	-0.0062
C06	0.1226	0.0223	-0.0744	-0.0854	0.9350	-0.0313
C10	0.3756	0.0763	0.1459	-0.0100	-0.0450	0.8483

注:表中划下划线的表示具有较大载荷值的公因子。

从评价结果来看，25个边境县（区）公共服务平均得分为-0.0913，8个边境州（市）公共服务平均得分为-0.0564，而非边境县（区）和非边境州（市）公共服务平均得分分别为0.0219和0.0282。可见无论是边境县（区）还是边境州（市），其公共服务产出水平都远远落后于非边境地区，存在较大的公共服务缺口（见图4-11）。

	25个边境县（区）	非边境县（区）	8个边境州（市）	非边境州（市）
因子得分	-0.0913	0.0219	-0.0564	0.0282

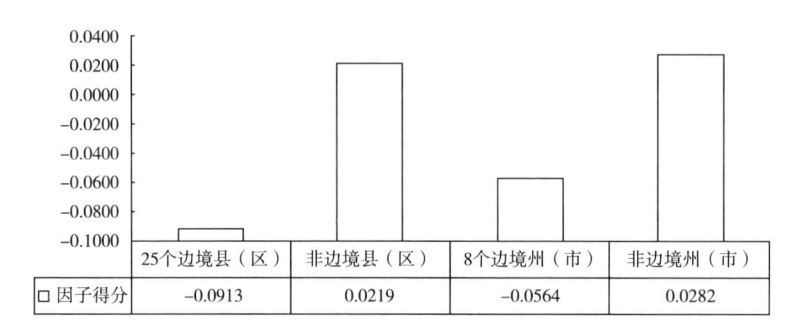

图4-11 各地区总体公共服务综合水平缺口

3. 公共服务分项缺口分析

具体从各项公共服务供给缺口来看，单位从业人员占比、中小学生均校舍面积、中小学生均教学实验仪器设备价值、人均受教育年限、千人卫生机构床位数、5岁以下儿童死亡率、公路覆盖率、有线电视村覆盖率和有效灌溉面积占比等指标，无论以县（区）还是州（市）为样本，边境地区相对于非边境地区而言都存在较大的缺口。另外这些公共服务并非表现为沿边地区的特殊需求，但由于沿边地区特殊需求及特殊供给不足的存在，通过挤占导致这些基本公共服务难以跟上（见表4-10）。

表4-10 正交旋转后因子载荷矩阵

公共服务类型	边境县（区）样本			边境州（市）样本		
	25个边境县（区）	非边境县（区）	缺口	8个边境州（市）	非边境州（市）	缺口
单位从业人员占比	6.226	6.517	-0.292	5.792	6.974	-1.182
中小学生均校舍面积	8.045	8.199	-0.154	7.890	8.384	-0.494

续表

公共服务类型	边境县（区）样本			边境州（市）样本		
	25个边境县（区）	非边境县（区）	缺口	8个边境州（市）	非边境州（市）	缺口
中小学生均教学实验仪器设备价值	0.028	0.032	-0.004	0.031	0.032	-0.001
中小学危房率	45.604	48.683	-3.079	46.798	49.074	-2.275
人均受教育年限	6.808	7.554	-0.746	7.035	7.696	-0.661
千人卫生机构数	0.075	0.057	0.018	0.061	0.060	0.001
千人卫生机构床位数	2.921	3.083	-0.161	2.935	3.141	-0.206
5岁以下儿童死亡率	16.960	14.374	2.586	15.611	14.311	1.300
公路覆盖率	0.511	0.700	-0.189	0.534	0.762	-0.228
有线电视村覆盖率	52.417	55.282	-2.865	51.995	56.822	-4.828
有效灌溉面积占比	24.129	30.342	-6.213	25.778	31.716	-5.938

二 沿边地区财政红利识别：基于财政投入效率测度与解释

1994年分税制以来，在中央加大对西部地区扶持及地方积极培植财源的共同努力下，西部沿边地区财政支出实现了较快增长。在此背景下，要实现沿边经济的跨越式发展，需要进一步挖掘财政红利。该部分重点分析沿边经济发展的财政红利实现机制，并从区域视角进行实证测度和比较，为制度设计提供依据。

（一）财政红利的理解

1. 财政红利概念

财政红利（Finance Divident）属于发展红利的范畴，指的是财政支出力度不减，确保政府有足够资金继续加大对教育、医疗、社保等民生领域的投入力度，以此改善民众福祉，从长远角度有助于扩大内需，为经济注入持久动力。2013年，全国"两会"政府工作报告披露，拟安排1.2万亿元的财政赤字，其中：包括中央财政赤字8500亿元，地方财政赤字3500亿元，而地方财政赤字由中央代发地方政府债券并纳入预算。据相关专家分析,"在当前世界经济严峻、中国经济增速放缓背景下,中国扩增赤字意在进一步释放'财政红利',在拉动经济增长的同时提高发展质量和效益"。实际上,财政红利的本质就是扩张性的财政支出对经济发展的潜在贡献,判断一个国家或者地区是否实现了财政红利,取决于财政支出增长是否对现实经济运行产生实际的促进作用。

2. 财政红利传导

在沿边经济发展中,实现财政红利至少包括两条路径:通过刺激居民消费传导拉动经济增长,通过促进投资传导拉动经济增长,具体包括:

(1) 通过消费传导的路径——财政支出通过提供基础教育、医疗卫生和社会保障等公共服务,降低居民对未来支出的负担预期,以此提高居民的消费水平,进而从扩大消费内需上拉动经济增长。

目前,关于财政支出与居民消费关系的研究较多,比如:王文平(2009)指出,传统理论认为政府财政支出能够刺激居民消费的增长,但通过对1983~2007年中国农村财政支出与农村居民消费之间关系研究发现,在短期内农村财政支出对农村居民消费具有"挤入效应",但在长期中农村财政支出对农村居民消费具有"挤出效应",而且农村居民的可支配收入是影响农村居民消费的最重要因素。李春琦和唐哲一(2010)指出,政府的行政管理费用支出对私人消费有挤出作用,政府的社会文教费用支出、经济建设支出以及其他补贴性的财政支出对私人消费有拉动作用,另外,基础经济建设支出的动态变化显示,短期内能促进GDP、私人消费以及就业率的提高,但随着时间的推移会出现一定的抑制作用。陶开宇(2011)提出了财政拉动消费的几点思考,包括:一是要提高消费能力,二是完善消费条件,三是培养消费热点。李永友和钟晓敏(2012)的研究表明,1998年至今,城乡居民边际消费倾向呈现下降与财政政策有较大关系,其中未预期到的财政政策冲击对居民边际消费倾向影响的综合效应显著为负,因此,扩大居民消费需要提高居民消费能力,尤其是要通过调整财政支出策略,稳定居民消费预期。胡东兰等(2013)提出,为更好地拉动农村居民消费、拓展农村消费市场,政府应从优化财政支农支出结构、完善农村社会保障体系等方面做出努力。

(2) 通过投资传导的路径——政府通过提供道路交通、通信信息等基础设施公共服务,能够降低产业发展的运营成本与交易成本,以此吸引更多的社会投资,进而促进经济增长。

目前,关于财政支出与社会投资关系的研究较多,比如:董秀良等(2006)分析了我国财政支出对私人投资的长短期效应,结果表明,短期内财政支出对私人投资具有一定的挤出效应,而长期均衡关系上则表现为挤入效应。郭杰(2010)通过检验发现,政府投资对私人部门投资的影响并不显著,私人部门投资对总需求变动敏感,政府投资通过影响总需求会对私人部门投资产生影响,从而揭示了政府投资对私人部门投资的影响路径。许宪春等(2013)分析了改革开放以来两次紧缩性财政政策、两次扩张性财政政策和一次中性财政政策对中国固定资产投资增长的影响,结果表明财政政策对中国固定资产投资的影响比较直接,效果也比较明显。

(二) 财政红利模型与测度方法

1. 财政红利模型

从经济学含义上讲,财政红利是扩张性财政政策过程中通过财政资金要素的合理配置所导致的财政支出增长对经济增长的正向促进效应。通常用财政支出与社会经济间的投入产出关系来衡量。我们以社会经济产出与财政支出投入的比例关系为出发点,简单推导财政红利的理论模型。

设第 i 个地区的社会经济产出为 Y_i,财政支出投入为 F_i,则社会经济产出与财政支出投入的比例关系为:

$$\theta_i = \frac{Y_i}{F_i} \tag{4.1}$$

假设在一个封闭的地区经济体系中,基于需求角度的社会经济产出主要由消费(C)、投资(I)和政府购买(F)构成,同时我们知道消费和投资又取决于财政支出要素。因此,存在以下社会经济产出方程:

$$Y_i = C_i(F_i) + I_i(F_i) + F_i \tag{4.2}$$

将方程（4.2）代入方程（4.1）中，得到：

$$\theta_i = \frac{C_i(F_i)}{F_i} + \frac{I_i(F_i)}{F_i} + 1 \tag{4.3}$$

由此可以推断，财政红利实际上取决于财政支出分别对消费和投资的拉动能力，即财政消费传导系数（cc_i）和财政投资传导系数（ci_i），因此，各地财政红利可以表示为：

$$\theta_i = f(cc_i, ci_i) \tag{4.4}$$

2. 财政红利测度方法

构建云南沿边经济发展财政红利测度评价体系，需要解决的关键性问题是选取科学的测度和分解方法。本研究在借鉴伏润民等（2008）、温涛等（2008）、杨斌等（2009）等研究文献的基础上，选择采用 A. Charnes 和 W. W. Cooper（1978）创建的数据包络模型（DEA），采用该方法在进行投入产出效率评价过程中具有较大的优势：一是可以避免线性方程回归分析仅能考虑单个变量产出存在的局限；二是在 DEA 模型中可以考虑技术条件和规模报酬对投入产出效率的影响；三是 DEA 模型根据最优生产前沿面赋予不同产出变量权重，不需要单独进行主观赋权。

设 $i = 1, 2, \cdots$，分别表示时间维度和地区维度的数量，即 DEA 模型中的第 i 个决策单元（DMU_i）。将投入向量设为 $X_i = [x_{1i}, \cdots, x_{qi}]$，即 DMU_i 的投入量，$x_{qi} > 0$，表示指标体系中的财政支出投入；将产出变量设为 $Y_i = [y_{1i}, \cdots, y_{ri}]$，即 DMU_i 的 r 个产出量，$x_{ri} > 0$，表示产出指标体系中反映沿边经济发展的指标。根据魏权龄（2004）所构建的 DEA 模型存在不同的形式，不同形式的模型所反映的效率内涵也具有差异。以下以财政红利总体效率为例。

总体效率主要采用具有不变规模报酬的 C2R 模型计算，其生产可能集为：

$$T_{C2R} = \left\{ (X,Y) \ \middle| \ \sum_{i=1}^{\infty} X_i \lambda_i \leq X, \sum_{i=1}^{\infty} Y_i \lambda_i \geq Y, \lambda_i \geq 0, i = 1, 2, \cdots \right\} \tag{4.5}$$

基于以上生产可能集，设财政红利的总体效率为 θ_1，任一 i_0 个决策单元 DMU_{i_0} 的投入向量为 X_{i_0}，产出向量为 Y_{i_0}，重新构造一个有效决策单元 DMU 组合中第 i 个决策单元 DMU 的组合比例为 λ_i，则 C2R 模型的线性规划模型表示为：

$$\begin{cases} \min \theta_1 \\ S \cdot t \sum_{i=1}^{\cdots} X_i \lambda_i \leq \theta_1 X_{i_0} \\ \sum_{i=1}^{\cdots} Y_i \lambda_i \geq Y_{i_0} \\ \lambda_i \geq 0, \\ i = 1, 2, \cdots \end{cases} \quad (4.6)$$

通过以上线性规划模型可以计算财政红利的总体效率 θ_1，如果 $\theta_1 = 1$ 表示总效率有效，如果 $\theta_1 < 1$ 表示总效率无效。

（三）沿边地区财政红利测度与比较

沿边地区财政红利测度，主要以财政支出为投入变量，以反映沿边经济发展的经济社会等方面的指标为产出变量，对云南省 129 个县（市、区）沿边发展的财政资金配置效率进行测度与分解。

	25个边境县（区）	非边境县（区）	8个边境州（市）	非边境州（市）
财政红利总体效率	0.9197	0.9669	0.9421	0.9656

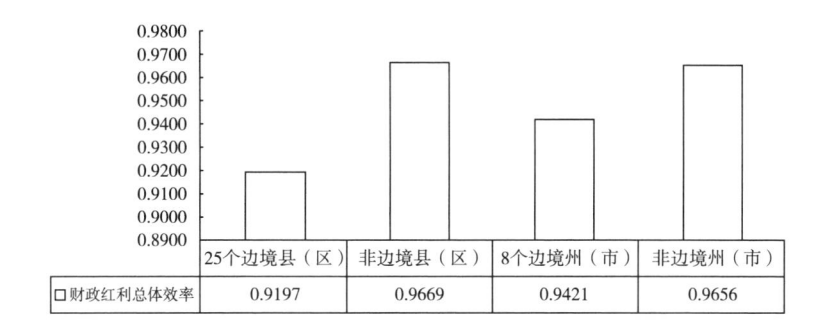

图 4-12 各地区财政红利总体效率均值分布

财政红利的总体效率主要反映沿边经济发展中财政资金配置的总体情况，总体效率越高，说明资金配置越好。全省 129 个县（市、区）财政资金配置总体效率均值为 0.9578，其中：有 44 个县区财政资金配置总体效率为 1，达到最优生产前沿面，占 34.11%；有 85 个县区财政资金配置总体效率小于 1，远离最优生产前沿面，占 65.89%。从 25 个边境县（市）来看，除了景洪市和勐腊县外，其余财政资金配置总体效率全小于 1。

表 4-11 云南省分州（市）财政红利总体效率情况

地州名称	效率均值	总体有效（=1）		总体无效（<1）	
		占比（%）	县区名称	占比（%）	县区名称
昆明市	0.9694	71.42	盘龙区、五华区、西山区、官渡区、呈贡区、安宁市、宜良县、嵩明县、禄劝县、寻甸县	28.58	富民县、晋宁县、石林县、东川区
昭通市	0.9749	27.27	昭阳区、巧家县、镇雄县	72.73	鲁甸县、盐津县、大关县、永善县、绥江县、彝良县、威信县、水富县
曲靖市	0.9840	44.44	麒麟区、沾益县、宣威市、罗平县	55.55	马龙县、富源县、师宗县、陆良县、会泽县
玉溪市	0.9609	33.33	红塔区、通海县、江川县	66.67	澄江县、华宁县、易门县、峨山县、新平县、元江县
红河州	0.9784	46.15	开远市、蒙自县、建水县、弥勒县、元阳县、红河县	53.85	个旧市、石屏县、泸西县、屏边县、河口县、金平县、绿春县
文山州	0.9687	25.00	丘北县、广南县	75.00	文山县、砚山县、西畴县、麻栗坡县、马关县、富宁县
普洱市	0.9447	30.00	思茅区、墨江县、景东县	70.00	宁洱县、景谷县、镇沅县、江城县、澜沧县、孟连县、西盟县
西双版纳州	0.9954	66.67	景洪市、勐腊县	33.33	勐海县
楚雄州	0.9698	20.00	楚雄市、牟定县	80.00	双柏县、南华县、姚安县、大姚县、永仁县、元谋县、武定县、禄丰县
大理州	0.9813	41.66	祥云县、弥渡县、南涧县、巍山县、洱源县	58.33	大理市、漾濞县、宾川县、永平县、云龙县、剑川县、鹤庆县
保山市	0.9613	20.00	隆阳区	80.00	施甸县、腾冲县、昌宁县、龙陵县

续表

地州名称	效率均值	总体有效（=1）		总体无效（<1）	
		占比（%）	县区名称	占比（%）	县区名称
德宏州	0.9009	0.00		100.00	潞西市、梁河县、盈江县、陇川县、瑞丽市
丽江市	0.9382	20.00	永胜县	80.00	古城区、华坪县、宁蒗县、玉龙县
怒江州	0.8753	0.00		100.00	兰坪县、福贡县、贡山县、泸水县
迪庆州	0.7856	0.00		100.00	香格里拉县、维西县、德钦县
临沧市	0.9394	25.00	临翔区、永德县	75.00	凤庆县、云县、镇康县、双江县、耿马县、沧源县

注："～～"表示边境州（市），"＿＿"表示边境县（市）。

进一步比较边境地区财政红利总体效率发现，25个边境县（区）财政红利总体效率均值为0.9197，低于非边境县（区）；8个边境州（市）财政红利总体效率均值为0.9421，也低于非边境州（市）。

三 地方财政制度对沿边地区发展的影响及其传导机制研究

从上述分析可知，沿边地区本身需要更多的资金支持，但其实际投入较非沿边地区而言也相对较高，但社会公共服务产出及经济发展却处于滞后水平，财政红利没有得到有效挖掘，且大部分地区表现为财政资金投入冗余导致的无效率。因此，我们需要进一步分析地方财政制度，包括支出水平及财政分权等对沿边地区发展的影响及其传导机制，以此找到提高沿边地区财政资金配置效率的突破口。即在继续加大对沿边地区投入倾斜的条件下，保持较高的财政红利水平。

（一）文献回顾与研究假设

1. 文献回顾：财政支出、财政分权与经济发展

从目前所掌握的资料来看，专门针对地方财政分权与沿边经济发展的研究较少，绝大部分都是围绕财政分权与经济增长展开。林毅夫和刘志强（2000）利用省级面板数据估计中国20世纪80年代开始的财政分权对经济增长的作用，发现财政分权提高了省级人均GDP增长率。沈坤荣和付文林（2005）也认为财政分权可以促进经济增长，尤其在落后地区更要提高财政分权水平。温娇秀（2006）在验证财政分权总体上促进我国经济增长的同时，指出财政分权对经济增长存在显著的跨区域差异。周业安和章泉（2008）指出，中国经济体制改革是市场化和财政分权的双重分权过程，市场化对经济增长的影响依赖于各地的财政分权水平；对于财政分权较高的地区，市场化对经济增长的促进作用显著为负。周东明（2012）研究认为，财政分权总体上有利于经济增长，支出分权比收入分权对经济增长的影响更大，财政分权对欠发达的地区带来更高的经济增长率。但是，也存在相反的观点，比如：Zang & Zou（1998）指出，中国财政分权与经济增长间存在负相关关系，尤其是在转型期，中央政府集中较大的财权有利于地方经济增长。上述研究主要集中在对财政分权与经济增长关系进行检验，为本研究研究地方财政分权对沿边经济增长的影响奠定了理论基础，尤其是在分权指标的选择方面提供了有益参考。

针对财政分权对经济增长的影响，以及这种影响在区域间的差异等问题，相关学者也进行了传导因素分析。温娇秀（2006）指出，财政分权对经济增长的影响不仅和财政分权程度有关，而且还和财政分权面临的制度环境有关，比如民主程度、法制环境、历史背景、文化特点等，尤其是在分权体制下的财政行为方式、公共支出结构将影响财政分权效果。王新军和赖敏晖（2010）以地方公共支出结构为传导变量，认为财政分权加剧了支出结构的扭曲，在显著地提升了科教文卫支出和农业支出经济增长效应的同时，也加大了基本建设支出和行政管理费对经济增长的阻碍作用。李国璋和刘津汝（2010）通过检验发现，财政分权所带来的市场分割对影响经济增长的积极效应有所削弱，其区域差异效益也受到资源禀赋、政策环境等诸多方面影响。

毫无疑问，检验财政分权对经济增长的影响作用固然重要，但挖掘财政分权对经济增长影响的传导机制更为重要。Oates（1972）指出，地方政府在资源配置上具有充分的信息优势,财政分权有助于提升财政支出对经济的促进作用。尤其是伴随着财政权力与责任向基层转移,在辖区自身利益的诱导下,地方政府为了积极培植财源和加快经济发展,不得不采取各种手段提升财政支出的资源配置效率。Olson(2000)指出,财政分权实际上是中央政府采取"攫取之手"和"援助之手"对地方政府进行财政资源分配的过程,这种分配过程将影响地方行为进而作用于经济增长。可见,财政分权与经济增长的关系离不开经济效率(殷德生,2004),这种经济效率实际上是财政努力行为的结果。为此,我们可以将财政分权影响经济增长的传导机制归结为:财政分权所代表的政府间利益分割使得地方政府不仅努力追求地方财政收入,而且还具有"向上负责"的激励导向(Blanchard 和 Shleifer,2000),尤其是这种以晋升为目标的政治激励导向将改变地方政府的财政行为,包括财政支出行为(梅东州,2014),进而影响财政支出对经济增长的作用效应。

进一步,较多学者还发现财政分权与经济增长间并非表现为简单的线性关系,由此存在实现经济增长最大化的最优财政分权水平。比如:殷德生(2004)通过模型推导,得出经济增长率不仅与投资收益有关,而且还取决于财政分权程度,存在最优财政分权水平,当财政分权超过最优分权水平,经济增长率是分权的减函数,当财政分权低于最优分权水平,经济增长是分权的增函数。刘小勇(2008)通过对一个由无限寿命家庭、同质充分竞争企业和政府构成的封闭经济增长模型分析,得出长期经济增长是各级政府支出份额的函数,从而存在最优财政分权水平。宋玉华等(2008)也得出同样的结论,并指出中国财政分权已经超过最优比例,从而阻碍了中国经济的增长。刘金涛和曲晓飞(2008)通过实证模拟发现,中国财政分权与经济增长存在"U"形关系。这些研究对财政分权与经济增长的关系进行了超线性检验与分析,为本研究构建计量模型提供了借鉴。

上述各类研究在判断和分析我国财政分权与经济增长关系中已经做出了较大贡献,但我国财政分权改革实际上包括两个层面的内容,一是中央与省的财政分权,二是省以下各级政府间的财政分权。1994 年分税制更多是规范中央与省的财政分配关系,省以下财政分配关系基本由各省自行规定,省级政府在明确中央和省级财政关系基础上,根据自身情况再重新确定省对下的转移支付、收入分享、收入上解等各项分配制度。因此,就沿边经济增长而言,分析省以下地方财政分权对其产生的影响及传导机制更为重要。刘小勇(2008)还分别检验出省以下财政支出分权和财政收入分权对经济增长率存在显著正向和负向作用。除此之外,已有分析财政分权与经济增长的相关研究几乎都是直接将财政分权作为经济增长的解释变量代入估计,忽视了财政分权这种制度安排实际上是通过财政支出行为传导发生作用。因此,分析地方财政分权对沿边经济增长影响的传导机制更具现实意义。

2. 研究假设提出

综上所述,财政分权对经济增长的影响已经成为共识,且这种影响关系会因为不同环境条件而存在区域差异。更确切地说,财政分权对经济增长的影响依赖于政府间利益分割条件下,与财政支出行为相伴随的财政努力,以及进一步所决定的经济效率差异。正因如此,财政分权与经济增长间的关系,并不是表现为分权水平越高或越低就越能促进经济增长,而是存在基于经济增长最大化目标的最优分权度。依据上述财政分权与经济增长关系的相关理论,针对地方财政分权与沿边经济增长的关系,本研究提出以下三个理论假设。

假设1:地方财政分权对沿边经济增长存在显著影响,其作用并非线性关系,即在初始阶段省级政府集中较多财权有利于更好地配置资源,从而有效促进经济增长,但随着集权程度提高,对沿边经济增长的边际影响会逐渐降低,最后出现抑制作用。

假设2:地方财政分权对沿边经济增长的影响,直接表现为对县级财政支出行为传导而影响沿边经济增长,即分权关系将改变财政支出行为,进而决定这种财政行为的经济增长效率。

假设3:地方财政分权对沿边经济增长的影响,将依赖于经济行为和地区特征等因素,即在不同的外生因素条件下,财政分权对沿边经济增长因素具有差异。

(二) 地方财政分权对沿边地区经济发展影响的研究设计

1. 模型构建

为了检验地方财政分权对沿边经济增长的影响，本研究首先构建以下模型：

$$PGDP_{it} = \beta_0 + \beta_1 PPFE_{it} + \beta_2 GHA_{it} + \beta_3 GHA_{it}^2 + \beta_4 OSA_{it} + \beta_5 OSA_{it}^2 + \theta CON + \mu_{it} \quad (4.7)$$

其中：i 代表县域个数，t 代表时间范围，μ_{it} 表示随机误差项。

模型（4.7）中引入财政支出变量主要是考虑财政分权是通过财政支出传导发挥作用，将财政分权变量设定成二次型主要借鉴刘金涛和曲晓飞（2008）等人的研究。考虑到影响沿边经济发展的因素较多，在构建的计量模型中引入相关控制传导变量，以此反映地方财政分权对沿边经济增长的独立影响。

进一步，从地方财政分权对沿边经济增长影响的传导路径来看，一方面，表现为财政分权促进消费者效率和生产者效率的过程（Oates，1993；Swell，1996），消费者效率和生产者效率实际上是经济行为表现的结果，由此可以推断地方财政分权对沿边经济增长的影响存在经济行为依赖；另一方面，表现为财政分权在发挥作用的过程中会受到区域特征的影响，比如文化特点差异、人口流动性差异、财政资源差异等都会导致在财政分权体制下表现出不同的财政行为（温娇秀，2006），因此可以认为地方财政分权对沿边经济增长的影响还存在地区特征依赖。结合相关文献研究，本研究在经济行为依赖方面主要选择投资选择、消费选择、产业结构和城镇化率等变量，在地区特征依赖方面主要选择贫富差距、民族特征、边境条件和特殊政策等变量。综合来看，地方财政分权对沿边经济增长的影响，其直接路径主要通过财政支出传导发挥作用；间接路径还依赖于经济行为和地区特征发挥作用。

检验地方财政分权对沿边经济增长影响的传导机制的过程包括：一是检验地方财政分权是否影响到县级财政支出对沿边经济增长的作用，二是检验地方财政分权对沿边经济增长影响是否存在经济行为依赖，三是检验

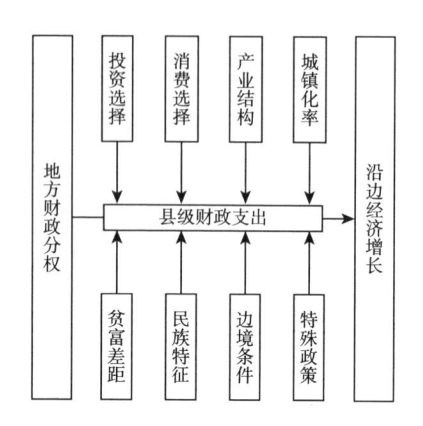

图 4-13　地方财政分权对沿边经济增长的影响路径

地方财政分权对沿边经济增长影响是否存在地区特征依赖。为了实现上述检验，主要在模型（4-7）的基础上指定条件冲击变量和比较影响变量，并引入条件冲击变量与比较影响变量的交叉项进行估计，其中：条件冲击变量指间接发挥作用的变量，用 M_{it} 表示；比较影响变量指直接发挥作用的变量，用 X_{it} 表示。将模型（4-7）转化为：

$$PGDP_{it} = \beta_0 + \beta_1 X_{it} + \beta_2 (M_{it} \times X_{it}) + \theta CON + \mu_{it} \tag{4.8}$$

令 $M_{it} = M^{\max}$，则存在：

$$PGDP_{it} = \beta_0 + (\beta_1 + \beta_2 M^{\max}) X_{it} + \theta CON + \mu_{it} \tag{4.9}$$

令 $M_{it} = M^{\min}$，则存在：

$$PGDP_{it} = \beta_0 + (\beta_1 + \beta_2 M^{\min}) X_{it} + \theta CON + \mu_{it} \tag{4.10}$$

并假设 $M^{\max} > M^{\min}$，在 β_1 显著的情况下，如果交叉项估计系数 β_2 显著为正，则存在 $\beta_1 + \beta_2 M^{\max} > \beta_1 + \beta_2 M^{\min}$，说明比较影响变量对被解释变量的作用受到条件冲击变量的正向拉动；如果 β_2 显著为负，说明受到条件冲击变量的负向拉动；如果 β_2 不显著，说明未受到条件冲击变量的影响。另外，在 β_1 不显著的情况下，不存在比较影响变量对被解释变量的作用，更不能说明条件冲击变量的影响。

2. 变量选择

被解释变量：人均县域地区生产总值（$PGDP_{it}$），沿边经济发展涵盖的内容较广，但其核心和前提在于经济增长，因此选择人均县域地区生产总值来衡量沿边经济发展水平。

核心解释变量：（1）上级补助占县级财政支出比重（GHA_{it}），反映县级财政与上级财政在支出方面的权利分割情况，上级补助占县级财政支出比重越高，县级政府在支出上的独立性越弱，其中，上级补助主要包括返还收入、一般性转移支付和专项转移支付；（2）上解支出占县级财政收入的比重（OSA_{it}），反映县级财政与上级财政在收入方面的权利分割情况，上解支出占县级财政收入的比重越高，县级政府在收入方面的独立性越弱，其中，上解支出主要包括体制性上解和专项上解。

控制传导变量：财政行为方面的传导控制变量包括人均财政支出（$PPFE_{it}$），反映财政对沿边经济的发展支持。

经济行为方面的传导控制变量包括：（1）人均全社会固定资产投资（$PFAI_{it}$），作为财政政策对沿边经济发展影响的传导变量，具有正向作用，代表投资选择；（2）人均社会消费品零售额（$PCGS_{it}$），作为财政政策对沿边经济发展影响的传导变量，具有正向作用，代表消费选择；（3）二三产业产值比重（$NAPP_{it}$），沿边经济发展的关键是要实现产业结构的转型，而农业向工业、服务业等行业转变有助于加快沿边经济发展，代表产业结构；（4）城镇化率（$URBA_{it}$），农村人口向城镇转移，可以增加边际消费倾向和边际投资倾向，能够有效促进沿边经济发展，代表城镇化率。

地区特征方面的传导控制变量包括：（1）特殊政策（$dum1_{it}$），如果某县属于沿边经济发展重点县，则$dum1_{it}=1$，否则$dum1_{it}=0$；（2）民族特征（$dum2_{it}$），如果某县属于民族州所属县或民族自治县，则$dum2_{it}=1$，否则$dum2_{it}=0$；（3）边境条件（$dum3_{it}$），如果某县属于边境县，则$dum3_{it}=1$，否则$dum3_{it}=0$；（4）贫富差距（$dum4_{it}$），人均地区生产总值高于平均值的县，则$dum4_{it}=1$，人均地区生产总值低于平均值的县，则$dum4_{it}=0$。

工具变量：在上述计量模型中，人均财政支出是解释人均地区生产总值的变量，但同时地区生产总值又决定着人均财政支出，从而导致模型存在内生性问题，人均财政支出是内生解释变量。根据本研究的数据特征，我们将选择人均财政转移支付（IVT_{it}）和人均财政供养人员（IVC_{it}）作为工具变量，其理由是这两个变量分别与被解释变量人均地区生产总值不存在关系，但与内生解释变量人均财政支出有直接的关系，前者是人均财政支出的重要来源构成，后者是人均财政支出的重要支出依据。

3. 数据说明

本研究对处于沿边地区的云南进行分析，主要选择 2005—2010 年该省县域样本的人均县域地区生产总值、人均财政支出、上级补助占县级财政支出的比重、上解支出占县级财政收入的比重、人均全社会固定资产投资、人均社会消费品零售额、二三产业产值比重、城镇化率、人均财政转移支付、人均财政供养人员以及反映特殊政策、民族特征、边境条件和贫富差距的 dum 变量等 14 个指标，其中人均县域地区生产总值、人均财政支出、人均全社会固定资产投资、人均社会消费品零售额、人均财政转移支付指标均取其自然对数。

表 4-12 给出了主要变量的描述性统计结果。从中可以看出，样本中人均县域地区生产总值的自然对数均值为 8.83，与中位数接近，上级补助占县级财政支出的比重和上解支出占县级财政收入的比重的平均水平分别为 0.7905 和 0.1195，说明沿边县级财政支出中大部分来源于上级补助，财政收入中上解占比较小。

表 4-12 变量的统计描述

变量类型	变量	平均值	中位数	标准差	离散系数	最小值	最大值
被解释变量	PGDP	8.8300	8.8069	0.5308	0.0601	7.4368	10.2491
核心解释变量	GHA	0.7905	0.8197	0.1217	0.1540	0.3422	1.0984
	OSA	0.1195	0.1062	0.0685	0.5732	0.0069	0.4087
传导控制变量	PPFE	7.5142	7.5155	0.5497	0.0731	6.1390	9.5352
	PFAI	8.3290	8.3099	0.7901	0.0949	6.1080	10.9927
	PCGS	7.4597	7.4584	0.5062	0.0679	6.1993	9.0751

续表

变量类型	变量	平均值	中位数	标准差	离散系数	最小值	最大值
传导控制变量	NAPP	0.6866	0.6837	0.0978	0.1425	0.4593	0.9996
	URBA	0.1107	0.0901	0.0856	0.7733	0.0156	0.9248
	x1	0.2547	0.0000	0.4360	1.7119	0.0000	1.0000
	x2	0.6509	1.0000	0.4770	0.7329	0.0000	1.0000
	x3	0.2075	0.0000	0.4059	1.9556	0.0000	1.0000
	x4	0.4906	0.0000	0.5003	1.0199	0.0000	1.0000
工具变量	IVT	7.2657	7.2493	0.5861	0.0807	5.8761	9.4835
	IVC	0.0314	0.0299	0.0087	0.2771	0.0140	0.0644

表4-13给出了本研究主要变量的线性相关系数。从中可以看出，上级补助占县级财政支出的比重和上解支出占县级财政收入的比重与人均县域地区生产总值的相关系数分别为-0.05和-0.11，不具有线性相关性，因此需要检验其非线性关系。另外，两个工具变量人均财政转移支付和人均财政供养人员与被解释变量的相关性都较低，而与内生解释变量人均财政支出又有较高的相关性，分别为0.96和0.52，符合选择工具变量的要求。

表4-13 变量间相关性分析

变量	PGDP	PPFE	GHA	OSA	PFAI	PCGS	NAPP	URBA	x1	x2	x3	x4	IVT	IVC
PGDP	1.00													
PPFE	0.61	1.00												
GHA	-0.05	0.10	1.00											
OSA	-0.11	-0.26	-0.03	1.00										
PFAI	0.74	0.74	0.07	-0.20	1.00									
PCGS	0.86	0.64	0.05	-0.16	0.69	1.00								
NAPP	0.12	0.20	-0.42	-0.01	0.20	0.17	1.00							

续表

变量	PGDP	PPFE	GHA	OSA	PFAI	PCGS	NAPP	URBA	x1	x2	x3	x4	IVT	IVC
URBA	0.38	0.18	-0.21	0.02	0.31	0.30	0.04	1.00						
x1	0.43	-0.05	-0.09	0.02	0.20	0.32	-0.17	0.18	1.00					
x2	-0.12	0.14	0.10	-0.07	-0.07	0.04	0.06	-0.02	-0.25	1.00				
x3	-0.10	0.15	-0.01	0.08	0.09	0.01	0.11	0.17	-0.19	0.23	1.00			
x4	0.67	0.20	-0.08	0.11	0.42	0.50	0.02	0.34	0.47	-0.11	-0.08	1.00		
IVT	0.40	0.96	0.15	-0.26	0.62	0.48	0.20	0.04	-0.19	0.23	0.21	0.03	1.00	
IVC	0.15	0.52	0.09	-0.02	0.26	0.20	0.09	0.18	-0.22	0.39	0.23	0.18	0.55	1.00

4. 估计方法

在以下的检验中将采用面板数据模型对各类假设进行检验，针对各时期影响采用变截距模型，并用 F 检验判断是选择混合模型还是个体模型，再根据 Hausman 检验判断是选择固定效应模型还是随机效应模型。由于样本容量中截面单位较多而时间较短，容易出现截面异方差和同期相关，因此采用 Cross-Section SUR 加权估计进行计量检验。

5. 内生性和工具变量有效性检验

（1）内生性检验

在地方财政分权对沿边经济增长影响及传导机制计量估计模型中，包含人均财政支出传导控制变量。前面我们提到，人均财政支出从直接需求和公共服务供给等方面将促进沿边经济增长，而沿边经济增长反过来又为财政支出创造财力基础。因此，可以初步判断人均财政支出至少是一个内生解释变量，除此之外，我们也需要对其他解释变量是否存在内生性进行逐一检验。这里采用 Hausman 设定检验（specification test），并对沿边经济增长与解释变量间的内生性问题进行检验。具体步骤为：

第一步，以各解释变量对所有外生变量（包括工具变量）进行回归，然后生成该方程的残差项 $resid1_{it}$。在此，为了判断各解释变量与工具变量间是否存在偏相关关系，以下列出工具变量的系数估计情况（见表 4-14）。

表 4-14 各解释变量与工具变量的偏相关估计

工具变量及检验指标		(1) PPFE	(2) GHA	(3) OSA	(4) PFAI	(5) PCGS	(6) NAPP	(7) URBA	(8) x1	(9) x2	(10) x3	(11) x4
IVC	系数	-0.05	-0.18	1.27	-9.28	1.51	-1.95	-0.20	-6.08	19.75	7.99	5.67
	P 值	0.04	0.04	0.00	0.00	0.08	0.01	0.72	0.01	0.00	0.01	0.00
IVT	系数	0.99	0.71	-0.40	-21.46	-0.97	3.59	-7.97	-2.87	-14.24	6.35	16.95
	P 值	0.00	0.00	1.55	0.00	0.64	0.00	0.00	0.05	0.00	0.10	0.00

注：鉴于仅关注各解释变量与工具变量的偏相关系数，其他变量的估计系数没有逐一列出。

第二步，以 $PGDP_{it}$ 为解释变量的计量方程中分别引入上述方程（1）到（10）的残差项 $resid1_{it}$ 进行 OLS 回归，如果残差项系数显著异于 0，则判断该解释变量是内生变量，以下列出残差项系数的估计情况（见表 4-15）。

表 4-15 基于残差项估计的内生性检验

工具变量及检验指标		(1)	(2)	(3)	(4)	(5)	(6)	(7)	(8)	(9)	(10)	(11)
残差项	系数	-7.43	-11.10	3.75	0.20	3.58	-2.03	0.88	0.09	0.27	-0.67	-0.29
	P 值	0.00	0.00	0.00	0.01	0.00	0.00	0.00	0.59	0.23	0.56	0.01
内生性判断		PPFE Y	GHA Y	OSA Y	PFAI Y	PCGS Y	NAPP Y	URBA Y	x1 N	x2 N	x3 N	x4 Y

注："Y"表示相应解释变量是内生解释变量，"N"表示相应解释变量不是内生解释变量。

从表 4-15 的检验结果来看，在计量模型（1）中，除反映地区特征的特殊政策、民族特征和边境条件外，其余解释变量与 $PGDP_{it}$ 间都存在内生性。关于人均财政支出的内生性问题，前文已经做出解释。针对财政分权指标内生性问题，伴随着沿边经济增长的变化，省级财政完全可能对其补助和上解做出相应调整。针对投资、消费、产业结构和城镇化等经济行为指标内生性问题，可以解释为沿边经济增长所决定的产出基础，将反过来影响政府及居民的经济行为。另外，沿边经济增长速度的加快，也必然带来差距的拉大，因而贫富差距与沿边经济增长间也存在内生性。

(2) 工具变量有效性检验

本研究选择人均财政转移支付（IVT_{it}）和人均财政供养人员（IVC_{it}）作为工具变量，从表4-12可以看出，人均财政转移支付和人均财政供养人员变量分别与各内生解释变量间存在不同程度的偏相关关系，更为重要的是这两个工具变量与人均县域地区生产总值没有必然联系，表4-13所呈现的相关系数分别为0.40和0.15。但我们仍然需要对该工具变量选择的有效性进行检验，首先，我们在对以$PGDP_{it}$为被解释变量的计量方程中采取两阶段最小二乘回归（2SLS）估计，提取相应残差项$resid2_{it}$；其次，利用上述残差项对所有外生变量进行回归，得到R^2为0.044；最后，计算卡方统计量为1.231（nR^2，其中n表示样本容量），而$\chi^2(1)$的临界值为3.841，则不能拒绝工具变量与残差不相关的原假设，认为所选工具变量有效。

因此，我们确定以人均财政转移支付（IVT_{it}）和人均财政供养人员（IVC_{it}）作为工具变量，对各类假设检验进行2SLS回归。由于对模型进行检验时，所有方程都尚未通过Hansman检验，所以以下将直接报告随机效应估计结果。

（三）检验1：地方财政分权对沿边经济发展的影响及其模型形式

根据研究设计的模型，我们首先对地方财政分权对沿边经济增长的影响进行检验。表4-16中的方程（1）和（3）检验了地方财政分权对沿边经济增长影响的线性关系，方程（1）仅加入人均财政支出传导变量，得到上级补助占县级财政支出比重的影响系数显著为负，说明上级补助占比越高，对沿边经济发展阻碍越大，可能原因是这种高额补助容易形成县级财政对上级补助过度依赖而削弱了自身发展经济的积极性，这与乔宝云等（2006）得出的研究结论一致。同样得到，上解支出占县级财政收入比重的影响系数显著为正，说明上解支出占比越高，对沿边经济发展产生正向激励效应就越大，这也验证了刘小勇（2008）得出的研究结论，即省级政府控制较多的收入权有利于增强省级政府对沿边经济的调控能力。方程（3）加入人均全社会固定资产投资、人均社会消费品零售额、二三产业产值比重、城镇化率和反映地区特征方面的控制变量后,方程整体拟合优度明显提高,上级补助占县级财政支出比重的影响系数依然是显著为负,只是影响程度有所下降,而上解支出占县级财政收入比重的影响系数开始变得不显著。表4-16中的方程(2)和方程(4)报告了地方财政分权对沿边经济增长影响的二次型曲线关系,无论是否加入控制变量,上级补助占比和上解支出占比的一次项估计系数显著为正,二次项估计系数显著为负,说明上级补助占比和上解支出占比与沿边经济增长间分别呈现出倒"U"形关系,这也与刘金涛和曲晓飞(2008)所得出的结论一致。揭示出随着上级补助占比和上解支出占比的提升,开始有助于促进沿边经济增长,但越到后面出现抑制现象越严重,验证了本研究提出的理论假设1。

表4-16 地方财政分权对沿边经济增长的影响检验结果

变量及检验指标		(1)		(2)		(3)		(4)	
		系数	P值	系数	P值	系数	P值	系数	P值
核心解释变量	GHA	-2.97	0.00	3.34	0.00	-1.20	0.00	3.25	0.00
	GHA^2			-4.29	0.00			-3.05	0.00
	OSA	0.47	0.00	3.55	0.00	0.12	0.28	1.40	0.00
	OSA^2			-8.36	0.00			-3.23	0.00
传导控制变量	PPFE	0.60	0.00	0.67	0.00	0.19	0.00	0.25	0.00
	PFAI					0.08	0.00	0.09	0.00
	PCGS					0.37	0.00	0.32	0.00
	NAPP					0.13	0.03	0.12	0.06
	URBA					0.22	0.01	0.54	0.00
	dum1					0.06	0.00	0.06	0.00
	dum2					-0.02	0.03	-0.03	0.00
	dum3					-0.07	0.00	-0.09	0.00
	dum4					0.21	0.00	0.18	0.00
常数项	C	6.59	0.00	3.63	0.00	4.73	0.00	2.94	0.00
AdjustedR-squared		0.73		0.75		0.87		0.88	
F		638		457		394		358	
样本容量		636		636		636		636	

从传导控制变量估计结果来看，人均全社会固定资产投资、人均社会消费品零售额、二三产业产值比重、城镇化率对沿边经济增长具有显著的正效应，从调整 R^2 较高的方程（4）来看，人均全社会固定资产投资和人均社会消费品零售额每增长1%，以及二三产业产值比重或城镇化率每提升1个百分点，分别能够带动人均县域生产总值提升0.09%、0.32%、0.12%和0.54%。

表4-16的结果表明，控制相关传导及影响沿边经济增长的相关因素后，地方财政分权对沿边经济增长具有更为稳定的影响，具体表现为二者呈现显著的倒"U"形关系。此外，之所以上级补助占比与沿边经济增长在线性估计上表现为稳定的负向关系，说明绝大部分县域地区上级补助占比的实际值已经超过倒"U"形曲线的拐点。而上解支出占比与沿边经济增长的线性估计不显著，说明各县域地区上解支出占比还分散在倒"U"形曲线拐点的两侧。

（四）检验2：地方财政分权是否影响到财政支出对沿边经济发展的作用

依据上述传导机制的检验逻辑，该检验的条件冲击变量是地方财政分权，包括上级补助占县级财政支出比重和上解支出占县级财政收入的比重，比较影响变量是县级财政支出变量，即人均财政支出。

表4-17中的方程（1）到（4）报告了地方政府分权影响县域财政支出对沿边经济增长的作用。总体上可以看出，人均财政支出对沿边经济增长的影响呈现显著正向作用，财政分权对沿边经济增长的影响也呈现显著的倒"U"形关系。进一步，从表3中的方程（1）和（2）可以看出，上级补助占县级财政支出比重与人均财政支出的交叉项系数均分别显著为负，说明县级财政支出对沿边经济增长的作用受到地方财政支出分权的负向影响，即上级补助占比越高，越容易导致对财政支持沿边经济增长努力的抑制。从表4-17中的方程（3）和（4）可以看出，上解支出占县级财政收入比重与人均财政支出的交叉项系数均分别显著为正，说明县级财政支出对沿边经济增长的作用受到地方财政收入分权的正向影响，即上解支出占比越高，越能提升财政支持沿边经济增长的努力程度。

表 4-17 地方财政分权影响县级财政支出对沿边经济增长的作用检验结果

变量及检验指标		(1)		(2)		(3)		(4)	
		系数	P值	系数	P值	系数	P值	系数	P值
比较影响变量	PPFE	0.34	0.00	0.96	0.00	0.23	0.00	0.64	0.00
条件冲击变量产生的交叉项	GHA×PPFE	-0.16	0.00	-0.39	0.00				
	OSA×PPFE					0.04	0.02	0.10	0.00
核心解释变量	GHA					3.07	0.00	3.26	0.00
	GHA^2					-2.88	0.00	-4.22	0.00
	OSA	1.00	0.00	3.29	0.00				
	OSA^2	-2.58	0.00	-8.36	0.00				
传导控制变量	PFAI	0.08	0.00			0.09	0.00		
	PCGS	0.36	0.00			0.33	0.00		
	NAPP	0.11	0.05			0.15	0.03		
	URBA	0.22	0.01			0.50	0.00		
	dum1	0.06	0.00			0.06	0.00		
	dum2	-0.01	0.13			-0.04	0.00		
	dum3	-0.07	0.00			-0.09	0.00		
	dum4	0.21	0.00			0.19	0.00		
常数项	C	3.62	0.00	3.74	0.00	3.13	0.00	4.07	0.00
AdjustedR-squared		0.87		0.74		0.88		0.75	
F		361		501		381		542	
样本容量		636		636		636		636	

实际上，上级补助占比较高的地区几乎都是经济较为落后和财政资源较为薄弱的地区，这些地区长期以来都是以"保工资、保运转"为主要财政目标，财政支出重点是人员工资、公用经费等行政运行支出，加上这些

地区天然缺乏经济增长的资源禀赋，在投资环境改善、人力资本提升等方面的支出显然不会太多。因此，上级补助占比越高，这些地区长期形成的上述支出行为惯性将随之导致行政运行支出占比增高，从而不利于促进沿边经济增长，尤其是针对不指定用途的财力性补助更是如此。而上级支出占比较高的地区一般都是发达地区，这些地区在财政运行方面主要是以经济发展为目标，财政支出更多是以基础设施建设、人才培养、技术引进等为主。因此，上级财政集中收入比重越高，越能够激励这些地区的支出努力程度，将更多的支出用于经济发展上来，创造更多的财力基础。

（五）检验3：地方财政分权对沿边经济的影响是否存在行为及特征依赖

1. 经济行为依赖检验

依据上述传导机制检验的逻辑，该检验的条件冲击变量是相关经济行为，包括人均全社会固定资产投资、人均社会消费品零售额、二三产业产值比重和城镇化率，比较影响变量是地方财政分权变量，包括上级补助占县级财政支出比重和上解支出占县级财政收入的比重。

表4-18中的方程（1）到（8）报告了地方财政分权对沿边经济增长影响的经济行为依赖。从表4-18的方程（1）到（4）可以看出，投资选择、消费选择和城镇化率与上级补助占比的交叉项系数均显著为正，分别为0.11、0.40和1.27，说明地方财政支出分权对沿边经济增长的影响存在经济行为依赖，具体受到投资、消费及城镇化率的影响，增加投资和消费、推进城镇化能够提升财政支出分权对沿边经济增长影响的财政努力程度，实际上是抑制上级财政补助对沿边经济增长的负向作用。从表4-18的方程（5）到（8）也可以看出，投资选择、消费选择和城镇化率与上解支出占比的交叉项系数均显著为正，分别为0.25、1.26和1.32，同样说明地方财政收入分权对沿边经济增长的影响仍然存在经济行为依赖，包括投资、消费及城镇化率的影响。

表4-18表明，无论是财政支出分权还是财政收入分权，其对沿边经济增长的影响都存在经济行为依赖。根据前文分析，上级补助和上解支出这

两种机制在通过财政支出影响沿边经济增长的过程中，财政支出行为选择尤为重要，而较高的投资消费水平和较快的城镇化进程，能够激励地方政府改变支出行为。具体来讲：一是社会投资增加、居民消费旺盛等迹象将让地方政府看到经济增长的预期，因而更加有动力改变政府支出行为，将更多支出用于投资和消费环境改善，增加公共基础设施建设；二是在较高的城镇化水平下，大量的农村居民向城镇转移，政府需要提供更多的公共服务来保障这些居民的就业和消费，充分释放城镇化为沿边经济增长带来的红利；三是投资和消费直接形成经济增长的需求，城镇化也是推动沿边经济增长的重要手段，较高的消费和投资以及加快的城镇化进程将为地方政府创造更多的财力基础，从而为地方政府调整财政支出结构提供可能的空间。当然，公共服务供给与居民消费、社会投资及城镇化推进等经济行为是一个相互作用的过程，财政支出行为及结构得到改善，同时也能够为这些经济行为的推进创造更好的环境，反过来又促进地方财政分权对沿边经济增长发挥积极作用。

对比表 4-18 中的方程（1）到（4）和方程（5）到（8），还可以看出，地方财政收入分权较支出分权而言，存在更大的经济行为依赖。换句话说，投资、消费和城镇化水平的提升更能带动上解支出占比对沿边经济增长的促进作用，原因是上解支出占比的提高客观上与经济发展程度提升相伴随。在经济发展水平不断攀升的情况下，投资、消费及城镇化等经济行为将为地方政府带来更加明显的经济增长预期，地方政府将更具有改变财政支出行为的动力，或者说财政支出发挥的边际生产能力更大。相反，上级补助占比的提高却是与经济发展程度降低相伴随，在此情况下，即便投资、消费及城镇化水平得到提升，对政府改变财政支出行为及提升这种行为的财政效率等也具有一定难度。另外，从表 4-18 中的方程（3）和（7）可以看出，财政分权对沿边经济增长的影响未能受到产业结构调整的影响，一个重要的原因是，针对以农业为主的地区而言，二三产业产值比重的提升可能会促使地方政府将支出更多用于工业和服务业等行业发展，但却忽视了农业生产相关的公共服务供给。

表 4-18 地方财政分权对沿边经济增长影响是否存在经济行为依赖检验结果

变量及检验指标		(1) 系数	(1) P值	(2) 系数	(2) P值	(3) 系数	(3) P值	(4) 系数	(4) P值	(5) 系数	(5) P值	(6) 系数	(6) P值	(7) 系数	(7) P值	(8) 系数	(8) P值
比较影响变量	GHA	1.87	0.00	-0.78	0.30	3.13	0.00	2.78	0.00	3.15	0.00	4.38	0.00	3.26	0.00	2.52	0.00
	GHA²	-2.75	0.00	-2.38	0.00	-3.02	0.00	-2.80	0.00	-2.98	0.00	-4.02	0.00	-3.05	0.00	-2.60	0.00
	OSA	1.43	0.00	1.30	0.00	1.42	0.00	1.45	0.00	-0.81	0.41	-7.79	0.00	0.80	0.12	1.16	0.00
	OSA²	-3.36	0.00	-3.07	0.00	-3.29	0.00	-3.42	0.00	-2.87	0.00	-3.64	0.00	-3.07	0.00	-3.01	0.00
条件冲击变量产生的交叉项	PFAL × GHA	0.11	0.00														
	PCGS × GHA			0.40	0.00												
	NAPP × GHA					0.09	0.25										
	URBA × GHA							1.27	0.00								
	PFAL × OSA									0.25	0.01						
	PCGS × OSA											1.26	0.00				
	NAPP × OSA													0.79	0.16		
	URBA × OSA															1.32	0.01

续表

变量及检验指标		(1) 系数	(1) P值	(2) 系数	(2) P值	(3) 系数	(3) P值	(4) 系数	(4) P值	(5) 系数	(5) P值	(6) 系数	(6) P值	(7) 系数	(7) P值	(8) 系数	(8) P值
	PPFE	0.23	0.00	0.23	0.00	0.25	0.00	0.21	0.00	0.29	0.00	0.35	0.00	0.25	0.00	0.27	0.00
	PFAI	0.32	0.00	0.09	0.00	0.09	0.00	0.09	0.00			0.10	0.00	0.09	0.00	0.09	0.00
	PCGS					0.32	0.00	0.32	0.00	0.34	0.00			0.32	0.00	0.33	0.00
	NAPP	0.13	0.06	0.13	0.04			0.13	0.05	0.22	0.00	0.03	0.63			0.11	0.08
	URBA	0.58	0.00	0.60	0.00	0.53	0.00			0.53	0.00	0.51	0.00	0.53	0.00		
传导控制变量	dum1	0.06	0.00	0.06	0.00	0.06	0.00	0.06	0.00	0.06	0.00	0.08	0.07	0.06	0.00	0.06	0.00
	dum2	-0.03	0.00	-0.04	0.00	-0.03	0.00	-0.03	0.00	-0.04	0.00	-0.01	0.00	-0.04	0.00	-0.03	0.00
	dum3	-0.09	0.00	-0.09	0.00	-0.09	0.00	-0.11	0.00	-0.08	0.00	-0.10	0.00	-0.09	0.00	-0.07	0.00
	dum4	0.17	0.00	0.18	0.00	0.18	0.00	0.17	0.00	0.19	0.00	0.19	0.00	0.18	0.00	0.18	0.00
常数项	C	3.92	0.00	5.84	0.00	3.00	0.00	3.36	0.00	3.21	0.00	4.20	0.00	2.97	0.00	3.04	0.00
Adjusted R-squared		0.88		0.88		0.87		0.88		0.87		0.88		0.88		0.87	
F		358		360		357		373		343		297		357		346	
样本容量		636		636		636		636		636		636		636		636	

2. 地区特征依赖检验

依据上述传导机制检验的逻辑,该检验的条件冲击变量是相关地区特征,包括:特殊政策、民族因素、边境因素和贫富差距,比较影响变量是地方财政分权变量,包括上级补助占县级财政支出比重和上解支出占县级财政收入的比重。

表4-19中的方程(1)到(8)报告了地方财政分权对沿边经济增长影响的地区特征依赖。从表4-19中的方程(1)到(4)可以看出,特殊政策、民族特征、边境条件和贫富差距与财政支出分权的交叉项系数均显著,分别为0.07、-0.05、-0.1、0.22,即地方财政支出分权对沿边经济增长的影响存在地区特征依赖。具体来看,沿边经济发展重点县和经济发展较好的地区,上级财政补助对沿边经济增长的影响存在相对的积极促进作用,而在民族地区和边境地区却出现相反情况。从表4-19中的方程(5)到(8)也可以看出,特殊政策、民族特征、边境条件和贫富差距与财政收入分权的交叉项系数均显著,分别为0.65、-0.37、-0.45、0.84,同样说明,在沿边经济发展重点县或经济发展较好的地区,上解支出占比对沿边经济增长的促进作用更加明显,但在民族地区或边境地区则相反。

表4-19的结果也表明,无论是财政支出分权还是财政收入分权,其对沿边经济增长的影响都存在地区特征依赖,这种依赖主要是通过财政分权体制下的支出行为发生作用。具体来看:特殊政策的支持以及经济发展程度较高等特征,能够有利于财政支出行为的改善。较为明显的是,针对沿边经济发展重点县或发达地区,国家及省级政府均有指定的产业布局、区域规划等措施,促进沿边经济发展的财政资金投入较为明确,另外,上级政府给予的特色产业等专项资金支持,也使得财政支出更加有针对性。因此,无论是上级补助还是上解支出,这两类特征都有助于发挥财政分权对沿边经济增长的积极作用。相反,民族因素和边境因素的存在却不利于财政分权体制下的支出行为改善,一方面,因为民族县和边境县普遍较为贫困,其财政支出主要用于维持基本运转及特定的民族及边境公共事务,即便给予更多的上级补助也难以引导这些地区支出行为的改变,而如果提升其上解比重就更不可能引导这些区将财政支出直接用于经济发展;另一方

表 4-19 地方财政分权对沿边经济增长影响是否存在地区特征依赖检验结果

变量及检验指标		(1) 系数	(1) P值	(2) 系数	(2) P值	(3) 系数	(3) P值	(4) 系数	(4) P值	(5) 系数	(5) P值	(6) 系数	(6) P值	(7) 系数	(7) P值	(8) 系数	(8) P值
比较影响变量	GHA	3.01	0.00	3.19	0.00	3.11	0.00	2.62	0.00	3.56	0.00	3.47	0.00	3.14	0.00	3.82	0.00
	GHA²	-2.91	0.00	-2.99	0.00	-2.95	0.00	-2.73	0.00	-3.22	0.00	-3.17	0.00	-3.00	0.00	-3.48	0.00
	OSA	1.43	0.00	1.40	0.00	1.40	0.00	1.42	0.00	1.04	0.00	1.55	0.00	1.24	0.00	1.13	0.00
	OSA²	-3.32	0.00	-3.23	0.00	-3.28	0.00	-3.26	0.00	-2.49	0.00	-2.80	0.00	-2.39	0.00	-3.41	0.00
条件冲击变量产生的交叉项	dum1 × GHA	0.07	0.00														
	dum2 × GHA			-0.05	0.00												
	dum3 × GHA					-0.10	0.00										
	dum4 × GHA							0.22	0.00								
	dum1 × OSA									0.65	0.00						
	dum2 × OSA											-0.37	0.00				
	dum3 × OSA													-0.45	0.00		
	dum4 × OSA															0.84	0.00

续表

变量及检验指标		(1)		(2)		(3)		(4)		(5)		(6)		(7)		(8)	
		系数	P值	系数	P值	系数	P值	系数	P值	系数	P值	系数	P值	系数	P值	系数	P值
	PPFE	0.24	0.00	0.25	0.00	0.25	0.00	0.25	0.00	0.27	0.00	0.25	0.00	0.24	0.00	0.31	0.00
	PFAI	0.09	0.00	0.09	0.00	0.09	0.00	0.08	0.00	0.09	0.00	0.08	0.00	0.09	0.00	0.09	0.00
	PCGS	0.32	0.00	0.32	0.00	0.32	0.00	0.32	0.00	0.32	0.00	0.32	0.00	0.33	0.00	0.34	0.00
	NAPP	0.13	0.05	0.11	0.08	0.12	0.06	0.14	0.04	0.07	0.34	0.15	0.02	0.10	0.15	0.06	0.37
	URBA	0.54	0.00	0.53	0.00	0.52	0.00	0.53	0.00	0.49	0.00	0.52	0.00	0.47	0.00	0.54	0.00
传导控制变量	dum1			0.06	0.00	0.06	0.00	0.06	0.00			0.06	0.00	0.06	0.00	0.08	0.00
	dum2	-0.03	0.00					-0.04	0.00	-0.04	0.00			-0.04	0.00		
	dum3	-0.09	0.00	-0.09	0.00	-0.03	0.00	-0.09	0.00	-0.09	0.00	-0.09	0.00			-0.10	0.00
	dum4	0.18	0.00	0.18	0.00	0.18	0.00			0.17	0.00	0.18	0.00	0.18	0.00		
常数项	C	3.06	0.00	2.92	0.00	2.97	0.00	3.27	0.00	2.70	0.00	2.77	0.00	3.01	0.00	2.21	0.00
AdjustedR-squared		0.87		0.88		0.88		0.87		0.88		0.88		0.87		0.87	
F		356		358		357		358		364		360		351		337	
样本容量		636		636		636		636		636		636		636		636	

面,正如李丹和刘小川(2014)研究所指出的,民族地区为了保持其"贫困县"帽子而不愿意发展,边境地区实际上也是如此,这样就能继续获得更多上级补助,部分地区还能消除上解支出,这些支出可能被用于维护自身利益以及协调各方面的利益。同样,对比表 4-19 中的方程(1)到(4)和方程(5)到(8),还可以看出,较财政支出分权而言,财政收入分权存在更高的地区特征依赖。也就是说,在具有特殊政策的沿边经济发展重点县或发达地区,上解支出更能够促进地方财政分权对沿边经济增长的作用,在边境或民族地区,上级补助产生的分权抑制作用相对较小。

(六)实证结论分析

本研究在分税制财政体制背景下,针对地方财政分权对沿边经济增长的影响及其传导机制进行深入分析。研究发现:地方财政分权与沿边经济增长呈现出典型的倒"U"形关系,即随着上级补助占财政支出比重和上解支出占财政收入比重的上升,开始有助于促进沿边经济增长,但越过拐点后将出现抑制。通过对传导机制的检验发现,县级财政支出对沿边经济增长的作用受到地方财政支出分权的负向影响,受到地方财政收入分权的正向影响,这种影响主要取决于经济环境所决定的财政支出行为。进一步发现,地方财政分权通过影响财政支出行为进而影响沿边经济增长的过程中,存在明显的经济行为依赖和地区特征依赖,具体来讲:经济行为依赖反映出辖区内投资和消费增加以及城镇化推进,都将有助于激励地方政府改变财政支出行为,提升财政分权对沿边经济增长的财政努力程度,从而抑制财政支出分权的负效应和促进财政收入分权的正效应;地区特征依赖反映出越是重点发展或富裕的地区,无论是上级补助还是上解支出都越有助于促进财政支出行为的改善,进而有利于财政分权对沿边经济的作用,但对于民族、边境等特殊地区,反而都不利于财政分权对沿边经济增长积极作用的发挥。此外,较财政支出分权而言,财政收入分权存在更高的经济行为依赖和地区特征依赖。

另外,在上述非线性计量模型估计基础上,以实现沿边经济增长最大化为目标,采用刘金涛等(2007)的方法估计出:反映支出分权的上级补助占财政支出比重对沿边经济增长影响的拐点为47.99%—55.28%，反映收入分权的上解支出占财政收入比重对沿边经济增长影响的拐点为19.27%—21.78%。通过与实际比较可以看出，绝大部分地区的实际财政支出分权水平位于倒"U"形曲线的右半段，即随着上级补助占比提升，沿边经济增长将受到阻碍；大部分地区的实际财政收入分权水平位于倒"U"形左半段，即随着上解支出占比提升，沿边经济增长将会进一步被促进。

四 评判与改革：释放沿边地区财政红利的财政制度改革

（一）沿边地区财政运行：一个结论性的评判

第一，沿边地区作为特殊的经济地带，需要更多的公共服务供给，中央财政在这方面要发挥重要的作用。沿边地区在自然条件、地理位置、民族成分、经济结构上都呈现出特殊性，因此，沿边地区存在内地没有的公共服务需求，比如：少数民族事务、促进沿边贸易、国防、反恐等。从区位来讲，沿边地区连接着国内与国外，沿边发展关系到整个国家安全和对外开放，因此，保障沿边发展的公共服务具有强烈的外溢性，需要中央政府承担更多的责任。

第二，在现行体制下，无论中央还是省级政府，都在通过各种转移支付形式，加大对沿边地区的扶持。对沿边地区的扶持主要包括民族地区转移支付、边境地区专项转移支付，以及在均衡性转移支付、调整工资转移支付、农村税费改革转移支付、艰苦边远地区特殊津贴以及西部基层政权建设经费、支援不发达地区发展资金、财政扶贫资金等专项资金中对沿边地区进行特殊因素考虑。从25个边境县（区）来看，无论转移支付增幅还是人均转移支付，都要高于非边境地区，其中专项转移支付所占比重较高。需要说明的是，8个边境州（市）却出现相反的结果，原因是中央或省在考虑沿边补助中主要以沿边县（区）为主。

第三，沿边地区的财政支出呈现较高水平，但公共服务存在严重的缺口，二者出现较为突出的矛盾。无论是中央补助，还是自身财力，沿边地区的财政投入增速、人均财政支出、生产总值支出负担等都远远高于非边境县（区）。但从公共服务综合评价来看，无论是25个边境县（区）还是8个边境州（市），其综合得分都较低，尤其是25个边境县（区）更是处于较低水平，存在较为严重的公共服务缺口。这种财政投入与公共服务产出不对等，除了历史欠账外，很大程度上归结为沿边地区本身存在特殊公共服务需求，但供给中特殊因素考虑单一，导致对一般公共服务的挤占。另外，需要说明的是，25个边境州（市）的人均财政支出低于非边境州（市），揭示出上级财政对这些地区的补助没有抵消自身经济发展能力创造的财力，这也再一次说明上级财政对边境地区的补助更多的是考虑25个边境县（区）。

第四，沿边地区没有获得财政红利的比较优势，财政资金配置效率较低。尽管对沿边地区补助较高，自身财政投入也较多，但财政红利表现出的总体效率处于较低水平，这揭示出沿边地区存在资金管理和资源配置技术上的障碍。这种技术障碍一方面来自资金配置过程中相关要素的缺失，另一方面来自对特殊需求的投入不足导致的公共服务配置失衡，从而对一般公共服务的挤占。

第五，财政支出、地方财政分权对沿边地区经济发展都存在显著的影响，同时这种影响还存在经济行为和地区特征的依赖。通过实证分析发现，地方财政分权与沿边经济增长呈现显著的倒"U"形关系，地方财政分权主要通过影响财政支出行为进而影响沿边经济增长，以上级补助为主的财政支出分权存在负向影响，以上解支出为主的财政收入分权存在正向影响，这种影响作用主要取决于经济环境所决定的财政支出行为。进一步挖掘发现，地方财政分权影响沿边经济增长传导过程中的财政支出行为存在明显的经济行为依赖和地区特征依赖，其中：前者表现为投资和消费增加以及城镇化推进，有助于激励地方政府改变财政支出行为，提升财政分权对沿边经济增长的财政努力程度；后者表现为越是重点发展或富裕地区，越有利于财政分权促进沿边经济增长作用的改善，但对于民族、边境等特殊地区却不然，原因是这些地区普遍存在贫困，财政支出更多地用于运转，难以向经济发展引导。另外，贫困能够获得更多的转移支付，这可能使得这些地区更不愿意发展经济，而保持对上级政府的依赖。

（二）释放沿边地区财政红利的财政制度改革

综上所述，要继续加大对沿边地区的财政倾斜，同时也要不断释放沿边地区的财政红利。实现这一目标，就需要解决沿边地区发展资金不足的问题、解决沿边地区财政努力弱化的问题、解决沿边地区资金效率低下的问题。

1. 解决沿边地区发展资金不足的措施

沿边地区的特殊性，决定了沿边地区需要更多的公共服务，我们不能说现行财政投入过多还是过少，但是要保证沿边地区的正常发展，弥补历史欠账，首先需要解决的就是资金问题，这根本上要依赖于从中央到地方各级政府对沿边发展的事权和支出责任的划分，在此基础上进行收入划分及转移支付制度安排。对此，需要进行以下相关改革。

一是要科学合理划分针对沿边地区发展的事权。就促进沿边社会经济发展来看，中央、省、州、县四级政府需要科学合理划分沿边公共事务的事权，要充分体现受益性、技术性和激励性原则，其中：受益性原则指公共服务让谁受益就应该由谁来提供，这才能保障事权利益与责任的对等，这样各级政府在提供公共服务过程中才具有效率，因此针对沿边公共服务更多地要考虑上级政府的事权；技术性原则指谁更有效率优势就让谁提供公共服务，这直接保障财政资源配置的有效性，针对沿边地区公共事务即便属于中央及省事权，但也可以通过专项转移支付的形式委托地方执行；激励性原则就是考虑某项公共服务供给和地方政府利益直接相关性，这样能够保证政府提供公共服务的积极性和努力程度，进而直接决定公共服务质量与效益。

二是在现行转移支付中增加沿边特殊需求的考虑。完善转移支付资金分配办法的目的是在各项转移支付制度体系中加大对沿边地区特殊因素的考虑，将转移支付资金分配直接体现在特殊公共服务需求上来，比如：测度关于少数民族事务、沿边贸易发展、国防安全等公共服务资金的需求，进行专项拨付，而非简单地以是否边境地区为标志进行拨款。另外，从整个国家战略来看，沿边并非完全指边境县（区），边境州（市）甚至更多地区都应该属于沿边范畴，中央及省级财政资金分配需要进行适度倾斜。

2. 解决沿边地区财政努力弱化的措施

财政努力弱化是指，即便上级财政补助再多，这些地区也不会将财政资金积极地用于发展经济。原因有两方面：一是这些沿边地区本身较为困难，只能保证基本运转；二是缺乏激励考核机制，在其他利益诱导下使得财政资金滥用。对此，需要进行相关改革。

一是针对沿边地区建立激励性的转移支付制度。在加大对沿边地区补助的同时，要增强对沿边地区补助资金的激励性，换句话说就是要控制上级政府对这些地区的过度补助造成的依赖，避免"养懒人"现象存在，因此需要整合现行转移支付体系，减少存在政策目标及资金性质重叠的分配；在一般性转移支付资金分配体系中要增大与经济发展积极性相关的因素权重；专项转移支付资金要引入激励性的分配机制；强化对转移支付资金使用成效的考核和奖惩。

二是对沿边地区建立激励性财政资金返还机制。通过政府间转移支付制度调整，或中央财政对沿边事权的补助，省本级将出现较多的盈余财力，有必要通过其他形式将这些财力返还地方，包括沿边地区。但这种资金返还机制重点体现激励性，鼓励沿边地区加快经济发展，尤其是对经济发展质量和效益较高、提升较快的沿边地区，要给予其超率累进返还。

三是完善沿边公共服务均等化的财力保障机制。通过政府间转移支付制度改革，部分沿边欠发达地区其财力将出现减少，甚至可能影响其基本运转。为了保障其都有能力提供基本公共服务，应该建立和完善沿边地区县级基本财力保障机制，要重点关注在政府基本运转和沿边基本公共服务均等化视角下的保障。

3. 解决沿边地区资金效率较低的措施

沿边地区财政资金效率较低，一个直接的因素就是缺乏相应配套的经济要素，但这又与财政资金的引导功能直接相关。因此，要解决沿边地区资金效率低下问题，首先要优化财政资金的引导功效，具体包括：

一是优化沿边地区的财政支出结构。带动与财政资金共同促进沿边经济发展的要素包括创新技术、人力资本、金融资本等，以及从需求角度的社会投资、居民消费等，实现这些要素在沿边地区的提升，关键取决于财政资金投入提供的公共服务保障。具体要加大沿边经济发展核心领域和薄弱环节的投入，引导资金向重点项目建设、产业结构调整、民生事业发展等方面投入，以此为各类生产重点要素的流入、社会投资、居民消费等各方面提供切实保障。

二是深化沿边地区的财政预算改革。转变财政公共服务职能，优化财政支出结构，其根本在于财政预算。就促进沿边地区经济跨越式发展而言，财政预算改革的核心：一是预算编制要真正落实促进沿边经济发展的资金需求领域；二是在预算审批环节，要充分审核预算资金对社会经济发展带来促进作用的可行性和科学性分析，除了各级人大及相关部门审核外，推进预算信息公开，让社会居民参与预算决策，增强预算资金向居民需求的公共服务领域流入；三是在预算执行环节，通过相关制度和机制的构建，引导各级部门更加合理有效地将财政资金投入到应有的领域；四是在预算监督环节，强化预算绩效评价，将绩效目标贯穿于财政资金预算的整个环节，并将绩效结果作用于部门行为的奖励和惩罚。

三是加强沿边地区财政协调。沿边经济发展取决于多种要素的作用，就财政领域而言，一是无论是财政领域的哪个部门，均属于财政支出范畴，发挥的均是引导性功效，但要注重部门权力分割所导致的资金独立不相关，进而出现相同领域资金的多头下达，出现严重的财政资源浪费现象。因此，从财政领域内部来讲，应该从预算专项项目入手，进行专项资金的联合管理，进行统一规划解决各部门资金分散问题，进行集中审批解决支出过程中部门职能交叉问题。二是需要财政单位与其他单位，比如与发改委、工信委，以及具体的农业、教育、卫生、商务、文化、卫生等职能单位进行协同，保证预算规划的协调有效。

第五章　滇西边境少数民族地区的人力资本困境突破与路径研究

作为经济发展与地区收敛的关键要素之一，人力资本不但对促进经济增长、缩小欠发达地区与发达地区之间的发展差距有着十分重要的作用，而且是任何一个地区重塑经济地理与发展机制的关键。正是由于人力资本具有如此重要的作用，本部分将研究经济发展过程中人力资本缺口与结构失衡对滇西边境少数民族地区的制约及其突破的路径选择等。

一　滇西边境少数民族地区的人力资本与地区发展

（一）人力资本在地区发展中的作用

从经济学的理论逻辑来看，对人力资本的投资及其向上流动机制的构建是不同发展水平的地区之间最终走向趋同的最重要条件。具体而言，这种趋同作用主要表现在以下两个方面。

首先是更高水平的人力资本存量会提高劳动生产率和资源配置能力，使处于贫困状态中的人们拥有更加平等的发展机会，如增加参与劳动力市场的机会或增加在劳动力市场上的收入回报。世界银行（2000）的一份研究报告预测，在今后相当长的一段时间内，通过劳动力流动的方式参与农业以外部门的经济活动将是中国贫困地区的人们摆脱贫困的最主要手段。伴随云南省在"十二五"规划中提出走新型工业化道路，促进产业结构优化的政策引导，滇西边境地区将有更多的劳动力向二、三产业转移，而劳动力流动是由较高的人力资本存量决定的。

其次是由于人力资本投资具有明显的正外部性，其对地区经济增长的促进作用要明显大于所有个人效果的加总，因而能够推动"来自区域内部"的发展并实现区域之间的趋同与收敛。以构成人力资本的最重要的内容——教育来说，大量的研究表明，教育水平的普遍提高是贫困地区跳出"贫困陷阱"的一个必要条件。如国家统计局农村社会经济调查总队（2000）对贫困地区农村进行的贫困监测调查发现，劳动力的文化程度与其收入有着显著的正向关系。同时，教育对不同水平地区实现趋同增长也起着积极的作用。蔡昉、都阳（2000）通过研究东部、中部和西部地区的初始教育水平与经济增长关系发现，在其他条件（如各地区的开放程度、各地区的投资率、各地区政府干预市场的程度等）都相同的情况下，地区初始识字率水平的提升会显著地提高其经济增长水平。

正是由于对人力资本的投资有助于提升微观经济行为主体的生产率水平，并能够推动"来自地区内部"的发展，进而实现发达地区与欠发达地区之间的趋同与收敛，人力资本引起了理论界与政府部门的广泛关注。就滇西边境少数民族地区而言，加快地区发展并实现地区之间的趋同与收敛就必须将人力资本的发展放在重要的地位。

（二）滇西边境少数民族地区的人才资源总量及其结构

由于理论逻辑中的人力资本包括总量效应和结构效应两个方面，本研究报告首先将从这两个维度出发，探讨滇西边境少数民族地区的人力资本总量与人力资本结构。

表 5-1 "六普"中云南省及 8 个边境州市的劳动力资源状况

地区	总人口	2000—2010 年人口年平均增长率（%）	15—59 岁人口	15—59 岁人口占总人口的比例（%）
云南省	45966000	0.70	31351000	68.20
西双版纳州	1133515	1.33	821191	72.45
红河州	4501000	0.86	3047800	67.71
文山州	3517941	0.74	2420793	68.81

第五章　滇西边境少数民族地区的人力资本困境突破与路径研究

续表

地区	总人口	2000—2010 年人口年平均增长率（%）	15—59 岁人口	15—59 岁人口占总人口的比例（%）
保山市	2506491	0.65	1673945	66.78
普洱市	2542898	0.59	1902145	74.80
临沧市	2429505	0.87	1686570	69.42
德宏州	1211440	1.24	883264	72.91
怒江州	534337	0.83	386241	72.29

数据来源：根据各州市《第六次全国人口普查主要数据公报》汇总得出。

就人力资本总量而言，滇西边境少数民族地区呈现出典型的"劳动力资源丰富，但人力资本总量有限、人力资本投资不足"的特征。从表 5 - 1 可以看出，根据"六普"统计，2000 年到 2010 年期间，滇西边境少数民族地区的大部分州市（除保山市、普洱市之外）的人口年平均增长率明显高于全省平均水平（0.70%），其中西双版纳州和德宏州的人口增长最快，达到 1.33% 和 1.24%；同时，除保山市、红河州之外，其余州市 15—59 岁劳动年龄人口占总人口的比例均高于全省平均水平（68.20%），地区内部劳动力资源的总量十分丰富。然而，劳动力资源的丰富并不代表人力资本的丰富，事实上，这些地区的人力资本总量仍然有限、人力资本投资不足的矛盾也十分突出。云南省人才工作领导小组发布的《2012 年度云南省人才发展统计公报》显示（见表 5 - 2），2012 年滇西边境少数民族地区内部 8 个州市的人才资源总量为 992562 人，仅占全省人才资源总量的 27.79%，人才资源占地区人力资源的比例远远低于全省平均水平。其中文山州的占比最低（4.66%），仅为全省平均水平的 1/2，仅为 2010 年底全国平均水平的（11.1%）[①] 的 1/3，人才资源总量相对不足的问题非常突出。不但如此，滇西边境少数民族地区的人力资本投资占 GDP 的比重也要低于全省平均水平（17.00%），其中红河州的占比仅为 10.97%，比全省平均水平低 6 个百分点，人力资本投资不足问题在各州市中普遍存在。

[①] 注：数据引自云南省人力资源和社会保障厅、云南省统计局：《2012 年度人力资源社会保障事业发展统计公报》，2013 年。

表 5-2　2012 年云南省及 8 个边境州市的人才资源状况

地区	人才资源总量（人）	人才资源占人力资源比例（%）	人力资本投资（万元）	人力资本投资占GDP的比重（%）
云南省	3571582	9.82	17529000	17.00
西双版纳州	65058	7.02	318017.40	13.67
红河州	240709	6.83	993673.35	10.97
文山州	176049	4.66	745391.00	15.60
保山市	143806	7.24	529227.95	13.57
普洱市	124300	5.97	570479.38	15.50
临沧市	136054	7.02	504881.00	14.30
德宏州	68786	7.17	301877.29	15.02
怒江州	37800	9.08	124276.03	16.58

数据来源：根据《2012 年度云南省人才发展统计公报》汇总得出。

就人力资本结构而言，滇西边境少数民族地区的人才资源结构不平衡问题也十分突出。由于资料的限制，本研究无法获得全部州（市）详细的人才资源构成数据。但是，滇西边境少数民族地区作为集中连片贫困地区和沿边开发开放地区，各州（市）的人才资源结构特征应该具有高度的一致性。这也就是说通过云南省与部分州市的人才资源构成数量和占比（见表 5-3、图 5-1、表 5-4），本研究仍然可以推导出这片地区的人力资本结构状况。即人力资本结构主要以农村实用人才为主，经济快速发展所需要的高技能人才、企业经管人才、研发人才等严重匮乏。

表 5-3　2010 年云南省与部分边境州市的人才资源构成

单位：万人

地区	人才资源总量	党政人才	专业技术人才	企业经管人才	高技能人才	农村实用人才
云南省	250.43	29.38	114.12	38.92	34.05	34
西双版纳州	9.53	0.69	1.60	1.02	0.55	5.67
红河州	19.36	2.18	6.01	1.07	2.00	8.10
保山市	9.66	1.56	3.79	2.23	0.71	1.37
怒江州	2.21	0.54	1.22	0.04	0.14	0.27

数据来源：根据云南省和 4 个边境州市的《人力资源和社会保障事业发展"十二五"规划纲要》整理而成。

第五章　滇西边境少数民族地区的人力资本困境突破与路径研究

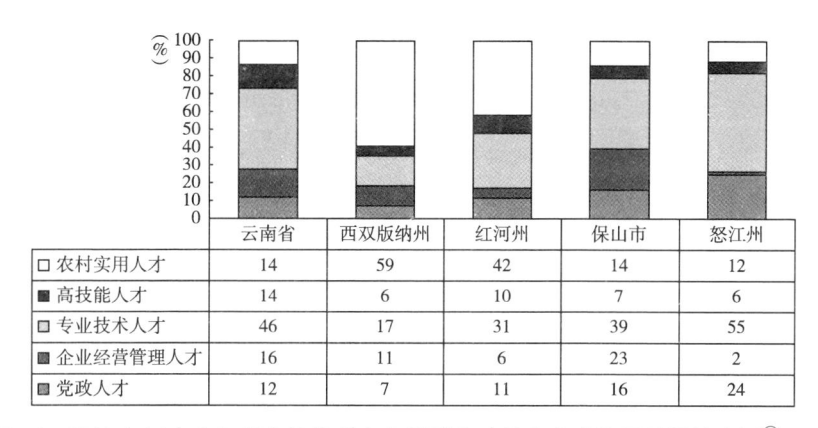

	云南省	西双版纳州	红河州	保山市	怒江州
农村实用人才	14	59	42	14	12
高技能人才	14	6	10	7	6
专业技术人才	46	17	31	39	55
企业经营管理人才	16	11	6	23	2
党政人才	12	7	11	16	24

图 5-1　2010 年云南省与部分边境州市各类型人才数占人才资源总量的比例①

表 5-4　2012 年 8 个边境州市的人才素质状况

地区	劳动力中研发人员数（人年/万人）	高技能人才占技能劳动者的比例（人年/万人）	人才贡献率（%）
云南省	7.60	22.70	16.89
西双版纳州	9.00	26.32	15.70
红河州	6.40	18.84	12.78
文山州	1.60	9.83	12.50
保山市	2.60	8.96	12.12
普洱市	2.00	8.88	12.23
临沧市	1.50	10.12	11.24
德宏州	2.80	10.80	8.98
怒江州	1.20	6.62	10.50

数据来源：根据《2012 年度云南省人才发展统计公报》汇总得出。

表 5-3 与图 5-1 的数据显示：就"高技能人才"而言，滇西边境少数民族地区内部州市的"高技能人才"占比均低于全省平均水平（14%），高技能人才缺口非常明显；就"专业技术人才"而言，除怒江州以外，滇

---

① 注：根据云南省和 4 个边境州市的《人力资源和社会保障事业发展"十二五"规划纲要》整理而成。

西边境少数民族地区其余州市的"专业技术人才"占比也要明显低于全省平均水平（46%）；就"企业经营管理人才"而言，除保山市外，滇西边境少数民族地区其余州市的"企业经营管理人才"占比也低于全省平均水平（16%）。表5-4的数据也显示：2012年，除西双版纳州之外，在滇西边境少数民族地区的其余州市中，每万人劳动力中研发人员数和高技能人才占技能劳动者的比例均远远低于全省平均水平，其中怒江州的比重还不到全省平均水平的1/6，地区经济发展过程中研发人员、高技能人才资源匮乏问题非常严重；不但如此，滇西边境少数民族地区的各州市人才贡献率也要低于全省平均水平，说明人力资本对地区经济增长的贡献率还比较小，"溢出效应"还不明显。

综上所述，本研究报告认为滇西边境少数民族地区只具有"无限供给"的劳动力资源的比较优势，并不具备充足的人力资本，加之有限的人力资源中"专业技术人才"、"企业经营管理人才"与"研发人员"等高端人才严重匮乏，不可避免地对地区发展造成深远影响。

（三）人力资本短缺及其结构失衡对滇西边境少数民族地区发展的制约

无论是基于人力资本的理论逻辑还是基于各个地区的具体实践，滇西边境少数民族地区的人力资本短缺及其结构失衡的矛盾显然会极大影响这片地区的经济发展与地区之间的收敛和趋同。事实上，纵观滇西边境少数民族地区的发展，人力资本短缺与结构失衡既是地区竞争能力与可持续发展能力不足的原因，又是地区发展滞后与竞争能力、可持续发展能力低下所导致的主要后果。在某种程度上甚至可以说，滇西边境少数民族地区与我国东部沿海地区的发展差距更重要的不是体现在诸如投资水平、空间距离、产业基础等经济条件上，而是体现在内部的人力资本及其向上流动机制等方面，即滇西边境少数民族地区人力资本的数量与质量均要远远低于东部沿海地区人力资本的数量与质量。具体而言，在地区发展过程中，人力资本短缺及其结构失衡的矛盾对滇西边境少数民族地区的制约主要体现在以下几个方面（见图5-2）。

第五章　滇西边境少数民族地区的人力资本困境突破与路径研究

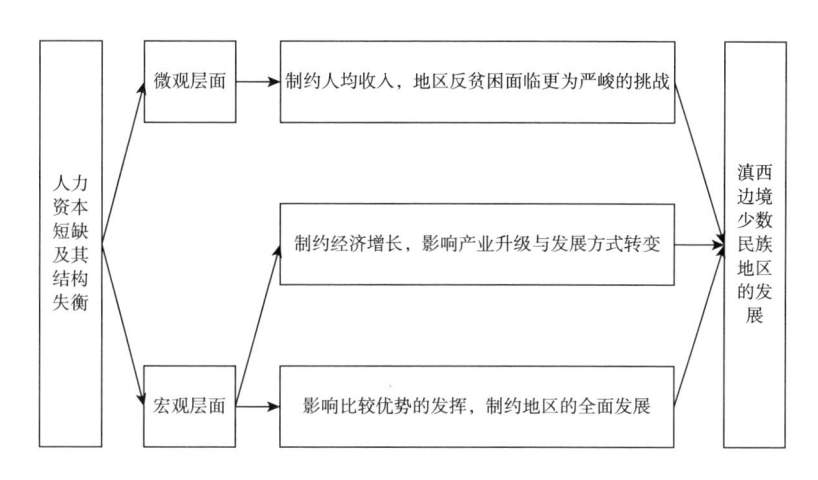

图 5-2　人力资本短缺及其结构失衡对滇西边境少数民族地区的制约

首先是地区内部的人力资本短缺会严重制约滇西边境少数民族地区的人均收入，影响国内地区之间居民收入水平的趋同，并使得这片地区的反贫困面临更为严峻的挑战。正如在前面理论分析中所强调的那样，人力资本对提升个人收入具有十分重要的意义，是反贫困最为常见的措施之一。就滇西边境少数民族地区而言，边境、高原、山区、农村、少数民族地区等空间地理特征使得这片地区的反贫困任务本就严重；加之绝大多数劳动力的受教育程度仍然在小学或小学以下，世界银行（2010）的调查数据显示，云南省还有47%的劳动力只接受过小学教育、7%的劳动力为文盲，这种特征事实意味着滇西边境少数民族地区的反贫困将面临更为严峻的挑战，这片地区与东部沿海地区之间的居民收入水平趋同将更为困难。

其次是地区内部的人力资本短缺及其结构失衡会制约滇西边境少数民族地区的经济增长速度，并阻碍地区的产业结构升级与经济增长方式转型。地区经济增长固然需要资本、劳动力的大规模投入，但更需要人力资本的全面改善并提供经济发展所需要的各种人才。就滇西边境少数民族地区而言，人力资本存量低、劳动者素质普遍偏低、高端人才严重匮乏，这不但会影响新的科学技术工艺在生产过程中的大规模推广应用，从而使得生产资料的效能不能得到有效的发挥，而且会降低各种要素的边际产出，最终会阻碍地区经济增长。不但如此，由于产业结构升级与经济发展方式转变还需要相应的高端人才供给，如高端技术研发人员、高层次的企业管理人员与市场营销人员等，这些显然是滇西边境少数民族地区所不具备的。因此，人力资本短缺及其结构失衡的矛盾还会进一步制约滇西边境少数民族地区的产业结构升级与经济增长方式转型。

最后是地区内部的人力资本短缺及其结构失衡还会影响滇西边境少数民族地区比较优势的发挥，进而会进一步制约这片地区的全面发展。就滇西边境少数民族地区而言，伴随沿边开放的纵深推进与云南省面向西南开放的桥头堡战略的全面实施，这片地区已成为我国对外开放的前沿阵地，空间区位的比较优势也会全面凸显。然而，需要强调的是，比较优势并不必然就等于经济发展的现实优势。这也就是说比较优势的发挥需要具备相应的条件。其中，具备相应的外向型人才就是发挥这种比较优势的基本条件之一。就滇西边境少数民族地区而言，一方面主要劳动力的受教育程度仍然在小学或小学以下，地区内部人力资本严重不足，另一方面是有效的人力资源中高端人才，尤其是适应开放经济的外向型人才严重匮乏，这显然会影响比较优势的发挥并进一步制约这片地区的全面发展。

二 滇西边境少数民族地区化解人力资本短缺及其结构失衡的现有政策

既然人力资本短缺及其结构失衡已严重影响了滇西边境少数民族地区的可持续发展，并导致了地区之间的发展失衡，因此重塑滇西边境少数民族地区的经济地理与发展机制就需要寻找化解人力资本短缺与结构失衡的方法。在这方面，中央政府与地方政府均有着多样性的实践，这些实践的经验与教训值得全面总结。

（一）不发达条件下人力资本投资的理论与经验

对于欠发达地区来说，由于经济发展水平的差异，全面扩大地区人力资本的投资规模不可避免会受到自身的财政实力与经济能力的影响，因此需要寻找出一条与自身需求相适应的投资道路。通过总结一些欠发达地区的成功经验并借鉴发展经济学中人力投资的理论逻辑,本研究报告认为不发达条件下人力资本投资需要注意以下几个方面。

首先是在投资主体方面,由于人力资本的存量远远低于发达地区的人力资本存量,在欠发达地区要想以个人进行投资来加速地区人力资本总量的扩张将是一个十分缓慢而又漫长的过程。这也就是较之于发达地区而言,欠发达地区的人力资本投资需要政府发挥更大的作用,即不但需要政府加大公共教育的支出来加快地区内部基础教育的发展,而且需要政府通过强制性的措施来加快地区内部义务教育的全覆盖。以辍学率为例,由于欠发达地区的辍学率,尤其是女童的辍学率要远远高于发达地区的辍学率,政府的强制性干预就不可或缺。

其次是在投资方式方面,由于欠发达地区的人口文化程度整体偏低,人才匮乏,人力资源开发和人才培养的难度极大,因此需要中央政府与地方政府紧密合作,通过多种方式来提升地区的人力资本。具体包括:将教育政策和公共资源向边境民族地区倾斜,强化义务教育与公共教育,对农村青壮年和成人进行职业教育,大力推广适合欠发达地区的农业科技培训,将劳动力转移培训和吸引人才回乡相结合等。

最后是在投资结构方面,由于欠发达地区的人力资本不但存在总量不足的问题,而且存在技术人员、管理人员等人才短缺的结构性矛盾,因此欠发达地区的人力资本投资不但需要突出一般劳动力的素质提升,即在地区内部全面提升所有劳动者的整体素质,而且需要加快地区内部的科技人员与企业管理人员等急需紧缺人才的培育。

(二)滇西边境少数民族地区化解人力资本短缺及其结构失衡的政策措施

涉及滇西边境少数民族地区化解人力资本短缺及其结构的政策既包括中央政府层面的政策,又包括云南省政府层面的政策。

就中央政府层面的政策而言,虽然中央政府并未针对滇西边境少数民族地区出台具体的教育政策,但在教育方面的一系列顶层设计与政策体系仍然涵括了滇西边境少数民族地区。具体政策如表5-5所示。《国家中长期人才发展规划纲要（2010—2020 年）》和《国家中长期教育改革和发展规划纲要（2010—2020 年）》两个国家中长期发展规划纲要确立了在经济社会发展中人才优先发展的战略布局，统筹城乡、区域、产业、行业和不同所有制人才资源开发，促进人人平等享受人才政策和平等参与人才开发，努力实现各类人才队伍协调发展；《国务院办公厅关于印发兴边富民行动规划（2011—2015 年）的通知》、《扶持人口较少民族发展规划（2011—2015 年）》、《国务院扶贫办、国家发展改革委关于印发滇西边境片区区域发展与扶贫攻坚规划的通知》等规划的出台为滇西边境地区的人力资源开发提供了指导意见；《关于印发〈边远贫困地区、边疆民族地区和革命老区人才支持计划实施方案〉的通知》等进一步从国家层面对落实各项人才发展规划提出了具体方案。

表 5-5 中共中央、国务院及相关部门制定或者联发的主要政策文件

年份	政策文件	相关内容
2010	《国家中长期人才发展规划纲要（2010—2020 年）》（中发〔2010〕6 号）	提出我国中长期人才发展的总体目标和任务，强调对边远贫困地区、边疆民族地区实施人才支持计划
2010	《中共中央组织部、人力资源和社会保障部关于印发〈高技能人才队伍建设中长期规划（2010—2020 年）〉的通知》（中组发〔2011〕11 号）	首次提出建设高技能人才队伍的指导思想和总体目标
2010	《国家中长期教育改革和发展规划纲要（2010—2020 年）》（中发〔2010〕12 号）	提出要"全面提高少数民族和民族地区教育发展水平。公共教育资源要向民族地区倾斜。中央和地方政府要进一步加大对民族教育支持力度"
2011	《人力资源和社会保障部关于印发人力资源和社会保障事业发展"十二五"规划纲要的通知》（人社部发〔2011〕71 号）	制定了未来五年人力资源和社会保障事业发展的主要目标
2011	中央组织部等 10 部门《关于印发〈边远贫困地区、边疆民族地区和革命老区人才支持计划实施方案〉的通知》（中组发〔2011〕23 号）	明确提出 2011 年起至 2020 年"三区"的人才支持计划，包括"每年重点扶持培养 1 万名'三区'急需紧缺人才"等

续表

年份	政策文件	相关内容
2012	《国务院扶贫开发领导小组办公室和财政部关于开展2012—2013学年雨露计划实施方式改革试点工作的通知》（国开办司发〔2012〕89号）	提出对接受职业教育的农村贫困家庭子女进行直接补助，滇西边境地区部分县属于试点县
2013	《中共中央办公厅、国务院办公厅印发关于创新机制扎实推进农村扶贫开发工作的意见》（中办发〔2013〕25号）	提出"全面实施教育扶贫工程"。包括"大力发展现代职业教育"、"继续推进面向贫困地区定向招生专项计划和支援中西部地区招生协作计划的实施"等
2011—2014	《国家发展改革委办公厅关于印发东部城市对口支持西部地区人才培训计划的通知》（发改办西部〔2011〕300号、〔2012〕55号、〔2013〕4号、〔2014〕5号）	对云南的现代服务业、旅游与文化产业等产业持续进行人才培训

就云南省政府层面的政策而言，《云南省中长期人才发展规划（2010—2020年）》对实施边疆民族地区人才支持开发计划作了详细部署，《云南省高技能人才队伍建设中长期规划（2010—2020年）》明确提出了云南省2010—2020年高技能人才发展的总体目标与保障措施，《云南省扶持人口较少民族发展规划（2011—2015年）》、《中共云南省委云南省人民政府关于深入实施"十二五"兴边富民工程的决定》和《云南省加快少数民族和民族地区经济社会发展"十二五"规划》、《云南省农村扶贫开发纲要（2011—2020年）》等扶贫政策，进一步提出了滇西边境少数民族地区进行人力资源开发的具体实施方案（见表5-6）。

表5-6 云南省委、省政府制定或者联发的主要政策文件

年份	政策文件	相关内容
2010	《云南省中长期人才发展规划（2010—2020年）》（云发〔2010〕8号）	对实施边疆民族地区人才支持开发计划作了详细部署
2010	中共云南省委组织部、云南省人力资源和社会保障厅联发的《云南省高技能人才队伍建设中长期规划（2010—2020年）》（云人社发〔2011〕320号）	提出了云南省2010—2020年高技能人才发展的总体目标与保障措施

续表

年份	政策文件	相关内容
2011	云南省民委等5部门联发的《云南省扶持人口较少民族发展规划（2011—2015年）》（云族联发〔2011〕8号）	规划范围覆盖滇西边境地区，并提出实施包括干部培训、教师培训、卫生人才培训在内的9类人才培训的"人力资源开发工程"
2011	《中共云南省委云南省人民政府关于深入实施"十二五"兴边富民工程的决定》（云发〔2011〕15号）	将全面提升滇西边境地区经济和社会发展水平，提出对滇西边境地区实行"两免一补"政策、农村中小学生生活补助全面覆盖政策和中级职业学校免学费补助等优惠政策
2011	《云南省加快少数民族和民族地区经济社会发展"十二五"规划》（云政发〔2011〕163号）	提出要"完善民族地区基本公共教育服务体系"，"实施少数民族劳动者素质提高工程，重点开展农村实用技术、农村劳动力转移、新型农民、致富带头、经营管理、当家理财、妇幼保健、健康生活习惯等方面的培训"
2011	《云南省人民政府关于加强职业培训促进就业的意见》（云政发〔2011〕149号）	指出要进一步加强云南省各地区的职业培训工作
2012	《云南省农村扶贫开发纲要（2011—2020年）》（云发〔2012〕3号）	明确指出"滇西边境山区要突出优势特色产业培育和劳动者素质的提升，加快'兴边富民'工程建设进程"

（三）滇西边境少数民族地区化解人力资本短缺及其结构失衡的政策反思

尽管上述政策体系的构建在一定程度上加快了滇西边境少数民族地区的教育发展，并为这片地区突破人力资本的困境奠定了重要基础，然而，由于滇西边境少数民族地区的人力资本存量总体偏低，加之结构性矛盾也十分突出，现有政策体系在化解人力资本短缺及其结构失衡等方面仍然面临着十分严峻的挑战。

首先是对社会事业、民生事业的高度关注并未促进滇西边境少数民族地区的基础教育与职业技术教育的协调发展，目前这片地区仍然面临着基础教育落后,职业教育基础薄弱等方面的挑战。就中央政府与云南省政府的现有政策而言,如《滇西边境片区区域发展与扶贫攻坚规划(2011—2020年)》和《云南省扶持人口较少民族发展规划(2011—2015年)》、《云南省加快少数民族和民族地区经济社会发展"十二五"规划》等,都十分强调经济增长要与社会事业协调发展,提出优先解决教育、医疗等与民生紧密联系的问题,并不断加大对公共教育的财政转移支付力度;国家层面的"兴边富民"行动更是累计投入425亿元的资金,用于边境少数民族地区的基础教育、基础设施建设、生态环境保护等。但这些政策并未全面促进滇西边境少数民族地区的教育发展。目前,这片地区的人力资源开发任务仍然十分艰巨。根据"六普"统计数据,2010年云南省的平均受教育年限为7.6年;而在云南省25个世居少数民族中,有19个民族人均受教育年限低于全省平均水平,聚居于滇西边境少数民族地区的苗族、瑶族、傈僳族、拉祜族、德昂族5个民族的人均受教育年限更是不到6年。

其次是尽管各级政府高度关注滇西边境少数民族地区的产业发展人才与专业技术人员的开发,但地区内部产业急需人才的缺口仍然巨大,产业发展急需人才的开发是一个亟须解决的关键问题。目前,云南省实施了"人才强省"、"人才强州"战略,云南省和各州(市)也相应出台了《中长期人才发展规划(2010—2020年)》、《教育事业发展"十二五"规划》、《人力资源和社会保障"十二五"发展规划》等三类规划,并将重点产业与地区经济发展的战略人才、关键人才、研发人才等置于更加突出的位置。然而,在滇西边境少数民族地区,60%的就业人员仍然集中在第一产业,且在二、三产业的就业人员也主要集中在传统行业和劳动密集型行业,就业结构较为单一、人力资源仍然以"无限供给"的劳动力为主。如果再进一步考虑滇西边境少数民族地区的专业技术人员主要集中在教育、卫生等政府部门与事业单位,企业与产业内部的专业技术人员供给仍然十分有限。这样的现实意味着如何加快企业、产业与经济发展所需要的技术人才供给仍然是滇西边境少数民族地区面临的严峻挑战。

最后是现有政府体系并未构筑起人才政策的高地,滇西边境少数民族地区的高层次人才流失严重、高层次人才引进困难等问题也同时存在。一般而言，衡量一个地区人才环境的好坏有两个标准，一是本地的人才是否能够充分发挥作用；二是外地的人才是否能够向该地区流动和聚集。目前滇西边境少数民族地区仍然存在既有人才的作用不能很好发挥，地区内部的高层次人才流失严重，外地高层次人才吸引不进来等问题。这些也严重制约了滇西边境少数民族地区的快速发展。

三 滇西边境少数民族地区突破人力资本短缺与结构失衡的路径

结合滇西边境少数民族地区目前的发展实际，破解人力资本短缺及其结构失衡的制约，就需要创新人力资本的开发模式，从存量改进、流量增进和结构突破三个方面来增加人力资本积累，并以此为基础推动滇西边境少数民族地区的社会经济快速发展。具体而言，存量改进主要是着眼于滇西边境少数民族地区现有人力资本的进一步提升，流量增进则是进一步扩张滇西边境少数民族地区的现有人力资本总量，结构突破主要是着眼于化解滇西边境少数民族地区人力资本的结构性矛盾（见图5-3）。

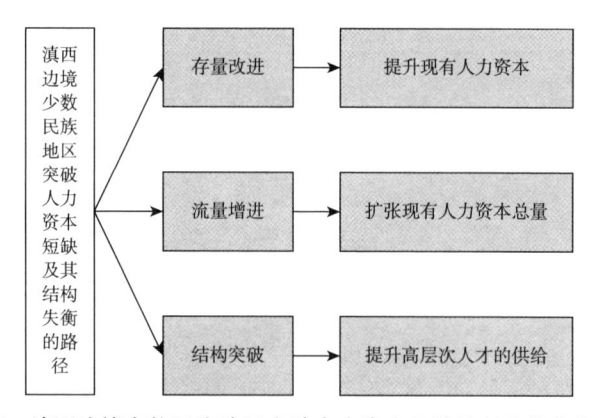

图5-3 滇西边境少数民族地区突破人力资本短缺及其结构失衡的路径

（一）存量改进：就业机会与干中学

扩大就业机会和干中学是增进人力资本存量的重要途径，这一点无论是在欠发达地区还是经济发达地区都得到了充分验证。由于在知识经济时代，随着科学知识、技术技能的更新速度明显加快，公共教育体系的正规教育已无法跟上不断变化的市场竞争形势，增加人力资本显然需要有新的方式、新的路径。考虑到人力资本的积累过程中存在着明显的自增强机制，而干中学不但能够对人力资本的折旧进行补偿，而且也是形成新增人力资本的重要方式，通过干中学来提升人力资本就受到了政府部门的广泛关注。然而，需要强调的是，通过干中学来提升人力资本需要充足的就业机会，即只有提供匹配性的就业岗位并经过当事者的不断充分劳动，干中学才能明显提升劳动者的人力资本。从这些逻辑出发，滇西边境少数民族地区突破人力资本短缺及其结构失衡首先就需要创造更多的就业机会，并鼓励劳动者在干中学提升人力资本。

具体而言：首先需要滇西边境少数民族地区深入贯彻落实国家和省级层面的就业政策，充分开发就业岗位，进一步扩大对城镇下岗与再就业人员、少数民族劳动者、农村剩余劳动力的就业援助范围，完善公共就业服务体系，包括建立州市（县）就业平台、建立就业援助制度等，为劳动者灵活就业或流动就业提供支持。其次需要进一步优化全省的城乡就业结构，扩大中心城市和重点城镇的就业容量；并结合产业结构的转型升级，逐步提高二、三产业的就业比重，吸纳更多的劳动力就业。再次需要进一步拓宽就业渠道，如开展有组织的劳务输出，支持劳动密集型企业、微型企业吸纳当地富余劳动力实现转移就业等。最后还需要鼓励劳动者在劳动过程中学习，充分发挥干中学提升人力资本的效应，增加滇西边境少数民族地区的人力资本存量。

专栏 5-1 干中学的含义

干中学是指在生产或服务过程中实际积累的经验，它的大小取决于教育资本存量及提供劳动和服务的时间长短，是最具实践意义的人力资本。马歇尔认为，"干中学"是人力资本形成的重要途径。他曾指出："一个青年在管理完善的工厂中，自己从直接的经验所学到的东西，比在工业学校中教师以标准方法所交给他的，对他更有用，并更能刺激他的智力活动。"刘易斯则指出，"产业劳动力中大部分熟练工人和非熟练工人不是在学校里而是在工作岗位上学会干活的。""实际上，胜任经营管理所需要的经验有很大一部分是在国内外的厂家工作时得到的,此后,雇员成为一名独立负责的经理人员。"所以,不管是对专业技术人员、企业经营管理人员还是一般劳动者来说,"干中学"都是其人力资本形成的重要途径。

(二) 流量增进:外部引进与农村转移

人才的外部引进和农村剩余劳动力的就业迁移是人才流动的基本方式,也是提升地区内部人力资本存量的重要路径,这一点对欠发达地区尤为重要。在市场经济条件下,劳动力市场能够以有效率的信息传播反映并调整不同类型人力资本的供给和需求,并通过完善的人才流动机制引导人力资本在部门间和地区间进行就业迁移(蔡昉、王德文,2004),人才流动,尤其是高层次人才流动有助于欠发达地区快速补充人才资源、优化人才资源结构,从而增加人力资本的总体收益。以农村的剩余劳动力流动为例,根据国家统计局农村住户调查的证据,并按照世界银行的贫困线计算,农村有劳动力迁移者的家庭户的贫困发生率仅为7.5%,而没有发生劳动力迁移的家庭的贫困发生率则为10.9%(见表5-7)。事实上,中国有接近三分之二的农村贫困人口生活在没有迁移劳动者的家庭中,显著高于他们在农村总人口中的57.4%的比重。

表5-7 是否有迁移劳动者的农村家庭户的贫困发生率比较

单位:%

类别	在农村人口中的比重	贫困发生率	在农村贫困人口中的比重
没有迁移劳动者的农村家庭户	57.4	10.9	66.2
有迁移劳动者的农村家庭户	42.6	7.5	33.8
总计	100.0	—	100.00

数据来源:世界银行根据国家统计局2003年农村住户调查全国样本估计得出①。

---

① 注:数据转引自世界银行《从贫困地区到贫困人群:中国扶贫议程的演进》,2009年3月。

正是由于外部人才与劳动力的迁移对提升人力资本具有如此重要的作用,滇西边境少数民族地区破解人力资本短缺及其结构失衡还需要着眼于外部人才与地区内部农业剩余劳动力的就业转移。首先应该根据当地的发展需要,制定人才引进和农村剩余劳动力就业转移及其后续的一系列相关政策。其次是需要坚持依托产业优势打造人才优势,依靠人才优势支撑产业发展的思路,在产业结构优化基础上,完善人才引进政策,积极探索人才创新引进模式(如"项目带人才"模式),加强高层次人才、紧缺型人才的引进。最后是需要深入开发农村剩余劳动力资源,加大对农村转移劳动力在城镇就业的帮扶力度,加强对农村劳动力转移的就业培训,并不断完善针对农村劳动力的相关政策和配套措施。

(三)结构突破:适宜性教育与本土职业技术培训

公共教育与职业技术培训不但能够提高人们的认知能力并促进个体生产率水平的提高,而且能够帮助社会实现整体性的进步,因此是提升地区人力资本总量并解决结构性矛盾的最主要的路径。事实上,无论是在发达地区还是在落后地区,教育水平的提高都会直接为本地人力资本的形成提供最有效的途径,哪个地区的教育投入大、教育水平高,必然会从源头上提高本地区的人力资本水平。即使在存在人力资本流动的情况下,由于各地培养的人才总会有一定比例留在当地就业,公共教育与职业技术培训总能提高当地人力资本的积聚水平。

马岩、杨军等(2012)一项利用浙江、湖北、云南三省20个村庄的大样本调查数据分析表明,我国城乡流动人口的教育回报率约为2%。其中,初中、高中及以上学历的城乡流动人口教育回报率显著高于小学及以下学历。不但如此,这项调查的数据也显示城乡流动人口的职业培训回报率要高于公共教育回报率,表明职业培训在城乡流动人口的人力资本积累中也起着非常重要的作用。因此,提高潜在迁移者的教育和技能水平,特别是针对那些来自贫困家庭的潜在迁移者,对优化人力资本结构具有重要意义。

正是由于公共教育与职业技术培训对提升人力资本具有如此重要的作用,滇西边境少数民族地区破解人力资本短缺及其结构失衡还需要着眼于现实，因地制宜地进行适宜性教育与本土职业技术培训。具体而言：首先需要确保基础教育在滇西边境少数民族地区的全覆盖，以免费义务教育为重点，加快公共教育的发展。其次需要着眼于农村剩余劳动力能够在城市劳动力市场上获得更高报酬的高技能工作，需要各级政府加大对农村剩余劳动力的支持力度。最后需要全面强化少数民族地区人口在初中或高中毕业后的职业教育的公共支持，重点加强少数民族地区的职业技术培训与本土人才培养，并以此为基础来化解人力资本结构失衡的矛盾。

四 案例研究：滇西边境少数民族地区的教育培训与家庭收入

为了构建更加适合滇西边境少数民族地区异质性特征的人力资本政策，本研究报告还将以农户家庭为例，进一步分析滇西边境少数民族地区内部某些村寨的人口教育与家庭贫困。需要说明的是，由于研究经费有限，这一部分的案例分析只能以小样本的形式进行。

（一）案例中村寨与家庭基本简介

本案例的所有样本均来自红河哈尼族彝族自治州蒙自市冷泉乡的 XX 村，该村寨位于蒙自市区的西南部，属于典型的边境、高原、山区与少数民族村寨，远离红河州政府、蒙自市政府等州内、省内的经济中心。目前，该村寨的资源主要以水田与旱地为主，粮食作物主要以玉米、稻谷、小麦为主，经济作物包括香蕉、草果、板栗、柑橘等，养殖业以猪、牛、羊和家禽为主，林业主要以林材、经济林等为主。

本次调查时间为 2010 年 8 月，调查对象共 46 户农户。其中有 2 户农户的子女因具有大学本科或硕士研究生学历，且其子女的户口已迁入城镇，不符合本次调查的需要，故有效样本量为 44 户农户，平均家庭人口规模为 4.2 人。从整体上看，44 户农户家庭均从事农业工作或非农兼职工作，每户家庭的劳动力均具备生产能力，基本排除了因丧失劳动能力以及因抚养（赡养）人口过多而导致的贫困现象。

根据农户家庭中主要劳动者的最高受教育程度，44 户农户可分为 4 种类型（见表 5 - 8）。其中，家庭主要劳动者最高接受过小学教育的家庭户数为 14 户，占比为 32%；家庭主要劳动者最高接受过初中教育的家庭户数为 22 户，占比为 50%；家庭主要劳动者最高接受过高中教育的家庭户数为 6 户，占比为 14%，家庭主要劳动者最高接受过中专、职高、技校教育的家庭户数为 2 户，占比为 4%。从这些数据来看，该村寨居民的受教育程度普遍较低，最高为初中及以下的受教育者占到了全村总户数的 82%。

表 5-8 按照受教育类型的家庭分类

受教育类型	户数	比重
最高接受过小学教育的家庭	14	32%
最高接受过初中教育的家庭	22	50%
最高接受过高中教育的家庭	6	14%
最高接受过中专、职高、技校教育的家庭	2	4%

（二）分教育类型的人均收入、家庭总收入与工作类型

根据上述分类标准，图 5-4、图 5-5 给出了不同家庭的人均收入、家庭总收入及其工作类型。从整体上看，无论是人均收入还是家庭总收入，均与受教育程度紧密相关。换句话说就是教育显著提升了劳动者及其家庭的收入。不但如此，农户主要劳动者的工作类型等也因为受教育程度不同而呈现出明显的多样性特征。

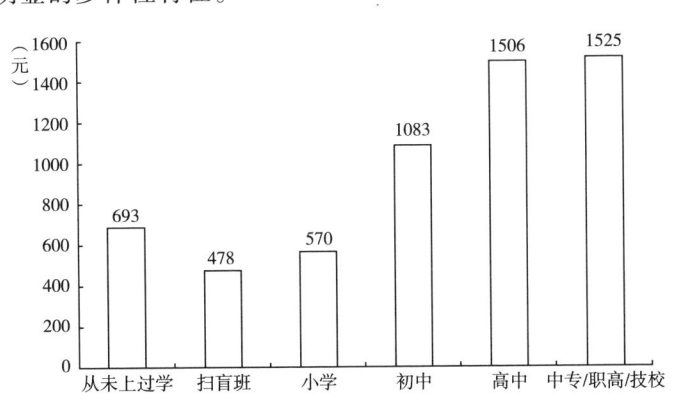

图 5-4 按受教育程度划分的人均月收入

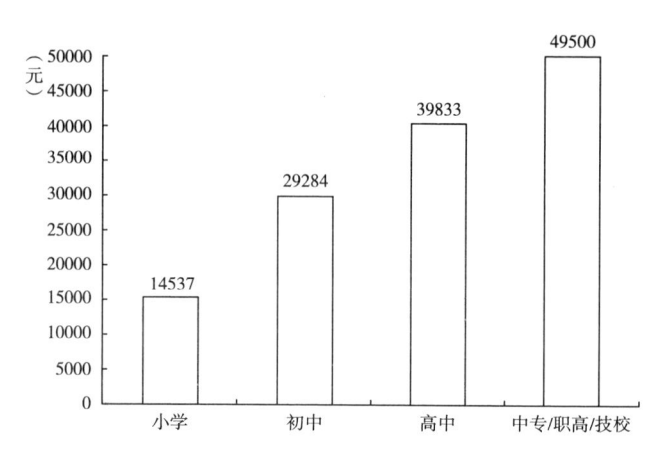

图 5-5 按受教育程度划分的家庭收入

（纵轴单位：元；横轴类别：小学 14537，初中 29284，高中 39833，中专/职高/技校 49500）

首先就劳动者的人均收入而言，本案例显示教育不但能够明显提升个人收入，而且能够明显降低贫困人口的数量。具体而言：从未上过学、接受过扫盲教育、接受过小学教育的劳动者人均月收入均在 700 元以下，接受过扫盲教育的劳动者的人均月收入最低，为 478 元；如果按照世界银行 2008 年公布的贫困线指数，这些劳动者的人均收入基本上处于贫困线左右（2.5 美元/天）；如果进一步考虑这些家庭的人口规模与抚养（赡养）义务，这些劳动者所在的家庭均处于贫困线以下，属于典型的贫困人口。最高接受过初中教育的劳动者的人均月收入为 1083 元，分别为从未上过学、接受过扫盲教育、接受过小学教育的劳动者的人均月收入的 1.6 倍、2.3 倍和 1.9 倍，且远远高于世界银行公布的贫困线。最高接受过高中教育的劳动者的人均月收入为 1506 元，高出最高接受过初中教育的劳动者的人均月收入 423 元，且分别为从未上过学、接受过扫盲教育、接受过小学教育的劳动者的人均月收入的 2.2 倍、3.2 倍、2.6 倍。最高接受过职业技术教育的劳动者的人均月收入为 1525 元，是所有调查样本中人均月收入最高的群体，高出最高接受过初中教育的劳动者的人均月收入 442 元，且分别为从未上过学、接受过扫盲教育、接受过小学教育的劳动者的人均月收入的 2.2 倍、3.2 倍、2.7 倍。就最高接受过高中教育或最高接受过职业技术教育的劳动者而言，即使考虑到其所在家庭的人口抚养数，这些家庭也仍然位于世界银行所公布的贫困线之上。

其次就家庭的年收入而言，不同类型受教育者的家庭收入的差距更为明显，教育提升家庭收入的效应也更为突出。需要强调的是，此处的家庭年收入包括家庭的农业收入、非农工作收入、低保等所有收入。其中，主要劳动者最高接受过小学教育的家庭年收入仅为14537元，主要劳动者最高接受过初中教育的家庭年收入则达到了29284元，后者是前者家庭年收入的2倍；主要劳动者最高接受过高中教育的家庭年收入达到了39833元，超过了主要劳动者最高接受过初中教育的家庭年收入10000元左右，为主要劳动者最高接受过小学教育的家庭年收入的2.7倍；主要劳动者最高接受过职业技校教育的家庭年收入达到了49500元，分别超过了主要劳动者最高接受过高中教育的家庭年收入、主要劳动者最高接受过初中教育的家庭年收入的10000元、20000元，是主要劳动者最高接受过小学教育的家庭年收入的3.4倍。事实上，如果以44户家庭的平均人口规模计算，即将各类型家庭年收入除以4.2人计算，主要劳动者最高接受过初中教育的家庭人均收入为6972元，基本上处于世界银行所公布的贫困线边缘，家庭脱贫仍然普遍存在脆弱性特征；主要劳动者最高接受过高中教育的家庭人均收入为9484元，超过了世界银行的贫困标准，基本脱离贫困线；主要劳动者最高接受过职业技校教育的家庭人均收入11786元，远远超过了世界银行的贫困标准。

为了进一步分析不同教育类型家庭的情况，本研究报告还以最高接受教育为小学及以下的为一组，最高接受教育为高中、中专、职高、技校的为一组，对其农业、非农工作、人口流动等因素进行了全面对比。具体如表5-9所示。

表5-9 家庭收入最高组、家庭收入最低组的比较

收入最低组的家庭	项目	收入最高组的家庭
小学及以下	受教育程度	高中/中专/职高/技校以上
14	家庭数量（户）	8

续表

收入最低组的家庭	项　　目	收入最高组的家庭
31.82%	家庭数量占全部调查样本的比重	18.18%
18.64 亩	自种耕地面积/户	16.5 亩
0.5 亩	土地抛荒面积/户	4 亩
8.16%	非农收入比重（该组家庭平均水平）	53.28%
0.00%	拥有非农职业的家庭比重（占该组比例）	87.50%
0%	在本地农村以外的城镇务工比例	87.50%
100%	在本地农村的比例	12.50%

首先就务农与农业收入而言，各类型家庭均从事农业工作，最高接受教育为小学及以下的家庭的自种耕地面积为18.64亩，明显高出最高接受教育为高中、中专、职高、技校的家庭的自种耕地面积；而最高接受教育为高中、中专、职高、技校的家庭的抛荒面积为4亩，明显高出最高接受教育为小学及以下的家庭的抛荒面积。

其次就非农工作与非农收入而言，最高接受教育为小学及以下的家庭主要从事农业，从事非农职业的家庭比重为0户，非农收入占家庭年收入的比重仅为8.16%；最高接受教育为高中、中专、职高、技校的家庭则与之形成了鲜明对比，从事非农职业的家庭比重占到本组所有家庭户数的87.5%、非农收入占家庭年收入的比重也高达53.28%，几乎每家每户都从事了非农工作，且非农收入均是家庭收入的最主要来源。

最后就家庭的人口流动而言，最高接受教育为小学及以下的家庭几乎都留守在本地农村，在本地农村以外的城镇务工比例为0；最高接受教育为高中、中专、职高、技校的家庭则与之形成了鲜明对比，其在本地农村以外的城镇（包括州内城镇、州外省内城镇、省外城镇）务工比例高达87.5%，只有1户留守在本地农村。

（三）教育提升家庭收入的作用路径

通过以上案例分析，本研究报告发现，教育尤其是职业技术教育能够明显提升滇西边境少数民族地区内部的人均劳动收入及其家庭总收入，进而能够有效降低地区内部的贫困人口。具体而言，教育主要是通过以下几个方面来提升居民收入与家庭收入。

首先是教育能够显著提升劳动者的人力资本与劳动生产率，进而可以显著提升个人的工资收入。这一点在图5-4中表现得十分突出。事实上，在所有本案例的调查样本中，每家农户的重要劳动者都具备工作能力，他们缺乏的是高的劳动生产率，即劳动者的人力资本较低。从这个逻辑出发，如何通过教育来提升劳动力的劳动回报率是滇西边境少数民族地区提升农村家庭收入，并阻断贫困代际传递所面临的重要挑战。

其次是教育能够大幅度提升农村劳动者从事非农工作的比重，这也是本案例中提升个人劳动收入与家庭总收入的重要路径之一。由于土地生产率低下，农业收入在农村收入中的比重出现了明显下降，农户的非农收入正变得日益重要。事实上，在全球反贫困的过程中，如何让农村的劳动者从事非农工作并提升劳动参与率就是最为常见的反贫困措施之一。需要强调的是，农户从事非农工作的机会本身就与农户接受的教育程度紧密相关。一般而言，受教育程度越高，农户从事非农工作的机会就越大。

最后是教育能够显著提升农村剩余劳动力向外流动的比率，这也是提升劳动者人力资本的重要方法。这一点在农村剩余劳动力向城镇转移，尤其是向昆明等大城市转移的过程中表现得尤为突出。事实上，世界银行的研究结果也表明了农村劳动力的非农化、城镇化流动是提升人力资本及其工作效率的基本途径之一。本案例的研究结论与这一结论基本吻合。

五 构建滇西边境少数民族地区的人力资本生成及其聚集机制

无论是着眼于滇西边境少数民族地区的人力资本短缺及其结构失衡的矛盾，还是考虑到突破人力资本短缺及其结构失衡的路径选择，这片地区都需要构建相应的人力资本生成与集聚机制，并以此为基础重塑地区经济地理与发展机制。

（一）加大基础教育的公共投入力度和全面帮扶力度

尽管以基础教育来提升人力资本是一个漫长的过程，但基础教育仍然是任何一个地区提升人力资本总量、解决人才结构失衡等问题的最根本的措施之一。因此，要根据当前滇西边境少数民族地区的教育资源匮乏、教育投入不足的现实特征，建议各级政府以《国家中长期教育改革和发展规划纲要》、兴边富民工程、扶持人口较少民族发展规划的颁布实施为契机，将教育政策和公共资源进一步向滇西边境少数民族地区倾斜，加大对学前教育、小学教育与初中教育等基础教育的公共投入力度和全面帮扶力度（见图5-6）。

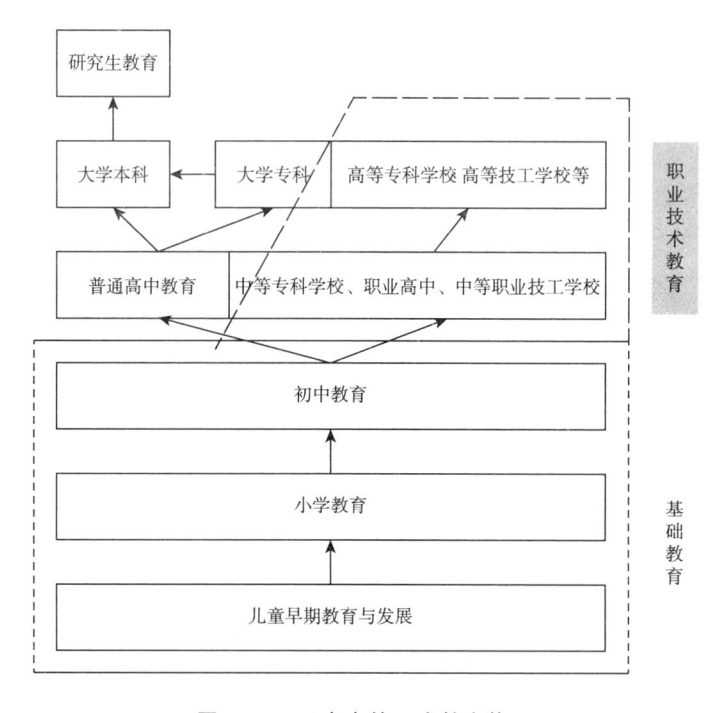

图5-6　云南省的正式教育体系

首先需要进一步完善滇西边境少数民族地区的农村义务教育经费保障机制，全面推进"两免一补"教育政策对特困群众的全覆盖，逐步提高补助标准，优先安排滇西边境少数民族地区中小学校舍安全工程改造和寄宿制学校建设，大力改善当地的办学条件和教学质量。

其次需要针对滇西边境少数民族地区的师资不足，尤其是高级教师的质量和数量与内地和发达地区差距较大的客观现实，在物质激励、职称评定等方面，向滇西边境少数民族地区的从教人员倾斜。这一方面包括提高滇西边境少数民族地区的教师待遇，吸引人才到滇西边境少数民族地区任教，尽量缩小滇西边境少数民族地区与内地师资在质量上的差距；另一方面包括在职称评定时，在同等条件下，滇西边境少数民族地区教师可适当优先，并有组织、有计划地将在沿边跨境地区从教多年、教学效果显著的优秀教师调回县城及以上的同级学校任教等。

最后是需要加大人才对口帮扶力度，引导优秀教师、医生、科技人员、社会工作者、文化工作者到边境一线工作或提供服务。继续实施高校毕业生到村任职、"特岗教师"计划、"三支一扶"计划、大学生志愿服务西部计划等服务基层项目，全面解决滇西边境少数民族地区的人力匮乏等问题。

（二）全面推进职业技术教育，强制性执行"一户一个职技生"的教育政策

就滇西边境少数民族地区而言，在加快基础教育发展的同时，破解人力资本短缺与结构失衡的矛盾还需要强制性地推进职业技术教育。这主要是因为公共教育主要着眼于人的素质的全面提升，即公共教育的主要目标并不在于提升劳动者的劳动技能，提升劳动者的劳动技能只是公共教育的一种副产品。与之形成鲜明对比的则是职业技术教育。职业技术教育主要是着眼于劳动者在劳动过程中的具体技能，并能够对工资率产生明显影响（见专栏5-2）。因此，滇西边境少数民族地区还需要进一步优化教育资源的组合，全面开展职业技术教育与培训。具体而言：首先要完善职业教育奖、助学金制度，着力减少农村家庭教育支出，减少因经济条件受限而无法继续接受教育的现象；其次是职业教育机构要加强与用人单位沟通，逐步建立学校与企业的信息共享机制，解决职业教育培养目标不清晰和学生就业难的问题，尽可能解除学生和家长的后顾之忧，逐步实现初中毕业后无法升学的学生经培训能全部就业的目标；最后是政府应尽力为职业教育学生拓宽就业渠道，对难就业的毕业生提供必要帮扶，营造"接受教育不吃亏"的良好舆论氛围，进一步吸引更多学生接受职业技术教育。

> **专栏 5-2　教育的能力培育与劳动生产率**
>
> 　　以我国的基础教育为例，九年义务教育主要是着眼于受教育者的认知能力的培育。认知能力又可进一步划分为计算能力与理解能力。一些新的研究已经表明，这两类能力对劳动者在劳动力市场上的表现的影响并不一样。在加纳、南非等国家，计算能力能够显著提升劳动者的工资率，但阅读技能对工资率的增加却没有帮助；中国西部地区的情况则与之相反，劳动者的理解能力能够非常明显地对工资率产生积极影响，而计算能力对工资率的影响效果则不明显。这些实证研究表明，由于劳动力市场的不完善，各个地区劳动力市场的运行特征能够影响教育的产出效果。因此，对人力资本的投资就需要高度关注教育资源的重组，并尽可能使其与区域内部劳动力市场的运行特征相匹配。
>
> 　　资料来源：蔡昉：《制度、趋同与人文发展》，中国人民大学出版社，2002。

　　需要强调的是，之所以强调强制性执行"一户一个职技生"的教育政策，主要是为了在滇西边境少数民族地区平衡农户的短期利益与长期利益。由于九年义务教育之后再接受职业教育会牺牲农户家庭的短期利益，滇西边境少数民族地区内部的不少农户并没有很大的积极性接受职业技术教育。然而，由于职业技术教育具有提升家庭收入的作用，长期之内通过职业技术教育显然能够全面提升这些家庭的收入（见专栏5-3），因此需要政府以强制性措施矫正农户的短期行为，并平衡短期利益与长期利益。根据世界银行（2013）的调查数据，尽管我国已全面强制性执行九年义务教育，但2010年保山市的小学升初中的比重仍然只有85%；从这个现状出发，如果滇西边境少数民族地区缺乏强制性执行"一户一个职技生"教育政策，农户家庭的职业技术教育将很难得到保障。具体而言，在滇西边境少数民族地区强制性执行"一户一个职技生"教育政策首先需要政府加大公共财政投入，并整合其他方面的公共资金，在滇西边境少数民族地区全面执行针对农户家庭的免费职业教育；其次需要省政府加大财政支撑力度，并向贫困家庭的职技生提供基本生活费用，在滇西边境少数民族地区全面地、强制性执行"一户一个职技生"的教育政策。

> **专栏 5-3 强制性执行"一户一个职技生"的教育政策效果：简单平均的估算**
>
> 就"一户一个职技生"的教育发展政策效果而言，如果按照本研究报告中案例分析的人均工资数据，在不考虑其他因素的前提下，只要政府能够在滇西边境少数民族地区强制性执行"一户一个职技生"的教育发展政策，那么最高只受过小学教育的家庭的年收入将能够增长 11460 元，最高只受过初中教育的家庭的年收入将能够增长 5304 元（见图 5-7）。这也就是说，即使假定滇西边境少数民族地区的"九年义务教育"能够得到全面普及，强制性执行"一户一个职技生"的教育发展政策也能够明显提升这片地区的家庭收入。事实上，如果再进一步考虑人力资本提升之后劳动力的非农职业选择及其跨地区流动等因素，劳动者的人力资本将能够因此而进一步提升，其人均月收入也必然会进一步提高；得益于此，家庭年收入的增长幅度将明显超过 5304 元的规模。事实上，上述案例分析中的数据就显示，从事非农职业并跨地区流动之后，受到职业技术教育的家庭年收入就高达 49500 元，这比最高只受过初中教育的家庭总收入高出了 20000 万元。

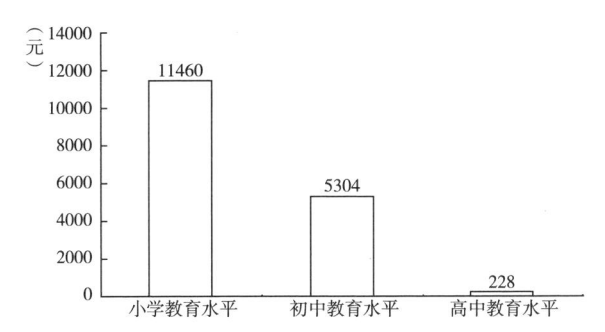

图 5-7 执行"一户一个职技生"教育发展政策的社会效果估计

（三）积极开展非正式教育与培训，加大农民科技及创业培训的力度

基础教育与职业技术教育等正式教育主要针对儿童或青少年，因此在人力资本的生成过程中，仅仅依靠基础教育与职业技术教育等正式教育显然无法提升已参与劳动力市场的既有劳动者的人力资本。从这个逻辑出发，滇西边境少数民族地区还需要全面加大技术培训力度，实行基础教育与职业技术教育等正式教育、技术培训等非正式教育"双轮驱动"的人力资本发展战略。需要强调的是，相对于正式教育的长期性、规范性、标准性而言，技术培训等非正式教育具有不定期、动态化、时间较短、培训内容灵活等特征；加之云南省的技术培训等非正式教育开展时间并不长，培训资源也较为紧缺，因此需要政府突出重点，不断加大农民的科技及创业培训的力度。

首先需要把培训重心落实到加快农业现代化进程和新农村建设、促进农民增收上来。重点围绕优质粮产业、畜禽产业、林特产业、水果产业等主要方向，开展分专业、分层次的培训工作。其次需要政府组建诸如"现代农业推广宣讲团"之类的组织，定期或不定期地到村委会乃至自然村举办讲座。为进一步整合资源，使培训持续发展，还可将定期培训任务下达给各职能部门，从制度上规定教育培训为各职能部门的常规工作。最后为增强培训效果，可引入竞争机制和农民评价机制，让农民定期对实施培训的部门或技术人员进行全方位评价，主管部门将评价结果向社会公布，并结合评价结果奖励先进、鞭策后进，促使培训部门和个人不断提高培训质量。通过建立有利于农民经纪人和农民企业家成长的长效机制，不断培养有能力、会交往、懂经营、善管理的新型农民，从而带动滇西边境地区农村经济的快速发展。

（四）加快农村剩余劳动力的转移，有序推进农业转移人口市民化

正如前面理论分析中所指出的那样，农村剩余劳动力的非农化、城镇

化迁移不但能够拓展迁移者的视野,而且有助于劳动者在"干中学"中进一步提升人力资本,因此受到了政府部门的广泛关注。不但如此,在本部分的案例分析中,本研究报告也发现,发生了劳动力迁移的家庭收入要远远高于没有发生劳动力迁移的家庭收入。正是基于这样的理论逻辑与现实特征,本研究报告认为在滇西边境少数民族地区构建相应的人力资本生成与集聚机制还需要加快转移农业剩余劳动力,有效推进农业转移人口市民化。

具体而言,首先需要在滇西边境少数民族地区进一步加大针对农业剩余劳动力转移的培训力度,提升这些劳动者的基本技能;其次需要通过各种措施,积极鼓励滇西边境少数民族地区的企业雇用来自本地区的农村剩余劳动力,全面推进剩余劳动力在"干中学"中提升人力资本;再次需要加快相关制度的改革,为农业转移人口回乡创业提供条件,鼓励具有较高人力资本的农业转移人口在滇西边境少数民族地区的聚集;最后需要通过户籍制度、土地制度的改革,有序推进农业转移人口在滇西边境少数民族地区各城镇的落户与市民化,引导农业转移人口在城镇进一步提升人力资本,并加快形成人力资本在各城镇的聚集。

(五) 加快滇西边境少数民族地区的人文发展

所谓人文发展,也称为人类发展,既是一种概念,也是一个观念。具体而言,人文发展是指以人为中心、有着丰富的人文蕴涵和明确的人文价值目标的发展。公平、持续性、生产力和赋权是人文发展的四个基本要素。由于现有研究已经表明人文发展不但有助于地区培育"加快人力资本生成"的社会氛围,而且有助于地区防止人才流逝并吸引来自地区外部的人才,因此也受到了发展经济学的广泛关注。因此,对滇西边境少数民族地区,在更广泛的意义上构建人力资本生成与集聚机制还需要加快地区内部的人文发展。

考虑到人文发展的手段并不只局限于经济增长,教育、医疗卫生、社会保障、技术等,相对于人的自由的实现与选择的扩大等都是人文发展的手段。因此,对于滇西边境少数民族地区而言,要想以人文发展来构建人力资本生成与集聚机制除了需要强调教育培训、劳动力迁移之外，还需要突出营养、健康方面的投资，强调地区内部居民生活的尊严与自信，强调区域内部居民的政策参与以及参与能力，关注人的能动性等的协调与配合。以营养、健康为例，如果把人视为一台运转着的机器，营养等则是机器得以运转的能源。如果营养、健康更不上，人体机能显然无法得到充分发挥，工作能力与效率自然会受到影响。换句话说就是健康等是人力资本得以发挥的前提与基础，人的智力提升不但需要依赖人的身体，而且完全以身体为载体。中国社会科学院人口与劳动经济研究所（2010）的研究结果也表明：疾病等因素对农户家庭的收入影响非常大，家庭主要劳动力因病无法参与劳动时间每增加一个月，家庭种植业的产值将因此而减少2300元。因此，强调地区内部居民生活的尊严与自信，强调地区内部居民的政策参与以及参与能力等对提升劳动者的工作效率与人力资本也具有同样重要的作用。

第六章　滇西边境少数民族地区内生发展的普惠金融体系构建

滇西边境少数民族地区的低密度、远距离和强分割的经济地理特性决定了该地区的微观经济主体面临更为严重的金融排斥。资本的匮乏以及基本金融服务的缺失已成为制约滇西边境少数民族地区具有自生能力的微观经济主体如低收入人群、贫困阶层和小微企业实现自我发展的重要因素。以微观经济主体作为源动力的地区内生发展内涵，迫切需要通过普惠金融体系的构建来提升微观经济主体的金融服务可得性，进而从区域层面促进滇西边境少数民族地区的内生发展。

一　普惠金融与滇西边境少数民族地区内生发展逻辑：基于金融排斥视角

金融发展的经典理论表明，金融发展是影响经济增长的重要因素，一个健全的金融体系能够通过有效促进资本积累、创新激励与效率提升等机制，推动国家或地区经济发展。相反，金融发展滞后与金融市场不完全往往与经济落后相伴随，金融发展与经济发展的低水平均衡已成为欠发达地区发展过程的主要特征。欠发达地区金融发展的症结主要集中表现为这些地区面临更为严重的金融排斥现象，难以为具有自生能力的微观经济主体如低收入人群、贫困阶层和小微企业的自我发展提供有效的金融支持。普惠金融发展，通过有效缓解金融排斥，提高微观经济主体的金融服务可得性，对促进欠发达地区内生发展具有重要作用。

（一）滇西边境少数民族地区金融排斥与内生发展的现实困境

根据麦金农的观点，金融排斥源于金融市场的不完全（即金融市场的破坏与分割），从而在一些经济落后的地区，存在着大量企业和家庭经济被排斥在金融发展与经济增长过程之外的现象。金融排斥最初的含义来源于金融地理学，认为居民到金融服务网点（尤其是银行零售营业点）的实际距离对居民获取金融服务的便利性产生影响，从而形成金融排斥（Leyshon and Thrift, 1993, 1994, 1995）。事实上，金融排斥并不仅仅因实际距离而存在（FSA, 2000）。尽管一些群体具有获取金融服务的大量需求，但由于社会经济因素和金融市场因素而很少或从未获得金融服务，也应视为受到了金融排斥。因此，金融排斥被界定为在金融体系中人们缺少分享金融服务的一种状态，包括社会中的弱势群体缺少足够的途径或方式接近金融机构，以及在利用金融产品或金融服务方面存在诸多困难和障碍等（Chan, 2004）。

滇西边境少数民族地区作为我国西南端的边缘贫困地区，金融生态环境薄弱、金融体制与市场不完善、金融发展总体水平落后，制约了金融体系服务微观经济主体的能力。从形成金融排斥的不同层面，包括地理排斥、评估排斥、条件排斥、价格排斥、营销排斥、自我排斥等[①]，对滇西边境少数民族地区的金融排斥特征进行分析不难发现，滇西边境少数民族地区存在不同类型的金融排斥现象的叠加。

由于金融排斥研究最先源于金融地理学，因而地理排斥是金融排斥的最显性状态。从地理学角度对金融排斥进行研究，认为居民到金融服务网点（尤其是银行零售营业点）的实际距离对居民获取金融服务的便利性产生影响。因而，地理排斥指被排斥对象由于无法就近获取金融服务，不得不依赖公共交通系统到达相距较远的金融中介而形成的金融排斥现象。从地理位置看，滇西边境少数民族地区大部分分布于云南省的偏远山区，山地比重高、地形地貌复杂等自然地理特征，导致该地区的金融机构及其网

---

① Kempson 和 Whyley（1999）基于金融排斥的内涵，认为金融排斥是包含了以下特征性质的复杂集合，这些特征包括地理排斥、评估排斥、条件排斥、价格排斥、营销排斥和自我排斥。

点的数量较少。截至 2012 年末，滇西边境少数民族地区［共 8 个地州（市）］共有银行类网点 2846 个，占全省银行类网点总数的比重为 42.6%，占全国银行类网点总数的比重仅为 1.42%。并且，较少的金融机构网点主要集中于县域以上地区，交通系统的相对落后使得处于乡镇、农村和山区的居民面临获取金融服务的较远距离。由此可见，滇西边境少数民族地区面临严重的地理排斥特征。

不仅如此，滇西边境少数民族地区由于经济发展水平落后、投资环境不佳，资本的边际效率要明显低于其他发达地区，从而使得该地区资金外流的程度会出现加大的趋势，如信贷资金通过上存资金、资金净拆出、金融机构直接向其他地区贷款等渠道外流。资金的严重外流，进一步加剧了滇西边境少数民族地区的资金缺口。同时，由于滇西边境少数民族地区的人均收入水平普遍较低、可用于抵押的资产种类和数量缺乏使得该地区的金融机构与经济主体之间存在更为严重的信息不对称。以上二者的综合效应加深了滇西边境少数民族地区信贷配给程度，形成了评估排斥、条件排斥与价格排斥的叠加效应。其中，评估排斥指主流金融机构通过风险评估手段对经济主体施加的准入限制形成的金融排斥；条件排斥指经济主体获取金融产品的附加条件不尽合理形成的金融排斥；价格排斥指金融产品价格过高超出了某些主体的偿付能力，将这些经济主体排斥在外而形成的金融排斥。金融资产的人均余额能够简单地反映上述金融排斥类型的强度。从银行承兑汇票的人均余额看，2011 年末，全国人均银行承兑汇票余额为 9985.15 元，而滇西边境少数民族地区的人均承兑汇票余额为红河 41.23 元、文山 60.14 元、西双版纳 107.71 元、德宏 54.05 元、怒江 26.12 元，远远低于全国平均水平。从人均贷款余额指标来看，2011 年末，全国人均贷款余额为 40679.1 元，而滇西边境少数民族地区的人均贷款余额为红河 12647.4 元、文山 8547.7 元、西双版纳 14684.8 元、德宏 15981.2 元、怒江 10955.2 元，同样远低于全国平均水平。以上两个指标表明，滇西边境少数民族地区面临较为严重的评估排斥、条件排斥与价格排斥的叠加效应。

同时，滇西边境少数民族地区还存在明显的营销排斥特征。营销排斥是指某些群体被排除在金融机构产品营销目标群体之外所形成的金融排斥现象。长期以来，滇西边境少数民族地区的金融机构及其网点数量较少、网点服务能力弱、服务品种单一、电子化水平低，农村地区的金融服务只能提供最基本的存、贷、汇服务，产品创新乏力，这些因素的存在使得滇西边境少数民族地区部分具有金融需求的群体被排除在目标市场之外，在该地区形成产品空洞，导致该地区的营销排斥特征具有显性化趋势。

此外，滇西边境少数民族地区还存在自我排斥特征，自我排斥来源于经济主体的心理、习惯和风俗特性所形成的对获取金融服务的自动排斥。例如，普洱市西盟和澜沧农村地区的很多佤族同胞尚未形成将财富储存于正规金融机构的习惯；边远地区居民由于长期被主流金融边缘化，造成其金融习惯的不同和金融知识的贫乏，容易产生对金融机构的不信任从而形成自我排斥；贷款手续的烦琐促使农户或企业放弃正规金融机构的融资渠道，转而主动求助于民间金融等。

滇西边境少数民族地区存在上述不同类型金融排斥的叠加效应，该地区面临相比中心地区更为严重的金融排斥程度。严重的金融排斥极大地降低了具有自生能力的大量微观经济主体的金融资本及服务可得性，从而限制了这些经济主体通过金融渠道积累生产和消费资本、进行创业和创新活动以及风险处置的能力。将微观层面的影响放大至整个地区经济发展的宏观层面来看，严重的金融排斥通过阻碍资本积累、创新激励与效率提升等金融功能的有效发挥，抑制了滇西边境少数民族地区经济发展的内生动力，使整个地区陷入低水平均衡的现实困境。

（二）普惠金融与滇西边境少数民族地区的内生发展机制

普惠金融（Financial Inclusion），是联合国在宣传2005年国际小额信贷年时率先提出的概念。普惠金融的基本含义是：能够以可负担的成本，有效、全方位地为所有社会成员提供金融服务。其内涵主要包括以下三个方面：一是普惠金融是一种理念，其实质是信贷和金融融资渠道等的公平性问题；二是普惠金融是一种创新，为让每个人都获得金融服务，应在金融体系内进行制度、机构和产品等方面的创新；三是普惠金融是一种责任，是为在传统金融机构服务不到的低端客户,如中低收入者、贫困人口和小微企业提供金融服务。

> **专栏 6-1 普惠金融形态演化:全球历程**
>
> 从全球普惠金融发展的历程来看,普惠金融形态的演化主要经历了四个阶段,如下图所示。
>
> 以互助为主的小额信贷(15世纪到20世纪70年代) → 现代小额信贷(20世纪70年代到90年代) → 更综合的普惠金融——微型金融(20世纪90年代到21世纪初) → 互联网时代的普惠金融(21世纪初至今)
>
> ①第一阶段:以互助为主的小额信贷萌芽时期(从15世纪到20世纪70年代)。
>
> 从最宽泛意义上说,普惠金融的发展萌芽可以追溯到15世纪的欧洲,其后经历了漫长的与资本主义发展同步的探索和演变,在18世纪初具雏形。如:15世纪意大利天主教堂建立典当行以抵制高利贷,服务社区穷人;18世纪初爱尔兰贷款基金体系建立,向没有抵押的贫困农户提供小额贷款;19世纪欧洲出现了更大规模、更正规的储蓄贷款机构如德国的信贷合作社和印尼的人民信贷银行等,致力于向乡村和城市贫困人口提供金融服务;20世纪初期,随着现代意义的金融体系开始建立,在欧洲等老牌资本主义国家甚至拉丁美洲等新兴资本主义和殖民国家,开始出现各种各样的存贷款机构以促进农业部门现代化、盘活存款和增加投资为主要目的;20世纪50年代至70年代许多国家的国有政策性金融机构和农民合作社以低于市场的利率向贫困人群发放信贷,然而信贷资金并没有到更需要资金的低收入者的手里,而是被那些较有影响力和生活水平更高的农民获得。
>
> ②第二阶段:现代小额信贷形成并蓬勃发展时期(从20世纪70年代到90年代)。

20世纪70年代初,因石油危机和民族解放运动高涨,世界各国的经济开始出现多样化发展,社会各阶层和市场各主体对多样化金融服务的需求猛增,现代意义上的小额信贷因此形成并迅速发展,这其中以非政府组织为代表的国际性机构和有关国家的国内机构起到了关键作用,如世界扶贫组织的一些试验项目向发展中国家的贫困妇女提供小额贷款,帮助她们开展微型生产经营活动。20世纪80年代,全世界小额信贷项目在方法论上不断改进创新,推翻了之前传统金融体系为穷人提供金融服务时的固有逻辑,小额信贷在一些国家获得了全新的发展空间,并得到更多国家的仿效,小额信贷的全球化实践因此真正开始。

③第三阶段:更综合的普惠金融服务——"微型金融"时期(从20世纪90年代到21世纪初)。

自20世纪90年代初起,许多金融机构逐渐意识到,除了贷款,贫困人群还需要储蓄、保险和支付结算等基础金融服务。当代意义上的普惠金融服务,开始走出狭义空间,进入真正多样化服务探索时期。在这样的背景下,"小额贷款"逐渐被"微型金融"取代,其服务内容也从单一的资金借贷扩展到了保险、汇款、信托等金融范畴。为了向更多的贫困人群提供金融服务,微型金融机构逐渐追求商业化战略,将自身变为盈利机构,以吸引更多的资本。

④第四阶段:互联网时代的"普惠金融"时期(21世纪初至今)。

自21世纪起,互联网和IT技术革命所带来的服务便利与业务创新,使得微型金融与大型金融服务体系的边界日益模糊,许多专门的小额信贷机构在不断扩大服务范围的同时,商业银行和其他正规金融机构也不断进入这一新市场。人们开始意识到,有必要在总结小额信贷和微型金融发展经验的基础上,将原本零散的小额信贷,产品和服务整合,使之能够面向更多的客户并提供更为丰富的金融服务,使那些传统金融不能覆盖的客户能更广泛地获得金融服务。换言之,也就是应建立将穷人包括在内的完整的或普惠性的金融体系,将微型金融服务纳入主流金融体系中,而不是被边缘化。联合国于2005年提出普惠金融的概念后,普惠金融不再拘泥于"小微"方面,而是主张通过业务创新和技术创新扩大金融市场的服务边界，向消费者提供多样化的金融服务选择，提高获得金融服务的便利性。

滇西边境少数民族地区实现内生发展的重要机制在于：通过普惠金融的发展，有效解决目前该地区突出存在的金融排斥问题，通过扩大该地区金融资本及服务的覆盖面，提高渗透性，使得该地区具有自生能力的微观经济主体都能够公平地获得基本金融服务的有效支持，进而在整个地区发展的宏观层面促进资本积累、创新激励与宏观配置效率的优化，进而实现内生发展与贫困减缓。

针对滇西边境少数民族地区的发展现状及金融排斥态势，普惠金融发展通过从微观渠道向宏观渠道的效应扩散，能够在以下方面促进地区的内生发展。

1. 普惠金融通过促进地区经济增长与分配改善，带来明显的贫困减缓效应

从理论上看，普惠金融对地区贫困减缓的效应来自经济增长与收入分配两个渠道。从经济增长渠道看，传统的金融发展理论论证了金融发展对经济增长的促进效应，金融发展能够通过提高储蓄率、储蓄转化率和资本的社会边际产出率，进而提高物质资本和人力资本的累计数量和速度，从而促进经济增长。在普惠金融体系下，更多的群体将参与到金融体系的资本积累过程中，从而增加全社会的资本积累速度，促进经济更快增长，经济增长的成果在更大范围内通过普惠金融体系的传递使得更多的群体受益，产生了贫困的减缓效应。从收入分配渠道看，金融发展理论认为金融中介能够使风险分散和转移，但由于金融准入限制，穷人由于不具备支付准入成本的能力从而被排斥在金融服务之外，穷人和富人由于财富水平的不同而导致投资收益的不同，收入分配差距因此扩大。因而要改变收入分配不均衡的状况，必须通过完善金融市场、降低门槛准入条件，来扩大穷人的市场准入。普惠金融发展通过降低穷人的市场准入门槛，使得更多的穷人能够获得金融服务支持，从而通过收入分配渠道的改善来减缓贫困。

2. 普惠金融通过有效促进人力资本积累与创新激励，增强地区发展的内生动力

内生增长理论强调了人力资本和技术创新在推动经济内生增长过程中的关键作用，并强调其是构成内生发展的主要动力。普惠金融通过向贫困和低收入人群、小微企业提供融资支持，对这些群体增加人力资本投资与积累、创新激励具有积极作用。一方面，由于金融市场的不完善，贫困和低收入人群被排斥在金融体系之外，尽管教育投资的边际生产率很高，但这些群体也无法投资于教育，而普惠金融通过提高这些群体的金融可得性，能够提升其人力资本投资的水平；另一方面，国内外的历史经验表明，企业的创新能力与企业家精神往往在中小企业和创业型企业中体现得更为明显，中小微企业已成为技术创新与价值增值的主体，通过发展普惠金融为更多被排斥的中小微企业提供必要的融资支持和金融服务，能够提升这些企业进行人力资本投资与创新投资的水平，进而激励创新能力的提升。

3. 普惠金融通过宏观配置效率的改进，能够有效促进地区经济转型

从经济发展的过程来看，在要素成本较低、后发优势明显的经济发展起步阶段，可不必过多考虑生产效率因素，仅依靠高投入、高能耗、高污染的粗放发展方式就可以实现快速增长，然而随着经济发展阶段的演进，粗放型发展方式的不可持续与潜在经济增长率的下降，使得提高经济发展的质量和效益成为构建内生发展模式的主要途径。经济发展的提质增效，关键在于挤出诸如投资过度、产能过剩、就业不充分和环境污染等低效率经济行为产生的"水分"。在市场化资源配置的逻辑框架中，经济发展的低效率往往与市场资源配置机制的扭曲或缺失有关，在这其中，作为资本配置的重要机制，金融体系资本配置效率必然与经济发展的效率产生直接联系。金融结构论认为，金融体系的资本配置效率与金融体系的结构有重要关系，而金融体系的结构又内生于实体经济的产业结构和要素禀赋结构。换言之，金融体系的资本配置效率决定于金融结构与实体经济结构的匹配性。从这一逻辑出发，不难得出，传统的以大型金融中介（如大型商业银行）占主导的金融结构必然与中小微企业作为创新与价值增值主体的实体经济结构产生偏离，在这种偏离下，资本配置偏离了实体经济发展的实际要求，即推动经济发展的重要主体——中小微企业，大部分被排斥在金融体系之外，这是金融体系资本配置效率低下进而经济发展低效的重要原因。普惠金融的发展通过构建和完善多层次金融市场来优化金融结构，使得资本配置能够依据市场规律向融资困难但价值增值前景较大的中小微企业倾斜。如此，金融体系的资本配置效率进而经济发展的效率得以提升，资源配置的优化促进了地区经济发展模式向以效率为核心的内生发展模式转型。

综上所述，普惠金融发展对于滇西边境少数民族地区这样一个具有长期贫困特质、内生增长乏力与金融排斥严重的地区而言，无疑具有非常重要的意义。为此，需要进一步对滇西边境少数民族地区普惠金融发展的基本态势、普惠金融缺口及其形成原因进行深入分析，为该地区构建内生发展的普惠金融支持体系提供重要依据。

二 滇西边境少数民族地区普惠金融发展的基本态势

本部分对云南省普惠金融发展的总体水平进行了测度，对云南省和滇西边境少数民族地区普惠金融发展在国内的相对水平及位置进行了判定，并在此基础上，对滇西边境少数民族地区金融资源空间配置、基本金融服务覆盖率和渗透性等层面进行了综合评判。

（一）云南省普惠金融水平的测度：基于扩展的金融包容性指数（F-IFI）

滇西边境少数民族地区普惠金融发展的水平受到全省普惠金融发展环境的影响，由于省际层面的数据可得性强于地州（市）层面，便于通过综合评价指标体系构建来整体评判普惠金融发展的真实水平。为此，本部分从省际层面，对2012年我国31个省、自治区、直辖市的普惠金融水平进行测度与比较分析，以客观评价云南省普惠金融发展的水平。

基于 Sarma（2008）的金融包容性指数（Index of Financial Inclusion, IFI），本研究从四个维度构建了一个扩展的金融包容性指数（F-IFI）[①]，这

---

① 本研究基于 Sarma（2008）的金融包容性指数的三个维度——银行业渗透、银行服务可获得性、银行服务有效使用，将金融包容性指数扩展到四个维度，并包括保险业指标。

四个维度分别是：①金融服务渗透度（d_1）；②金融服务可获得性（d_2）；③金融服务有效使用度（d_3）；④金融服务壁垒（d_4）。扩展的金融包容性指数的评价指标体系见表6-1。

表6-1 F-IFI指标体系

维度	测度指标	具体测度方法
维度1 金融服务 渗透度	存款密度（元/人）	存款余额/人口数
	贷款密度（元/人）	贷款余额/人口数
	保险机构保险密度（元/人）	保费收入/人口数
维度2 金融服务 可获得性	万人银行机构数量（个/万人）	银行机构数/人口数（万人）
	万人拥有银行从业人员数量（人/万人）	银行从业人员数/人口数（万人）
	万人拥有保险机构从业人员数量（人/万人）	保险从业人员数/人口数（万人）
维度3 金融服务 有效使用度	存款占GDP的比重（%）	存款余额/GDP
	贷款占GDP的比重（%）	贷款余额/GDP
	保险机构保险密度（%）	保费收入/GDP
维度4 金融服务壁垒	金融机构存贷比（%）	贷款余额/存款余额
	保险机构赔付率（%）	保费支出/保费收入

F-IFI指数的计算方法如下：

（1）分别计算每个维度的金融包容性指数，公式为：

$$d_i = \frac{A_i - m_i}{M_i - m_i}$$

其中：A_i 表示第 i 维实际的价值，m_i 表示第 i 维的最小值，M_i 表示第 i 维的最大值，且 $0 \leq d_i \leq 1$。

根据普惠金融水平测度的四个维度，F-IFI 指数的计算公式为：

$$LFI = 1 - \sqrt{\frac{(1-d_1)^2 + (1-d_2)^2 + (1-d_3)^2 + (1-d_4)^2}{4}}$$

对上述各项指标进行无量纲处理，各变量描述性统计情况如表6-2所示，计算结果见表6-3。

表6-2 各变量描述性统计情况

维度	测度指标	最大值	最小值	中位数	均值	样本数
维度1 金融服务 渗透度 （元/人）	存款密度（元/人）	409980.7	30331.9	54914.9	77745.3	31
	贷款密度（元/人）	208715.5	21296.5	36944.5	53349.9	31
	保险机构保险密度（元/人）	5983.41	309.74	995	1230.515	31
维度2 金融服务 可获得性 （个/万人） （人/万人）	万人银行机构数量（个/万人）	2.101	1.1042	1.525	1.583	31
	万人拥有银行从业人员数量 （人/万人）	46.638	13.829	25.475	26.682	31
	万人拥有保险机构从业人员数量 （人/万人）	37.741	3.082	23.014	22.490	31
维度3 金融服务有 效使用度 （%）	存款占GDP的比重（%）	474.497	86.099	154.2254	169.026	31
	贷款占GDP的比重（%）	241.560	49.713	109.5944	116.030	31
	保险机构保险密度（%）	5.2	1.36	2.5	2.589	31
维度4 金融服务 壁垒（%）	金融机构存贷比（%）	96.150	32.326	72.3547	71.117	31
	保险机构赔付率（%）	42.4591	23.7243	31.0218	31.4487	31

分析结果显示，云南省的金融服务渗透度指数为0.04，远低于全国平均0.15的水平，位于全国第24位；云南省的金融服务可获得性指数为0.14，同样远低于全国平均0.48的水平，位于全国第30位；金融服务有效使用度指数为0.34，高于全国平均0.29的水平，位于全国第8位；金融服务壁垒指数为0.71，高于全国平均0.51的水平，位于全国第5位。可见，云南省在金融服务渗透性和金融服务可获得性方面表现较差，而在金融服务有效性与金融服务壁垒方面表现相对较好。总体来看，云南省的F-IFI指数为0.26，低于全国平均0.32的水平，在全国排名第23位，表明云南省普惠金融发展的总体水平仍然较低。从滇西边境少数民族地区金融发展更为滞后，金融排斥程度更为严重这一特征事实来看，滇西边境少数民族地区的普惠金融发展情况更加不容乐观。

表6-3　2012年全国各地普惠金融水平

地区	省、自治区、直辖市	第一维度 金融服务渗透度	排名	第二维度 金融服务可获得性	排名	第三维度 金融服务有效使用度	排名	第四维度 金融服务壁垒	排名	金融普惠程度 IFI	排名
西部	甘肃	0.0376459	25	0.46882	18	0.34076	7	0.4801	19	0.308413	14
	广西	0.0240693	30	0.199139	29	0.15034	28	0.55321	11	0.207006	31
	贵州	0.0118827	31	0.053068	31	0.25761	15	0.71573	4	0.208639	30
	内蒙古	0.105346	12	0.811358	3	0.05476	31	0.68587	6	0.323956	13
	宁夏	0.1144505	10	0.633287	7	0.33399	9	0.71771	3	0.399598	5
	青海	0.0911815	16	0.474051	17	0.28706	13	0.62777	8	0.338674	11
	陕西	0.0935078	15	0.498226	15	0.24251	17	0.35571	28	0.281947	21
	新疆	0.0949301	14	0.276148	27	0.32958	10	0.5501	12	0.293779	17
	重庆	0.1357097	9	0.53819	11	0.3214	11	0.48252	18	0.350279	10
	四川	0.0798264	18	0.485647	16	0.36017	5	0.36503	26	0.306487	15
	云南	0.0396323	24	0.139871	30	0.33913	8	0.71298	5	0.261545	23
	西藏	0.0325168	26	0.439756	20	0.2558	16	0.5	16	0.283459	19
东部	北京	0.8992592	1	0.652421	6	1	1	0.33979	29	0.623559	1
	天津	0.3763104	3	0.822746	2	0.26959	14	0.73168	1	0.493564	4
	河北	0.0725612	20	0.41725	21	0.52019	3	0.38101	24	0.326741	12

续表

地区	省、自治区、直辖市	第一维度 金融服务渗透度	排名	第二维度 金融服务可获得性	排名	第三维度 金融服务有效使用度	排名	第四维度 金融服务壁垒	排名	金融普惠程度 IFI	排名
东部	上海	0.8094459	2	0.549987	10	0.7137	2	0.45062	22	0.60547	2
	江苏	0.2291568	5	0.511856	13	0.23915	18	0.48561	17	0.352702	9
	浙江	0.3101978	4	0.866377	1	0.42808	4	0.71887	2	0.52571	3
	福建	0.1572982	8	0.558799	9	0.23869	19	0.64369	7	0.365303	7
	山东	0.1077225	11	0.507691	14	0.15159	27	0.4563	21	0.283422	20
	广东	0.2108481	6	0.528281	12	0.34177	6	0.39365	23	0.358476	8
	海南	0.0858345	17	0.355422	23	0.29508	12	0.51456	14	0.295772	16
中部	山西	0.1040249	13	0.654822	5	0.16124	26	0.36996	25	0.288946	18
	安徽	0.0457173	23	0.229415	28	0.23612	20	0.57857	10	0.247409	25
	江西	0.0293191	29	0.310333	25	0.16425	25	0.54409	13	0.237734	26
	河南	0.0315854	27	0.446344	19	0.18971	23	0.2426	31	0.213459	29
	湖北	0.0789392	19	0.354599	24	0.21095	22	0.28329	30	0.225214	27
	湖南	0.0293399	28	0.303534	26	0.13373	29	0.46169	20	0.214595	28
东北	辽宁	0.1722435	7	0.737054	4	0.22723	21	0.60609	9	0.386268	6
	吉林	0.0687256	21	0.397939	22	0.11795	30	0.50045	15	0.248784	24
	黑龙江	0.055526	22	0.578943	8	0.17257	24	0.36206	27	0.264996	22

资料来源：根据2012年《云南省统计年鉴》《中国金融统计年鉴》和各省的《金融运行报告》相关数据计算所得。

(二) 滇西边境少数民族地区普惠金融发展程度的综合判定

1. 金融资源分布的不均衡性制约了滇西边境少数民族地区金融普惠化水平

滇西边境少数民族地区是我国西南的边缘贫困地区，其地理特征与贫困特质导致长期以来该地区的金融发展水平低于全省平均水平。从整个云南省的金融地理格局来看，滇西边境少数民族地区与省内其他地区尤其是滇中地区存在着极不平衡的金融发展状态，这种金融发展的不均衡性甚至超过了经济发展的不均衡性。

以2012年贷款余额在云南所有州（市）的配置状况来反映金融发展的均衡程度，可以看出：以昆明为核心的滇中地区（包括昆明、曲靖、楚雄、玉溪）占有大量的金融资源，其中昆明地区贷款余额占全省贷款余额的比重达到58.96%，占有全省金融资源的一半以上，而曲靖、玉溪和楚雄的贷款余额占比与其他地区（除昆明以外）相比也处于较高的水平。滇西边境少数民族地区（普洱、西双版纳、保山、德宏、临沧、怒江、迪庆）的贷款余额占比（除红河和文山以外）均较小且处于末位。图6-1表明，云南省金融发展的水平极不均衡，中心地区占据了大部分的金融资源，而滇西边境少数民族地区整体的金融资源占有量则非常小，合计占比仅为全省的18.42%，而从经济发展水平来看，滇西边境少数民族地区的GDP总量则占到全省GDP总量的30.22%，由此可以大致判断，滇西边境少数民族地区与省内其他地区的金融发展不均衡性要高于经济发展的不均衡性，制约了滇西边境少数民族地区金融普惠化水平的提升。

导致这种金融资源不均衡性的原因在于，银行、证券、保险等金融机构在省内的分布不均匀和布局不合理。经济发达州市的金融机构种类齐全、形式多样化，集中了大量金融资源，金融需求能够得到更大程度的满足，金融对实体经济的服务促进作用得到较好发挥；而经济欠发达州市金融机构种类不全、金融资源有限，难以满足正常金融需求，金融对实体经济的服务促进作用受到制约。以昆明和怒江的情况进行对比，目前昆明市共有银行业金融机构58家，营业网点1282个，保险经营机构444家，而怒江州银行业金融机构 8 家,营业网点 65 个,保险经营机构 8 个。从证券业金融机构来看,昆明市集中了全省将近 90% 的证券业金融机构,共有 68 家,其中证券经营机构 52 家,期货经营机构 16 家,而滇西边境少数民族地区的 8 个州市每个州市平均只有 1~2 家证券经营机构,且多数位于州市府所在地,大部分县域均没有证券机构。

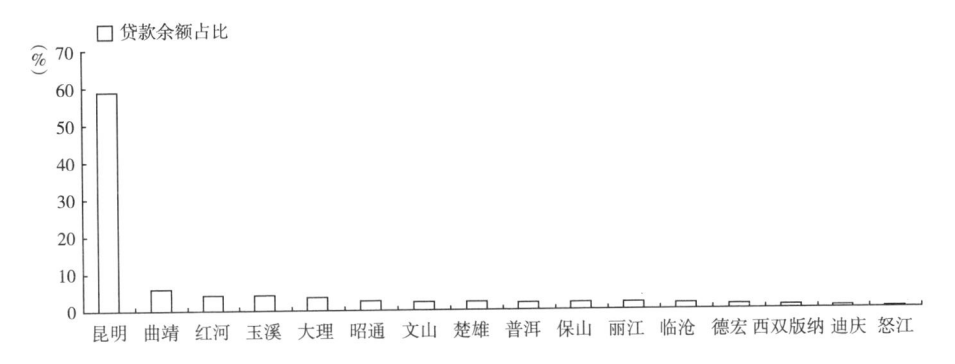

图 6-1　金融资源的不均衡性

注:按各地区贷款余额占比从大到小依次排列。
资料来源:《云南统计年鉴 2013》。

2. 滇西边境少数民族地区的基本金融服务覆盖程度较低

采用基本金融服务的人口密度指标来衡量基本金融服务在滇西边境少数民族地区的人口覆盖程度。鉴于数据的可得性,采用金融机构网点密度与金融资源(存款余额和贷款余额)密度作为衡量基本金融服务覆盖程度的主要指标。其中,金融机构网点密度采用每万人金融机构网点数表示,用于衡量以金融机构网点作为重要载体的基本金融服务的覆盖程度,同时也能够间接衡量地区群体获取基本金融服务的便利性程度;金融资源密度分别采用人均存款余额和人均贷款余额①来表示,用于衡量地区群体的平均金融资源占有量。

---

① 考虑指标数据在所有滇西边境少数民族地区的统一性,此处的人均存款余额和人均贷款余额分别采用金融机构各类存款和贷款余额总量除以人口数得出,而非完全针对个人的储蓄存款水平和实际贷款水平,仅用于表示存贷款的人口密度。

从金融机构网点的人口密度来看，以红河和普洱为例，截至2011年底，红河州作为滇西边境少数民族地区金融发展水平较高的地区，其每万人金融机构网点数仅为0.97个，而普洱作为滇西边境少数民族地区金融发展水平中等的地区，其每万人金融机构网点数仅为0.69个，均小于同期全省每万人金融机构网点数的平均水平1.12个，也小于同期全国每万人金融机构网点数的平均水平1.49个。滇西边境少数民族其他地区的情况更加不容乐观，由此反映出整个滇西边境少数民族地区面临着较低的金融机构网点覆盖率。

从存款和贷款的人口密度来看，2011年末的横截面数据显示（见图6-2），滇西边境少数民族地区的人均存款余额和人均贷款余额均小于全省和全国平均水平，存、贷款的人口密度较低。为了进一步考察滇西边境少数民族地区整体的存贷款人口密度的时序变化与全省、全国平均水平的差异性，课题组计算出2004—2011年滇西边境少数民族地区的人均存款密度与人均贷款密度，时序数据显示，2004—2011年滇西边境少数民族地区的存款人口密度和贷款人口密度虽然呈现不断上升的趋势，但二者与全省、全国平均水平的相对差距在不断扩大，表明滇西边境少数民族地区基本金融服务覆盖率的改善明显慢于全省和全国平均水平。

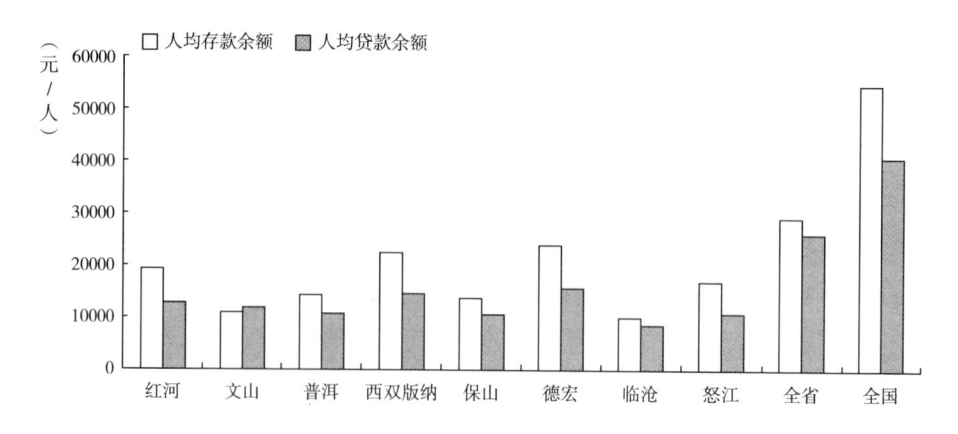

图6-2 2011年滇西边境少数民族地区存贷款人口密度

资料来源：《云南金融年鉴2012》、《中国金融年鉴2012》。

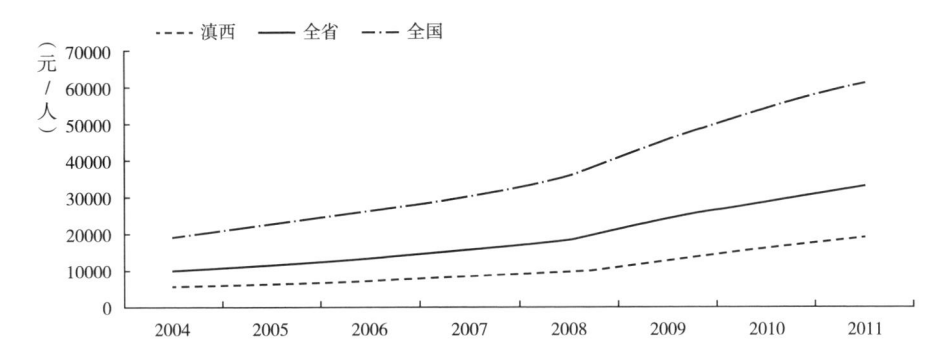

图 6-3　2004—2011 年滇西边境少数民族地区存款人口密度变化

资料来源：《云南金融年鉴 2012》、《中国金融年鉴 2012》。

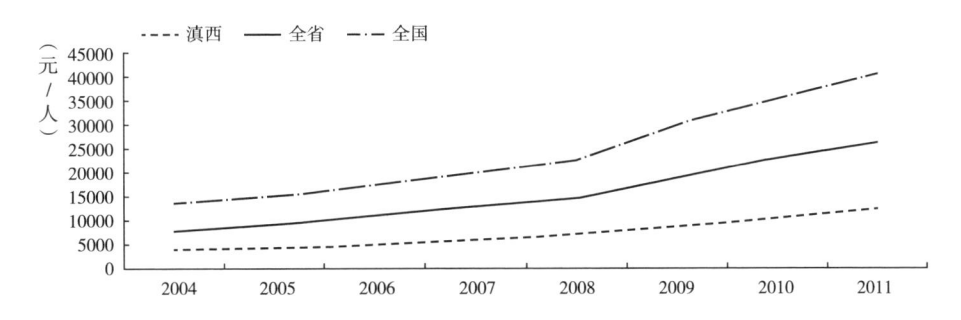

图 6-4　2004—2011 年滇西边境少数民族地区贷款人口密度变化

资料来源：《云南金融年鉴 2012》、《中国金融年鉴 2012》。

3. 滇西边境少数民族地区的基本金融服务对微观经济主体的渗透性较弱

农户和小微企业是较容易被正规金融体系所忽视的重要微观经济主体，农户和小微企业的基本金融服务渗透程度能够直接衡量一个地区的金融普惠化水平。

从农户群体来看，农户贷款的人口密度（农户贷款总额/农业人口总数）衡量了一个地区每农业人口所能获得的贷款数量，能够反映基本金融服务（如信贷服务）对农户群体的渗透程度。通过比较滇西边境少数民族地区、云南省和全国的农户贷款人口密度（见表6-4），可以看出，滇西边境少数民族地区乃至云南省的农户贷款人口密度与全国平均水平形成了巨大的数量级差距，全国农户贷款密度的平均水平是云南省的138倍，是滇西边境少数民族地区最高值（版纳州）的64倍，是最小值（怒江州）的396倍。如此巨大的差距折射出滇西边境少数民族地区和云南省的农户群体面临着较大的信贷缺口。

表6-4 滇西边境少数民族地区与全省、全国的农户贷款人口密度比较

单位：元/人

地区	红河	文山	普洱	版纳	保山	德宏	怒江	临沧	全省	全国
农户贷款密度	2498	1353	2452	5478	2791	3913	889	1317	2552	352401

资料来源：《云南金融统计2012》。

这种缺口可能来源于基本金融服务对农户群体较低的渗透性，农户贷款占个人贷款比重与农业人口比重的比较能够直接说明这一问题。图6-5直观地反映出了滇西边境少数民族地区与云南省农户贷款比重与农业人口比重的严重不匹配。以怒江为例，2011年怒江州农业人口比重占到总人口数的86.01%，而农户贷款占个人贷款比重仅为31.92%，两组数据的对比说明，金融机构贷款资源在个人之间的配置更多地偏向了非农业人口，而使得更多的农业人口面临着巨大的融资约束，这一问题在其他地区乃至云南省同样突出。

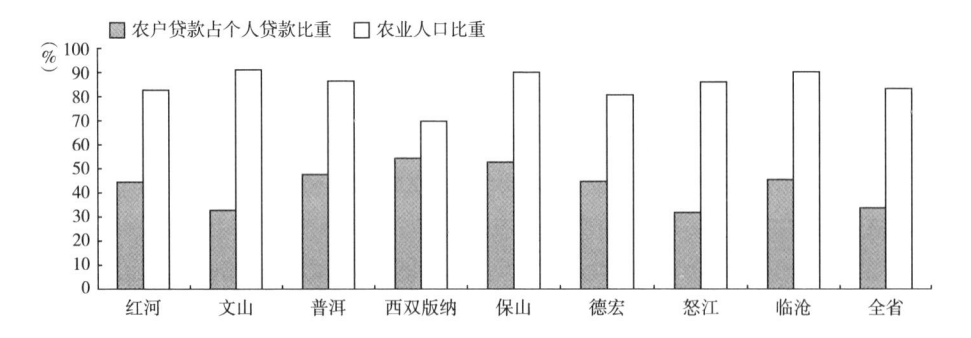

图6-5 农户贷款比重与农业人口比重的不匹配

资料来源：《云南金融统计2012》。

从小微企业群体来看，近年来，随着国家和云南省有关金融支持中小微企业发展政策的陆续出台与实施，小微企业的融资状况得到一定改善。从 2011 年云南省大中小型企业贷款结构来看，小型企业贷款比重达到 25.92%。滇西边境少数民族地区小型企业贷款情况总体好于全省平均水平，从图 6-6 来看，小型企业贷款占所有类型企业贷款总额的比重分别达到：红河（39.83%）、文山（41.01%）、普洱（28.69%）、版纳（22.10%）、保山（34.87%）、德宏（54.39%）、怒江（37.19%）、临沧（33.76%）。

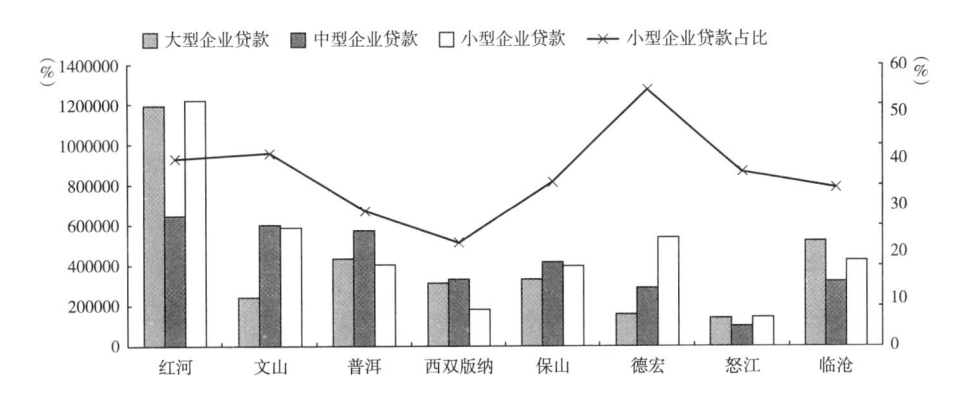

图 6-6 滇西边境少数民族地区小型企业贷款占比

资料来源：《云南金融统计 2012》。

尽管如此，滇西边境少数民族地区乃至云南省的小微企业融资状况依然面临困境。从结构上来看，云南省中小企业数量已占到全省企业总数的 90% 以上，小微企业数量占比也已达到 70%—80% 的水平，根据计算，中小企业创造的最终产品和服务的价值占国内生产总值的比重已达到 50%—60% 的水平。然而，各地区针对小微企业的贷款比重仍然没有达到这一水平。由此可见，在滇西边境少数民族地区和云南省内，小微企业的信贷渗透程度与其在经济中的比重不匹配，小微企业仍然面临较强的融资约束。根据省工信委 2009 年针对 35 户重点中小企业的调查，被调查企业的贷款需求满足率仅为 41%，销售收入在 1000 万元以下的中小企业，贷款需求满足率不足 33%。由此可见，省内中小企业仍然面临着较大的融资缺口，这种缺口在那些规模更小、抵押资产缺乏的小微企业群体中表现得更为显著。

三 滇西边境少数民族地区的基本金融服务缺口及其形成原因：基于微观经济主体金融需求的调查分析

针对普惠金融发展的薄弱环节，本部分侧重从微观经济主体（农户和小微企业）的金融需求角度，通过调查研究，进一步明确滇西边境少数民族地区面临的基本金融服务缺口，并对基本金融服务缺口形成的深层次原因进行剖析，为滇西边境少数民族地区普惠金融体系构建提供重要依据。

（一）农户群体的基本金融服务需求及缺口分析

为从需求层面真实反映滇西边境少数民族地区的农户群体所面临的基本金融服务缺口，课题组采用问卷调查的方式对滇西边境少数民族地区的农户金融需求进行调查。问卷调查选取了红河州、普洱市和德宏州农村地区的1082户农户，共收回有效问卷864份。调查的主要目的是衡量滇西边境少数民族地区基本金融服务对农户金融需求的满足程度。

调查问卷结果显示：在864个调查样本中，有借贷需求的农户为773户，占比89.47%。其中，选择非正规金融渠道融资的有567户，占比高达73.35%，而选择正规金融渠道融资（以农村信用社和农业银行为主要渠道）的农户仅有206户，占比仅26.65%。由此看出，正规金融在满足农户金融需求方面未能发挥有效的作用，非正规金融已成为滇西边境少数民族地区农户融资的主要渠道。进一步调查发现，不同收入水平的农户所倾向选择的融资渠道具有显著差别，贫困农户更加倾向于选择非正规金融渠道融资，而富裕农户则更加倾向于正规金融渠道融资。通过进一步分析样本农户有信贷需求但是没有向正规金融机构申请贷款的原因，我们发现：近70%的农户认为"缺少担保人和抵押财产"，40%的农户认为银行贷款手续太麻烦，20%左右的农户认为银行贷款利率较高而无法承担，而20%左右的农户则认为银行能够提供的信贷额度太小，不能满足其资金需求。在正规金融和非正规金融之间，提出贷款申请的农户最终成功获得贷款的比例有很大差距，向非正规金融渠道提出借贷申请的567户农户中最终有538户获得了借款，申请成功率高达94.89%，而向正规金融机构申请贷款的206户农户最终仅有112户获得贷款，申请成功率仅为54.37%。

由此可见，滇西边境少数民族地区的正规金融体系所提供的基本金融服务对农户群体金融需求的满足程度较低，农户群体面临的正规金融的融资约束要强于非正规金融的融资约束，该地区的农户群体存在较大的基本金融服务缺口。

(二) 小微企业群体的基本金融服务需求及缺口分析

课题组同样通过问卷调查的形式对滇西边境地区红河州、普洱市和德宏州的171户小微企业进行调研，小微企业涉及农林牧渔、采矿、制造、建筑、批发和零售、餐饮、物流等近10个行业，调查问卷全部收回，有效问卷171个。调查的主要目的同样是对该地区基本金融服务对小微企业群体金融需求的满足程度进行分析。

调查结果显示：在所调查的企业样本中，缺乏资金的有152户，占88.9%；不缺资金的19户，仅占11.1%。在企业融资方式的选择上，内部融资和借贷融资成为大多数小微企业融资的主要方式，而其他方式融资如上市融资、募股融资和风险投资等直接融资方式使用较少。在企业借贷资金来源渠道方面，依赖于银行等正规金融渠道融资的企业比重占70%左右，而剩下的30%左右的企业则选择内源融资或非正规金融渠道融资。从正规金融渠道进行融资的企业中，平均融资满足率仅达到35%左右的水平。通过进一步调研发现，滇西边境少数民族地区的小微企业在正规金融体系融资过程中，面临的最主要问题主要集中在：一是融资成本太高，融资成本占到融资本金的近20%左右；二是缺乏银行要求提供的抵押和质押资产；三是第三方担保的缺乏；四是银行金融产品和服务难以满足企业的融资需求。

由此可见，滇西边境少数民族地区正规金融体系对小微企业的基本金融服务满足程度不高，由于融资成本的高企和融资条件的高门槛，众多小微企业面临着较强的融资约束，该地区的小微企业同样存在着较大的基本金融服务缺口。

(三) 滇西边境少数民族地区基本金融服务缺口形成的深层原因

滇西边境少数民族地区基本金融服务缺口形成的深层原因主要在于传统金融体制的弊端未能得到根本性解决，现行金融体系尤其是农村金融体系仍不完善，普惠金融服务主体仍较为缺乏，难以有效满足微观经济主体的基本金融服务需求。

1. 金融体制弊端尚未有效消除，金融排斥的叠加效应依然显著

从全国金融体制演化的大背景来看，在我国中央计划经济向市场经济转型的过程中，金融体制演变经历了由"大一统"的国有银行体制（1949—1979）到国家主导的二级银行体制（1979—1993）再到市场导向的银行体制改革（1993年至今）三个阶段。尽管近年来国家的市场化金融体制改革取得了一定的成效，但我国金融体制历史性遗留的诸多弊端仍然难以在短时期内得到根本消除。这些弊端集中体现为现行以银行为主导的金融体系仍存在较高程度的垄断性，市场准入门槛较高，金融机构之间缺乏有效的市场竞争，资本配置效率低下。在这样一种金融体制弊端下，弱势群体容易被正规金融体系所排斥。滇西边境地区的金融发展与体制改革要滞后于全国，金融体制的历史性弊端在该地区更为凸显，弱势群体面临着不同类型金融排斥效应的叠加，导致了基本金融服务缺口的形成。

2. 农村金融体系结构单一，普惠金融服务主体缺乏

从目前滇西边境少数民族地区农村金融体系的结构来看，金融体系层次仍较为单一。以金融发展相对较发达的红河州为例，目前红河州农村县级金融机构有农业发展银行、农业银行、工商银行、邮政储蓄银行和农村信用合作联社，县以下乡镇以农村信用合作社和邮政储蓄银行为主，少数几个乡镇有农业银行的营业所。可见，农村信用合作社是服务县域以下农村地区微观经济主体的主要金融机构。但是，由于自身实力限制及电子化建设滞后、结算渠道不畅制约，农村信用合作社无法提供更多的金融服务。尽管近年来滇西边境少数民族地区加强了信贷扶贫工作，成立了一批小额信贷公司，但由于行业准入壁垒未能得到实质性消除，民间金融缺乏规范引导，农村地区小额贷款公司和信贷扶贫机制的发展仍然较为缓慢，未能形成真正意义上的普惠金融服务主体，目前滇西边境少数民族地区还处于普惠金融体系发展的初始形态。

3. 法律和信用环境薄弱，信息不对称程度仍然较高

金融交易的顺利开展需要某种制度安排以规范各种金融活动主体的行为，完善的法律基础与信用环境，是普惠金融发展的必要条件。金融发展的滞后导致目前滇西边境少数民族地区的法律与信用环境非常薄弱。通过对文山州的调研，我们发现，文山州一些农村地区的社会信用体系缺失严重，社会信用体系的建立也缺乏相应的法律基础和制度保障，乡镇企业、城镇和农村居民、个体工商户等金融需求主体的资信水平参差不齐，同时，民族文化和教育程度影响下，农民信用观念的相对淡薄和法律意识的欠缺，使得该州农村地区社会信用较差。不仅如此，从整个滇西边境少数民族地区来看，社会担保体系不够健全和缺乏有效的处置抵押物的市场机制导致金融需求主体增信机制不完善。法律和信用环境薄弱，导致滇西边境少数民族地区的金融服务主体与微观经济主体之间存在着较高程度的信息不对称，这种信息不对称加剧了微观经济主体尤其是弱势群体的基本金融服务缺口。

四 滇西边境少数民族地区普惠金融体系构建：基本思路与现实路径

党的十八届三中全会明确提出"发展普惠金融"，这为滇西边境少数民族地区的金融发展与金融改革指明了方向。在滇西边境少数民族地区探索普惠金融体系构建的基本思路与现实路径，对于有效提高微观经济主体的金融服务可得性进而促进地区经济发展具有重要意义，同时对于其他贫困地区的普惠金融体系建立具有重要的借鉴意义。

（一）滇西边境少数民族地区普惠金融体系构建的基本思路与原则

根据普惠金融发展的本质内涵以及本地区普惠金融发展的态势、缺口及其成因，滇西边境少数民族地区普惠金融体系的构建要以满足微观经济主体的基本金融服务需求为出发点，以创新发展为核心，以市场化机制建设为主要手段,以地区内生发展能力提升为根本目标,兼顾公平与效率,构建和完善功能齐备、层次丰富的普惠金融体系,促进地区经济的内生发展。滇西边境少数民族地区普惠金融体系的构建应坚持以下原则:一是坚持普惠服务原则。普惠金融就是要运用市场化的机制和商业化的手段,让更多的人以合理的价格和便捷的途径获取各种金融服务。但普惠不等于恩惠,与政府扶贫和社会慈善不同,普惠金融既非计划手段,也非平均主义的产物。二是坚持社会责任原则。金融服务是一种公共品,无论身份、地位和财富水平,让每一个人都有机会平等获取,这是金融业实现均衡发展、服务国家战略、促进社会和谐的重要体现。同时,明确风险自担的制度安排,防止侵害股东和公众利益,也是履行社会责任的内在要求。三是坚持可持续发展原则。普惠金融在强调包容性的同时还需要满足商业可持续,即只有在机构盈利的条件下,才能确保普惠金融持续服务的动力和不断创新的可能。四是坚持创新发展原则。普惠金融具有需求多样化、变化快、受外部环境影响大等特点,不仅需要金融机构在盈利模式、服务理念、产品工具和信贷技术等方面的创新,而且还需要政府在监管政策、货币政策、财税政策等方面做好创新。在激发市场活力的同时,牢牢守住风险底线,确保普惠金融业务行稳致远。

遵循以上思路和原则,并借鉴国内外普惠金融体系构建的基本理论与成功经验,针对滇西边境少数民族地区普惠金融发展的薄弱环节,该地区普惠金融体系构建的现实路径包括微观、中观和宏观三个层面:微观层面应以微观经济主体基本金融需求及特征为核心,重点强化普惠金融服务主体体系的构建;中观层面强化金融基础设施与支持服务体系构建;宏观层面强化金融生态环境包括金融体制、法律环境与信用体系的建构。通过微观、中观和宏观三个层次的有机联系与相互作用,形成促进滇西边境少数民族地区内生发展的普惠金融体系架构。

(二)滇西边境少数民族地区普惠金融体系构建的微观路径

从微观层面看,普惠金融体系应是一个具有不同层次的由大量普惠金融服务供给者构成并能提供多样化金融服务的系统,能够为实现基本金融服务对微观经济主体的全覆盖以及有效满足微观经济主体的不同潜在金融服务需求提供有效支持。滇西边境少数民族地区尤其是县域以下农村地区金融体系结构的单一以及普惠金融服务供给主体的缺失是制约该地区普惠金融体系发展的主要障碍。因此，滇西边境少数民族地区普惠金融体系构建的微观路径是：一方面，以现有的正规金融体系为基础，通过体制改革与创新，构建"三位一体"的普惠金融组织体系；另一方面，以市场化改革为核心，切实降低民间资本的准入门槛，规范、引导和发挥非正规金融机构在普惠金融体系中的重要作用。

1. 以现行正规金融体系为基础，加强体制改革与创新，构建和形成"三位一体"的普惠金融组织体系

"三位一体"的金融组织体系，是由商业性金融、合作性金融和政策性金融这三种相互联系却有本质不同的金融组织形态和金融资源配置方式通过相互影响、相互作用和相互融合所形成的正规金融体系的整体架构，构成了滇西边境少数民族地区重要的基础性金融制度安排。通过以现行金融体系架构为基础，加强其体制改革与创新，积极引导其服务职能向普惠金融服务转变，构建和形成"三位一体"的普惠金融组织体系。"三位一体"的普惠金融组织体系构建的基本思路是：在"分工明确、适当交叉"的原则下明确不同性质的普惠金融服务主体的功能定位、业务范围与支持对象，并以战略合作的方式进行业务交叉，进而形成业务互补型的普惠金融市场结构，最大限度地整合贫困群体、中小微企业、金融机构和政府的优势资源，促进滇西边境少数民族地区普惠金融组织体系整体布局的优化。同时，健全现有金融机构创新体制，在风险可控的前提下，向县域以下农村地区延伸服务、拓展功能。

（1）商业性普惠金融。市场经济国家的经验证明，商业性普惠金融的主体应是民营金融机构，民营金融机构能够通过强调个体对自身利益的追求，以盈利最大化为目标、追求经济效率优化，成为市场配置金融资源的基础通道。目前滇西边境少数民族地区以国有资本为主的金融机构，对满足社会经济主体多层次金融需求的主动性较差、创新能力弱，并依靠金融行业准入管制和利率管制的盈利模式，加剧了滇西边境少数民族地区的普惠金融缺口。因此，滇西边境少数民族地区商业性普惠金融发展的现实路径是：在实现现有商业性金融机构向特定区域（农村地区）和特定群体（贫困群体、低收入人群和中小微企业）进行功能与业务有序扩张的同时，应逐步加大商业金融对民营资本的开放力度，提升竞争程度，促进金融服务的普惠化。一是进一步巩固和稳定农业银行、建设银行、工商银行等金融机构在县域的分支机构，赋予县域分支机构更大的经营自主权，提高决策效率和市场竞争能力；二是邮储银行要进一步发挥在县域及县域以下农村地区的网点优势，积极扩大除储蓄和汇兑之外的业务范围；三是积极引入民间资本，推动民间资本向商业性普惠金融体系的渗透。

（2）合作性普惠金融。合作性普惠金融应以强调弱势群体的"自愿、互信、合作、自治、互助"为基本原则，更加关注弱势群体的长期利益。合作性普惠金融通过以合作制理念来提供普惠金融服务，主要突出对三农金融、民间金融、社区金融等多层次合作性普惠金融体系的构建。从国内外经验来看，合作性普惠金融机构是最贴近农村地区、网点布局最广的一种金融组织形态。目前滇西边境少数民族地区的合作性普惠金融主要以农村信用合作社为主体、各类小额贷款公司为补充的形式，不论从网点布局还是信贷投入总量来看，远远不能满足滇西边境少数民族地区的融资需求。为此，应在积极推进农村信用合作社改革的基础上，引导民间资本、创新合作方式，积极设立具有多样化合作模式的中小型合作性普惠金融机构。一是按照"把握节奏、夯实基础、精细管理、严控风险"的原则，鼓励农村信用社县级法人机构真正扎根于农村地区，积极发挥以农民为主体的合作互助金融组织作用；二是积极探索和创新合作模式，大力发展以村镇银行、社区银行、农村资金互助社等为主的新型合作性普惠金融机构；三是加快步伐稳步推进小额贷款公司试点，积极探索小额贷款公司向村镇银行转制的有效路径。

（3）政策性普惠金融。政策性普惠金融应注重在"三农"领域和中小企业发展方面通过特定的机构和制度安排对代表民间的、基层的、平民的合作性普惠金融予以制度性支持。农业发展银行要坚守商业性普惠金融无法进入或者不愿进入领域的目标市场定位，主要发挥其补充性功能而非替代功能,坚持"以农为本、政策优先、兼顾效率、动态调整、协调发展"的原则,充分发挥其政策导向、政府调控、扶农助农、服务引导的积极作用。农业发展银行应主要支持农业和农村基础设施的建设,改善农业生产条件和农民生活条件,支持农业产业结构调整,扶持龙头农业企业发展;支持农业新技术、新产品和新兴生物资源等农业科技研发和转化,增强农业竞争力;支持农业和农村生态环境建设,促进农业可持续发展;支持农村扶贫开发,加快农村贫困人口脱贫致富步伐。

2. 以市场化改革为核心,切实降低民间资本的准入门槛,规范、引导和发挥非正规金融机构在普惠金融体系中的重要作用

以自有借贷、互助借贷、民间集资、私人钱庄、民间典当、农村内部融资组织(如农村互助储金会、农村合作基金会以及农村金融服务公司)和互联网金融等形式出现的金融组织形态构成了滇西边境少数民族地区的非正规金融体系。调研显示,对于农户和农村中小企业来说,非正规金融市场的重要性远远超过正规金融市场。怒江银监分局开展的问卷调查也显示,被调查对象中,90%以上的存在资金缺口的企业和个人,都以借出或借入的方式参与过民间借贷。目前,滇西边境少数民族地区非正规金融机构发展中突出面临以下问题:其一,信贷规模较小。非正规金融绝大多数资金来源于贷款人自有资金,外部资金来源较少,这也就决定了非正规金融只能发放小型、微型贷款,无法满足农村经济发展所要求的更大额度贷款。其二,金融服务覆盖面窄。由于非正规金融供给者缺乏正规金融的技术和制度,缺乏处理公开信息能力以及获取私人信息的渠道,一般无法识别人际关系网络之外的借款人的信用状况,从而限制了放贷者的信贷对象和业务范围,由此非正规金融被分割在小规模市场中,不能像正规金融那样在整个经济范围内重新分配资源。其三,法律身份不明确与风险问题。绝大多数的非正规金融都得不到法律的认可,组织制度、业务经营以及监督管理方面存在不规范的特征,由于非正规金融缺乏正规的交易程序与风险控制手段,往往会加剧地区的金融风险。

滇西边境少数民族地区的非正规金融机构在弥补普惠金融缺口方面具有非常重要的作用,但同时也存在一系列的问题,如何在构建普惠金融体系的过程中，既发挥非正规金融的积极作用，又防范消极作用的扩大化，唯一的路径就是以市场化改革为核心，切实降低民间资本的准入门槛，规范、引导和发挥非正规金融机构在普惠金融体系中的重要作用。一是通过进一步加大金融改革力度，提升对非正规金融机构的监督和引导，并探索建立"分类管理制度"，对农村非正规金融的各种业态按风险程度进行分类，对具备相对稳定资金规模、有固定办公地点、口碑较好的非正规金融机构，予以合法化，并逐步建立信息共享平台，让农村非正规金融机构共享客户信息，降低非正规金融机构的融资风险，维护农村金融市场秩序，充分发挥其与农村正规金融机构的互补优势。二是加大金融创新力度，将民间资本导入普惠金融体系。继续支持非正规金融机构发展，首先必须明确对小额信贷的支持政策，成立小额信贷行业协会，促进不同机构之间的交流和合作，规范小额信贷的运作。大力发展小型投资机构、信用互助社、社区银行等小额信贷机构，创造条件将其融入金融体系之中，弥补现有正规金融体系的功能缺陷。三是降低金融机构设立的门槛，放宽民间资本参股各类金融机构的政策，鼓励民间资本参与正规金融。如大力发展社区银行和农村金融合作组织，组建农村合作银行，鼓励民间资本参股，将大量的游离资本纳入银行体系等。同时，将经营不善的农信社改制出售给当地民间资本，鼓励民间资本成立满足低收入者金融服务和生产需要的社区性银行，对有一定资本规模、实际从事民间借贷业务的原信用担保公司，在自愿基础上发展为村镇银行或社区银行。

（三）滇西边境少数民族地区普惠金融体系构建的中观路径

金融机构的有效运行依赖于完善的金融基础设施与技术支持服务网络，包括基本的金融基础设施，以及金融服务提供者之间所需要的能够减少交易成本、扩大服务范围、建立技能和促进透明度的系列支持服务。从目前滇西边境少数民族地区金融基础设施建设现状来看，普遍存在支付体系建设不完善和支付结算渠道不畅通等问题，成为制约滇西边境少数民族地区普惠金融向农村地区渗透的重要瓶颈。目前，滇西边境少数民族地区支付结算自助设备的布局主要集中在经济相对发达的乡镇，农村地区受理商户行业分布不均衡，特约商户行业主要集中在宾馆酒店、百货及手机零售业等服务行业类，与人民群众日常生活紧密相关的医院、学校、水、电、电信等行业涉及较少。由此可以看出，各商业银行对农村地区金融服务设施建设的投入明显不足，被称为跨行资金清算高速公路的现代化支付系统为跨行资金实时清算提供了强大的支持平台，但系统的强大功能没有进一步向农村地区延伸。

金融基础设施与技术支持服务网络的构建对支持和完善滇西边境少数民族地区的普惠金融体系具有重要的基础支撑作用。针对目前滇西边境少数民族地区金融基础设施与技术支持服务网络建设的薄弱环节，未来建设的重点在于：一是针对农村地区金融机构服务功能缺失的地方，地方政府要高度重视，人民银行和银监局要强力推动，农业银行、邮政储蓄银行、信用社要从服务"三农"的战略高度，根据地区经济结构的调整及发展情况，逐步向农村地区延伸金融服务网点；二是针对农村地区支付体系发展现状，各涉农金融机构应加大对其资金、设备投入力度，有效推进支付体系网络建设；三是各地州（市）应在云南省统一规划与指导下，针对地区特点，研究开发惠农支付服务业务系统，并进一步将农村金融惠农支付服务试点范围扩大至滇西边境少数民族地区的广大乡镇与农村地区；四是加快金融业信息化管理体系建设，以人民银行省级数据中心建设为核心，全面实施网络、业务和办公的重新整合与规划；五是充分利用互联网金融具有透明度高、交易成本低、便捷快速等特征，鼓励更多的机构利用互联网技术创新服务模式，实现线上和线下业务的协同发展，为广大的城乡居民尤其是贫困群体和低收入群体提供低成本、高质量的金融服务。

（四）滇西边境少数民族地区普惠金融体系构建的宏观路径

宏观层面的普惠金融体系构建包括金融体制、法律环境与信用体系建设等反映地区金融生态环境的主要方面，金融生态环境的优劣直接影响到普惠金融服务的质量和效率、金融基础设施和支付服务体系的有效性。目前，滇西边境少数民族地区仍然存在诸多金融体制弊端以及法律与信用体系缺失等问题，金融生态环境的薄弱制约了该地区普惠金融发展的水平。

为此，应以加快地区信用体系建设、健全普惠金融监管机制、加大普惠金融法律配套政策支持等为路径，从宏观层面构建和完善普惠金融体系。

其一，加快和完善信用体系建设。是否具备足够的授信额度，担保抵押资产是否充足，是决定银行贷款成功与否的必要条件。目前滇西边境少数民族地区农村居民的信用意识淡薄，金融体系缺乏完备的社会征信系统，信用体系的缺失是导致金融服务供需两方之间信息不对称的重要来源。为此，滇西边境少数民族地区应积极加快信用体系建设。一是依据本地征信体系的特点，尽快细化和落实国家有关征信法规，加快建立本地区的企业和个人信用信息数据库的建设，征信系统应该包括正规金融机构排斥在外的阶层的信息，将村镇银行、贷款公司、农村资金互助社、小额贷款公司等机构的贷款信息纳入；二是重点做好对低收入群体、小微企业等基础信息收集、加工和评价工作，进一步建立和完善信用机制，搭建良好的信息沟通渠道，多种途径解决普惠金融贷款担保难的问题；三是加大金融知识教育普及和消费者权益保护力度，营造诚实守信的良好信用环境。

其二，健全普惠金融监管体制。建立宽松规范的监管环境是普惠金融发展的基本要求。目前滇西边境少数民族地区的金融监管体制不健全、金融监管环境薄弱等问题依旧存在，无法满足普惠金融发展的现实需求，为此，需要通过进一步更新监管理念，实施发展、防险和创新并重的有效监管，加快建立一个包括政府部门、行业自律、内部控制等多层次的普惠金融监管体系。一是建立与健全普惠金融监管体系，形成以地区人民银行为监管核心，各金融机构强化内部稽核为基础，社会审计部门共同监督为补充的金融风险监管社会网络系统，并建立一个有效的政策协调机制和信息共享机制；二是创新普惠金融监管机制，将普惠金融的行业管理和监管分离，创建本地区普惠金融行业管理协会，强化普惠金融机构的监管；三是改进监管手段和方法，要用科学监管为主替代行政管理监督为主的模式，运用互联网络等技术手段，建立远程监管平台与普惠金融经营风险分析预警体系；四是加强对系统性金融风险的监测和分析，建立信息资源共享的联动机制，及时沟通、交流和维护金融债权的各类信息，加强对贷款人的信用状况和资金营运状况的监测。

其三，加大普惠金融法律配套政策支持。建立普惠金融制度，要抓紧完善相关法律法规和配套政策，建立健康、稳定、可持续的普惠金融市场体制。金融法律制度以及相关配套政策的缺乏是目前滇西边境少数民族地区普惠金融发展面临的主要问题之一。因此，滇西边境少数民族地区应积极细化和落实国家有关新的普惠法律措施，并积极拟定相关配套政策。这些政策应包括：一是建立以激励为导向的政策措施，引导与激励商业银行扩大普惠金融服务，有效保证商业银行的信贷业务份额，鼓励商业银行创新金融产品，调动金融机构参与普惠金融的积极性。二是政府应按照"多予、少取、放活"的原则，加大对普惠金融机构的政策扶持力度，特别是对风险予以合理补偿，通过担保和保险分散风险，实现资金回流。三是坚持在财政、税收和存款准备金政策上给予普惠金融机构一定优惠，建立扶持普惠金融服务的长效机制。四是政府应给予普惠金融机构更多的政策与资金支持，包括共同出资设立风险补偿金，对贷款给予税后优惠等。针对小额贷款公司资金不足等问题，应在对贷款公司风险控制能力进行详细考察的基础上，进一步向风控能力较强的贷款公司提供财政担保资金以增加其可贷资金。四是针对规模较大、风险较小且具有一定裙带效应的贷款项目，政府应考虑投入部分财政资金作为项目配套资金，分担金融机构的风险。五是以营造更为公平的竞争环境和信用环境作为监管部门的工作重点，在风险可控的前提下，将小额贷款公司、村镇银行、社区银行等纳入央行的统一支付结算体系并在放贷利率上给予金融机构更多的自主权，同时，加快建立地方信用体系以及企业和个人征信系统以完善信用环境。六是加强信贷、产业、财税、投资政策的协调配合，综合运用再贷款、再贴现、差别准备金动态调整等货币政策工具和财政贴息、税收优惠、差别税率、先税后补等财税政策工具，提高金融资源配置效率。

第七章　企业集聚与滇西边境少数民族地区沿边产业带形成研究

一个地区的经济活动倾向于集中到地理中心的附近，集聚与区位会产生收益。分布于我国西南沿边地区的滇西边境少数民族地区远离国内区域经济中心，边界与处于边缘的空间结构制约着这一地区的企业集聚与产业发展。而扩大沿边开放，加快建设面向西南开放重要桥头堡的战略改变着滇西少数民族地区的区位特征，实现这一地区的区位再造是桥头堡战略实施和建设沿边开发开放实验区的必由之路。重组与构建区位优势中的各要素，通过价值链与生产网络在空间上的重构，强化企业在空间上的集聚促进沿边产业带的形成，是这一地区区域再造的客观选择。然而，区域自身的特殊性，尤其是远离国内经济中心的空间区位，意味着滇西边境少数民族地区构建区域内部的企业集聚与沿边产业带将面临更为严峻的挑战，因此需要更为全面与更具针对性的政策干预。

一　企业集聚与沿边产业带形成的经济逻辑：企业套利空间的转换界限

处于中国与东南亚国家接壤的滇西地区既是经济上最为贫困的地区之一，也是未来具有较大经济增长潜力的地区。长期以来，临近东南亚国家的滇西地区资源富足，劳动力成本低下，民族众多，企业分布稀疏，基础设施相对滞后，表现为典型的"富饶的贫困"，但近年来随着第三亚欧大陆桥通道战略构想、扩大沿边开放战略的提出，瑞丽国家重点开发开放实验区的建立、GMS区域合作的深入以及中国东盟自由贸易区的建立，滇西地区的基础设施大为改善,经济发展态势趋好。工业化历史表明,区位和经济的区域模式尽管具有某种保持不变的倾向,但从长期来看会发生重大转变,这背后的原因是区位因素的意义发生了变化。在扩大沿边开放战略的新背景下,沿边地区构建产业带,特别是在周边接壤国家区域建立产业带是滇西边境少数民族地区得以发展的新契机。

(一)产业带形成的实质:资源、外部性与企业集聚

产业带实质上就是众多企业因规模经济产生的收益递增而集聚在某一确定空间范围内的结果。因此,一个地区产业带的形成是通过专业化分工与协作的企业空间集聚实现,特别是相同或相似的产业倾向于区位的特定区域,凡是能引起企业集聚的原因,同样也是产业带形成的原因。

20世纪70年代"第三意大利"现象的出现引起国外学者关注于企业集聚的研究。所谓"第三意大利"是指意大利境内的东北地区与中北部地区,该地区在20世纪中后期的经济增长要远远高于意大利境内的其他地区,尤其是老工业地区与南部地区的经济增长。通过对这种现象的深入研究,学者发现这一时期"第三意大利"的经济增长主要得益于区域内部众多设计和生产轻工业品的创新型中小企业的空间集聚。此外,在印度也存在诸如此类的企业集聚,如旁遮普邦的路德海阿那的金属加工和纺织工业群、泰米尔纳德邦的提若普尔的棉织衣物制造业群、古吉拉特邦的苏拉特的钻石加工业群、卡纳达卡邦的班加罗尔的电子软件业群、北方邦的阿格拉的鞋业群等。

那么企业为什么集聚呢?早期学者如韦伯(1909)、廖什(1943)、艾萨德(1956)等认为通过企业选择拥有优势资源禀赋的区位而引起企业集聚。当资源性产品难于运输和减轻重量,难以集约使用劳动力和资本时,靠近自然资源产区,或者运输便利程度高,会使得经济活动异常集中。埃里森和格兰泽(1999)把美国各州的预计就业量作为变量,用来解释自然优势在集聚中的重要性,指出自然优势变量对集聚的解释能力为20%左右,由于是在自然资源变量不完整的情况下得到的,因此,自然优势的解释能力实际上应该大于20%。马歇尔(1890)注意到许多不同的原因引起了工

业的地区分布，但主要原因是自然条件，如土壤和气候的性质，在附近地区的矿山和石坑，或是水陆交通的便利。不过这一解释无法应用于那些较少依赖于自然优势形成的企业集聚。因此，马歇尔从"外部经济"的角度阐释了企业集聚的来源，认为企业区位集聚有三个原因：第一，一定数量的企业集中于一个区位提供了特定产业技能的劳动力市场，确保了较低的失业概率以及避免劳动力短缺的可能性；第二，地方性产业可以支持非贸易的专业化投入品的生产；第三，信息的溢出可以使聚集企业的生产函数优于单独企业的生产函数（马歇尔，1977）。其后，"外部经济"的研究得以不断拓展及细化——区分外部性的类型（Viner，1931；Scitovsky，1954）：金融外部性与技术外部性，并与克鲁格曼"中心—外围"模型有机衔接起来加以解释企业集聚的来源。

（二）沿边产业带形成的约束条件：边界与空间

滇西少数民族所涉及的八个州市地区，除怒江州之外，其余七个州市处于沿边地区，且分别与缅甸、老挝、越南接壤，这些地区具有良好的自然条件，资源富足，气候宜人。尤其是，西部与缅甸接壤的德宏与保山，石材与林木资源较为富裕；东部与越南接壤的文山与红河，矿产资源储量丰富；在地理上处于相对中间位置分别与缅甸、老挝接壤的普洱、临沧与版纳，茶树资源历史悠久、保护良好。这些地区与东南亚国家接壤，富足的自然资源长期以来并未带来经济的快速增长。2013年国家统计数据显示，云南25个边境县中，有17个是国家扶贫开发工作重点县，边境地区人均GDP在全国7个沿边省区中最低。

研究经济开发区的印度学者Aggarwal（2011）就曾认为国与国之间边界的存在往往会打乱边境区经济和政治活动，并引起制度在边境地区嵌入的脱节。这种经济空间性与政治属地的差异将边境地区的市场网络分割成另一个自然的经济空间，并将边境变成地理上的边缘区。尽管边境地区在资源可利用方面不具有相对弱势，但边境地区不会吸引生产活动。边境地区以非正规的、短期的及投机性的价格差，吸引着"套利"或"小商品市场（bazaar）"的经济活动。这些活动从交易税和价格差异，到走私和非法移民等范围是以边界的存在为基础的（Altvater，1998）。因此，在经济方面，边境地区通常是低质量发展的典型地区。

根据区域经济学的理论框架，经济活动往往倾向于集中到地理中心的附近，因为区位和集聚会有收益，表现为降低运输成本、素质良好的和高收入的劳动力、服务于不同产业的设施在地理上的集中。Christaller（1935）在其中心空间理论（central place theory）中提出效率最低的地区是指相对交通要道、市场和社会政治因素而言的国家边界附近。Lösch（勒施）（1954）强调政治边界的负面作用即边界产生了市场空白并阻碍了产业在边境地区的区位选择。他认为，政治边界是比经济界限"更严格"并且是"通过关税、法律、语言、社会等更为明确的界定"。因此，运输成本在边境经济活动的空间分配中起到调节作用，而且边境地区难以与经济活动的中心地区相交流主要是因为到中心大城市的距离太远（Dimitrov，2002）。

因此，早期进入或历史上存在于滇西少数民族沿边地区的企业往往利用两种资源、两种市场的优势，通过可贸易品的交易获利。并且由于交易成本的偏高、边境地区的边缘性以及跨境资源互补利用的高壁垒，选择这些区位的企业更愿意从事国际贸易或边境贸易，正因为如此，滇西少数民族地区的产业结构除怒江州之外，多数表现为"三、二、一"的特征。沿边地区独特的自然环境及丰富的水热光农业资源优势，为沿边地区粮、糖、茶、烟、果及特色农产品的生产提供了得天独厚的条件，使得沿边地区农林产品具有较强的市场竞争力；同样利用资源优势，少部分地区的工业得以发展成为支柱产业。但沿边地区二次产业中，支撑工业的主力主体是资源开发和原材料工业，产品制造加工能力弱，产业链延伸有限，产业增值能力弱，制造业对沿边地区的贡献小，沿边地区整体上尚未实现工业化；而沿边州市的交通运输、仓储及邮政业等传统服务业具有非常明显的优势，这与沿边地区地理特征、资源开发、边境贸易比较发达有着密切的关系。换言之，特色农业以及与商贸相关的贸易业是滇西少数民族沿边地区的重要产业，而工业产业表现为以国内市场原材料的供应商而存在。

边界的存在与空间上远离国内中心而处于边缘的滇西少数民族沿边地区吸引了更多的从事贸易的企业，但是在沿边开放进一步深化的新背景下，云南定位为中国向西南开放的重要门户,中国沿边开发的试验区和西部地区实施"走出去"战略的先行区,西部地区重要的外向型特色优势产业基地。区位因素的变化意味着滇西少数民族沿边地区发展需要产业结构的转型升级才能得以支撑。

(三) 滇西少数民族地区区位再造:沿边产业带的兴起

正如前面分析中所指出的那样,集聚效应与专业化是重塑区域经济地理的主要驱动力;由于企业集聚不但有助于产业的分工与协作,而且能够推动沿边产业带的形成,因此企业的空间集聚也能够重塑区域经济地理。具体而言,企业空间聚集与沿边产业带对经济地理重塑的作用主要体现在提升区域经济密度,并有助于缩短任何类型的空间距离等方面。从经济学的理论逻辑来看,由于企业集聚所具有的专业化分工与协作能够扩张并形成具有规模效应的地方市场,而市场扩张又能够显著降低运输成本并缩短经济距离,企业集聚自然有助于缩短各种类型的空间距离。以企业集聚的知识共享为例,由于共享增加企业之间知识与技术相互溢出的可能性,其产业距离也就自然缩短。不但如此,由于企业内部的空间聚集还具有自我强化的机制,再加上沿边产业带的扩散与辐射效应,这些均能够强化市场的规模效应以及生产-投入-产出之间的联系,并促进生产效率与经济密度的提升。事实上,经济密度越高的地区往往都是各类型的经济集聚区,如城市的经济密度就要远远高于农村的经济密度,大城市的经济密度就要高于中小城市的经济密度。

对应于滇西少数民族沿边地区的资源分布,与缅甸接壤的德宏与保山已成为全国玉石资源的集散地(见专栏7-1),与越南接壤的文山与红河自古以来就有矿产企业,现已成为全省矿产企业的集中地之一,而与老挝、缅甸接壤的版纳、普洱与临沧因其普洱茶的特殊性,现已成为全国普洱茶叶的重要产地。这些事实表明滇西少数民族地区的产业发展中企业是沿自然资源的地理分布而呈现集聚的。自然资源禀赋是滇西少数民族沿边地区企业集聚的首要因素,但是这些企业集聚存在以下特征:第一,集聚的企业主要从事初级产品加工,如珠宝玉石行业,早期主要以原料的贸易为主,即使现在原石加工业得以发展但深加工部分依然在外;第二,集聚的企业多数以贸易套利为主,利润极不稳定,但利润空间较大;第三,集聚的企业风险意识更强,具有开放意识,善于利用两种资源两种市场的优势;第四,集聚企业的产品以国内需求为主。

> **专栏 7-1 滇西少数民族地区的企业集聚：**
> **玉石产业、云南景成集团**

  缅甸翡翠最早于 13 世纪被云南商人发现。自明朝初年至抗战爆发前的 600 多年里,翡翠从缅甸勐拱矿区源源不断地被带到腾冲,造就了物华天宝的腾冲几个世纪的昌盛和繁荣,"琥珀牌坊玉石桥"、"八宝街"就是腾冲翡翠鼎盛时期的真实写照,那时的腾冲可谓是名副其实的世界翡翠集散地和加工中心。1950 年以后由于云南边境获得解放,绵延几百年的翡翠交易通道被阻隔,缅甸翡翠产地勐拱至加工集散中心腾冲的商路被完全阻断。20 世纪 80 年代中国改革开放以后,滇西以瑞丽为主的中缅边境贸易风生水起、红红火火;此时,少部分缅甸翡翠毛料、半成品、成品以地下流通方式流入国内,使瑞丽成为了具有一定规模的翡翠交易集散地。2009 年德宏州宝玉石贸易额达 65 亿元,珠宝产业规模占云南省的 1/3。全州从事珠宝经营的商户超过 6000 户,珠宝玉石从业人员超过 4 万人,其中外来商户从业人员 1.5 万人,现有制玉技工 1000 多人,德宏州进口的珠宝玉石毛料一度占到全国市场的六成。现有的珠宝交易市场主要分布于瑞丽、盈江、芒市三县市,瑞丽市是全国闻名的珠宝交易和玉雕加工中心,盈江县建有翡翠毛料公盘交易所,芒市是黄龙玉的集散地;德宏州还先后建成 8 大珠宝交易市场,其中仅瑞丽市就建有珠宝步行街、华丰商城、姐告玉城、水上乐园、中缅街五大珠宝交易市场,而经广东加工的各种玉器饰品有相当一部分又重新回流瑞丽市场,瑞丽是中国目前名副其实的最大的翡翠饰品批发市场,同时这里还是中国最大的树化玉交易的集散地。

  腾冲是翡翠文化的源头、发祥地和历史重镇,今天还在沿用的各种翡翠行业术语均产生于这块土地。通过腾冲 600 余年的翡翠兴衰史，我们发现在腾冲翡翠业的身上流淌着"文化"的血液。20 世纪 90 年代以后，历史上曾经的翡翠集散地和加工中心——腾冲，凭借其悠久的历史和毗邻翡翠原料产地的优势，以翡翠为主的珠宝业迅速崛起。腾冲现有从事毛料进口的公司和商行 24 家，目前已成功举办两届"中国腾冲翡翠博览会"，并成功举行首次翡翠公盘，成交金额 1.4 亿元；有"腾越翡翠城"、"七彩玉在桥头堡战略背景下重建滇西宝玉石集散地和加工中心源"等翡翠成品集中交易区 24 个，涌现出一批以"树明玉雕"、"丝路碧玉"为代表的实力强劲的翡翠设计加工公司，有以荷花乡雨伞村为主的珠宝加工经营户 4000 余户，直接从业人员近 3 万人，2010 年全县翡翠产业产值逾 20 亿元，销售额近 40 亿元，2011 年翡翠产业销售额超 50 亿元。

资料来源：《保山学院学报》2013 年第 5 期。

在扩大沿边开放的新背景下，仅仅利用资源优势的企业集聚不再满足现有国内外市场的需求，滇西少数民族沿边地区的企业集聚发生了显著变化：首先，瑞丽开发开放实验区与红河综合保税区的成立开通了滇西地区陆路开放的通道，这意味着需要更多的生产性企业落户滇西少数民族沿边地区。其次，利用资源优势的贸易性企业已经开始转型升级。一方面市场波动使原来因资源优势而带来的高利润空间变得不稳定，另一方面单纯从事贸易的利润空间一定程度上因成本的上升而被压缩。如玉石产业，近年来缅甸公盘的原石价格攀升，瑞丽地区的玉石产业生产成本也因此大幅上升。再次，随着中国近年沿边开放政策的大力推行，滇西少数民族沿边地区需要更多的全产业集团替代原有的企业集聚类型，企业的产品性质发生了较大变化，企业规模效应正逐渐显现。如云南景成集团，从早期的从事经营糖、烟、酒、汽车配件等小宗销售的边境贸易企业，发展到现在的经营业务涵盖航空业、建筑业、酒店业、矿业生产以及现代农业，成为一家大型的民营企业集团。最后，区位因素的改变，使产品的交通成本发生变化，更多生产性企业开始选择落户于滇西少数民族沿边地区。如银翔摩托、北汽集团、安琪酵母等（见专栏 7-2）。

> **专栏 7-2　云南沿边产业带：瑞丽国家重点开发开放实验区产业中心初步形成**

2014年9月报道，瑞丽开发开放试验区发挥区位优势、口岸优势、制造业优势，吸引一批外来企业落户，仅2014年上半年，瑞丽开发开放试验区共实施国内合作项目167项，中缅边境产业中心正逐渐形成。如陇川县百信胶带有限公司、银翔摩托100万辆生产基地、安琪酵母（德宏）有限公司、北汽集团云南产业基地等一大批省内外企业看好瑞丽开发开放试验区对接缅甸市场等优势，把生产车间移至出口最前沿，节约运输成本，扩大对缅出口。

陇川县百信胶带有限公司，是瑞丽开发开放试验区陇川章凤特色工业园区入驻的第一家企业。目前陇川百信胶带有限公司的厂房等基础设施建设已初具雏形，各项工作有序推进。百信胶带项目占地面积16.6亩，总投资1560万元，预计2015年1月建成投产。投产生产胶带1500万A米，产品100%出口缅甸，年出口额可达2500万元。早在2003年，百信胶带品牌看好越南、老挝、缅甸、柬埔寨等东南亚国家市场，已在昆明投资建厂。经过10多年的市场开拓，产品在缅甸市场有较高的信誉度，占缅甸60%的市场。今年该厂决定到陇川章凤特色工业园区投资建厂，利用陇川紧邻缅甸的优势，把生产车间移至出口最前沿，节约运输成本，扩大对缅出口。

银翔摩托、安琪酵母（德宏）有限公司、北汽集团也看好瑞丽开发开放试验区对接缅甸市场的优势，把生产车间移至出口最前沿。银翔摩托车主要针对缅甸市场生产，产品100%出口缅甸，2013年出口缅甸28万辆，出口额7.84亿元。而2014年1至7月就向缅甸出口17万辆，实现出口额4.76亿元。正是看好缅甸及东南亚巨大市场潜力，银翔摩托100万辆生产基地项目，已落户瑞丽工业园区。该项目占地面积2000多亩，由重庆银翔摩托车（集团）有限公司投资近30亿元建设，预计2015年10月建成投产。项目建成后，年生产摩托100万辆，可实现对缅甸及东南亚国家出口额28

亿元，与先前在重庆生产出口缅甸相比，每年节约运输成本上亿元。

安琪酵母（德宏）有限公司年产 2 万吨高活性干酵母项目已于 2013 年 5 月投产。该项目位于陇川县景罕糖化工业片区，主要是看好陇川的资源优势及地理位置，便于依托瑞丽口岸，扩大对缅甸及东南亚国家出口。该公司产品的 50% 出口缅甸及东南亚国家。

北汽集团云南产业基地 2013 年 12 月正式落户瑞丽开发开放试验区。北汽集团将依托瑞丽口岸加快走向东南亚步伐。

资料来源：http://www.rlsyq.gov.cn/。

沿边开放的新背景意味着滇西少数民族沿边地区正在突破边界与空间的束缚，产生企业集聚的向心力；企业生产的"外部性"效应也正成为新的动力与资源禀赋的优势共同带动沿边地区的企业集聚；以前众多仅从事贸易的沿边地区的企业正向生产、贸易于一体的企业转变。这些企业集聚的新特征正是滇西少数民族沿边产业带兴起的表现，企业集聚类型的变化最终改变了整个地区的区位特征，从而带动实现滇西地区重塑。

二 滇西边境少数民族地区企业集聚与沿边产业带形成的条件

马歇尔认为"外部性"是企业集聚形成的原因，本部分内容前述分析集中于资源禀赋与外部性这些原因对沿边产业带形成的影响与制约条件。然而，许多研究表明，"非经济性"因素尤其是企业家的偏好、当地的经济环境与政策激励，在区位选择过程中起到很大的作用。而且除了制度创新以及企业组织演变以外，区别于其他区位的某些因素禀赋和人文特征，将是区位形成的重要条件。因此，要想通过企业集聚来构建滇西边境少数民族地区的沿边产业带，并以此为基础重塑区域经济地理，就必须探讨沿边产业带构建中这些非经济因素给企业空间聚集带来的挑战。

（一）滇西边境少数民族地区企业集聚与沿边产业带形成的影响因素

从企业集聚的视角来看，尽管空间集聚的形成机制是自由市场与政策

第七章 企业集聚与滇西边境少数民族地区沿边产业带形成研究　223

干预共同作用的结果，但其影响因素仍然包括空间区位条件、人文历史因素、基础设施因素、资源禀赋、政策因素、产业分工、技术条件与其他因素等。其中，空间区位条件、基础设施因素、资源禀赋状况为企业集聚的硬件因素，而人文历史因素、政策因素、产业分工、技术条件等则属于企业集聚的软件因素。在空间集聚的过程中，技术条件、政策因素、产业分工对企业集聚的发生起到了诱导作用，是企业集聚的前奏；当企业集聚发展到一定阶段之后，地方政策、历史因素、地理因素、资源因素则能够促进企业聚集的快速形成，是企业集聚走向成熟的保障（见图7-1）。

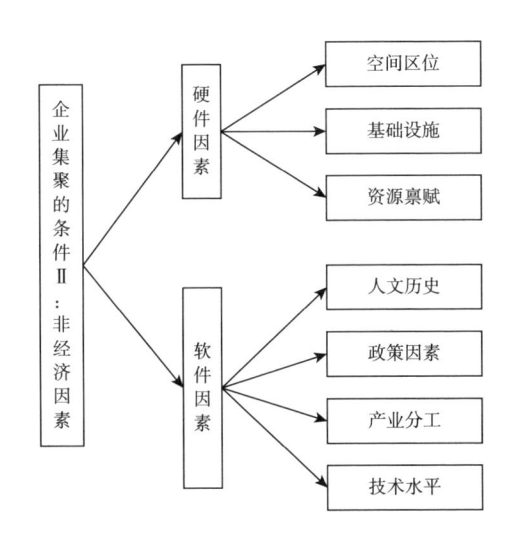

图7-1　企业集聚与沿边产业带形成的非经济因素

从上述逻辑出发，影响滇西边境少数民族地区的因素不但体现在空间区位条件、人文历史因素、基础设施因素等方面；而且体现在产业分工水平、技术能力水平、宏观经济政策等方面。

第一，在空间区位条件方面。地理因素是影响企业集聚的重要因素，纵观国内外的企业集聚，处于地理优势的区域往往都比处于地理劣势的区域更容易形成企业的空间聚集。就滇西边境少数民族地区而言，这片区域不但位于我国经济最不发达地区，其经济密度要远远低于东部沿海地区；而且位于我国边境地区，拥有4060公里的国界线，其经济要素在区域外部的流动性也要远远低于东部沿海地区的要素流动性。需要强调的是，边界尽管减弱了国与国之间的要素流动性，但在沿边开放战略下，滇西边境少数民族地区已由发展的后方转化为发展的前沿，并日益成为联系国内经济与东南亚、南亚等国际经济的枢纽与桥梁。从这个逻辑出发，滇西边境少数民族地区的企业集聚也具有一定程度的空间优势。

第二，在人文历史因素方面。纵观国内外企业集聚的形成，工商业的观念、人文环境、市场氛围、创新意识、产业经验等因素都会对企业集聚产生重要影响。从这个逻辑出发，历史因素在企业集聚过程中也十分重要。然而，就滇西边境少数民族地区而言，长期以来这片区域的商业意识、市场氛围、产业经验严重缺乏，根本就无法与我国江浙一带的"通商惠工、扶持商贾、流通货币"的历史传统相比。事实上，滇西边境少数民族地区的大部分区域在新中国成立之初还处于"刀耕火种"的原始社会末期或者说"自给自足"的小农经济状态，这种封闭的经济体系根本就没有什么商业意识、市场意识与竞争意识。虽然全国层面的改革开放已不同程度地影响到了这片区域，但作为"直接过渡区"，这片区域的市场观念、商业意识、竞争意识、开放意识仍然十分薄弱。

第三，在基础设施方面。纵观国内外企业集聚的形成，包括交通建设、通讯设施、电力、能源、水利等硬件设施以及大学、科研机构、人才市场、劳动力市场、社会中介机构等软件设施，都能对企业的空间聚集产生重要影响。就滇西边境少数民族地区而言，这片区域本就位于生态环境脆弱、自然灾害频繁的地区，对基础设施的供给要求甚高；尽管近年来这片区域内部的硬件设施、软件设施已得到了全面的改善，但水、电、路、气等硬件设施仍然十分薄弱，部分地区甚至还没有解决居民的饮水安全问题与住房问题；加之部分地区的卫生条件落后、广播和电视覆盖率低、中等职业教育严重滞后等，这片区域的基础设施不但远远落后于东部沿海地区，而且还远远满足不了企业空间集聚的要求。以一般意义上的硬件设施为例，滇西边境少数民族地区的交通体系仍然以公路运输为主，铁路运输、水路运输、航空运输等其他基础设施仍然十分薄弱。

第四，在产业分工方面。产业分工不但能够促进产业内异质企业由竞争走向竞争与合作，而且能够提升微观经济行为主体的生产效率并促进专业化生产方式的出现，产业的分工水平是促进企业集聚的重要因素。就滇西边境少数民族地区而言，产业分工主要体现为产业之间的水平分工，即第一产业、第二产业、第三产业的水平分工，以及产业内部的行业分工，如第一产业内部的农、林、牧、副、渔的行业分工，第二产业内部的轻工业、重工业、建筑工业的水平分工等，第三产业内部的教育、商贸、物流等的水平分工；产业内的垂直分工，如制造业从产品的研发设计、加工组装、市场营销、售后服务等产业价值链条的垂直分工，种植业从种植研发、种植、收割、销售等的垂直分工，以上这些产业分工仍然存在严重不足。

第五，在技术能力水平方面。企业的空间聚集既能够提升在位企业的技术能力、促进技术创新并提升区域的技术能力，但区域内部的技术能力水平也能够影响企业的空间聚集，二者之间是互惠共生、彼此影响的关系。就滇西边境少数民族地区而言，无论是区域内部企业的技术能力，还是整个区域的技术能力，均要远远落后于东部沿海地区的技术能力；不但如此，区域内部的创新意识不足、创新动力不足、研发投入不够、技术产出效率不高等问题也较为突出，这不但会制约区域自身技术能力水平的提升，而且会影响滇西边境少数民族地区的企业聚集。

第六，在宏观经济政策方面。宏观经济政策包括产业政策、进出口政策、金融政策、信贷政策、税收政策等，这些政策对企业空间集聚的宏观大环境有重要影响。就滇西边境少数民族地区而言，这片区域享受企业集聚的得天独厚的政策优势。正如前面分析中所指出的那样，滇西边境少数民族地区享受中央政府、云南省政府等各级政府的各层次、各类型的优惠叠加政策，其优惠政策的倾斜力度要远远超过东部沿海地区目前能够享受到的程度。

空间区位条件、人文历史因素、基础设施因素、产业分工水平、技术能力水平、宏观经济政策等方面的异质性特征不可避免地会强化或消解滇西边境少数民族地区的企业集聚。具体而言，这种影响主要体现在以下两个方面：

第一，对企业集聚形成机制的影响。首先就企业集聚的诱导因素而言，技术能力水平低下、以水平分工为主的产业分工等异质性特征明显不利于滇西边境少数民族地区在云南省内的竞争。事实上，目前云南的经济聚集仍然集中于以昆明为主的滇中城市群内，滇西边境少数民族地区已有部分企业集聚，但仍然无法做到与这些区域的企业全面竞争。其次就企业集聚的保障因素而言，空间区位的要素流动受限、人文历史因素中的商业与市场意识匮乏、基础设施的全面落后等异质性特征也不利于滇西边境少数民族地区形成稳定的企业集聚。目前，滇西边境少数民族地区内部的企业集聚仍然表现为特定区域内部企业的简单聚集，即不是按照产业的分工与协作、经济关系的竞争与合作等方式建立，而是将所有产业的所有企业进行简单的空间堆积。以瑞丽开放开发试验区的姐告为例，作为享受"境内关外"政策的特殊区域，姐告边境贸易区 2.4 平方公里的土地上尽管聚集大量的企业，但这些聚集企业涉及轻工业产品的加工组装、商贸物流、边际贸易、农副产品销售等行业，企业之间的技术联系与经济联系并不紧密，也远远没有形成相互关联、相互依存、相互支援的专业化分工协作。综上所述，本研究报告认为滇西边境少数民族地区的异质性特征不但不利于构建区域企业集聚的形成机制，而且使得区域内部已有的企业集聚呈现出脆弱性特征。

第二，各影响因素造成区域之间构建企业集聚的恶性竞争。由于企业集聚能够促进经济增长并推动形成区域增长中心，滇西边境少数民族地区内部的各个州（市）都十分重视区域内部的企业集聚。然而，由于这片区域的空间区位条件、人文历史因素、基础设施因素、产业分工水平、技术能力水平等方面的异质性特征都不利于形成企业的空间集聚，各个地方政府则将企业空间集聚的着力点转向了政策干预，即通过给予优惠政策的方式吸引企业投资并以此推动企业集聚。需要强调的是，尽管这片区域在整体上都能享受中央政府、云南省政府的各种叠加的优惠政策，但为了强化竞争优势并吸引外来投资和企业入驻，滇西边境少数民族地区内部的各个州（市）仍然在土地、税收、环保等方面出台了特别性优惠政策，有些地州甚至不遵循土地的价值规律并以牺牲生态环境等为代价招商引资。综上所述，本研究报告认为滇西边境少数民族地区的异质性特征使得这片区域的企业集聚更多的是强调政策的优惠幅度,而不是各个州(市)的资源禀赋与产业特征,这就在一定程度造成了区域之间构建企业集聚的恶性竞争。

(二) 构建滇西边境少数民族地区沿边产业带的条件

上述分析表明,滇西边境少数民族地区沿边产业带已初具雏形,但根据新贸易理论与新经济地理学的观点,以及与东部沿海地区的企业集聚相比较而言,沿边产业带还未能形成具有较强"外部效应"的企业集聚,在规模经济效应、差异化产品的替代、较低贸易成本(含运输成本)以及技术知识溢出效应方面远远不够。沿边产业带被看作是直接关系到滇西边境少数民族地区的发展,但其不会自动地促进边境地区的经济活动,需要外部的条件予以支持:

第一,滇西边境少数民族地区沿边产业带的形成需要在边境的领土基础上推动生产网络的全面整合,而非仅仅是跨区域的跨境贸易增加。

第二,滇西边境少数民族地区沿边产业带的形成需要工厂建设和基础设施设立。这反过来又包括了投资和经济活动在边界的流动,以利用互补资源和跨境市场。

第三,滇西边境少数民族地区沿边产业带的形成需要更为有效的投资与贸易激励政策以促进企业的集聚。

三 构建滇西边境少数民族地区沿边产业带的可能性:制度与政策支撑

企业集聚是滇西边境少数民族地区沿边产业带形成的根本动因,但正如前文分析,企业集聚除了资源禀赋与"外部性"影响之外,制度与政策的作用更为重要。来自国际合作组织的制度安排搭建了与国外需求相衔接的平台;而来自国家或省内的制度安排成为支撑滇西边境少数民族地区沿边产业带发展的基础。在此,本部分将简要回顾已有政策的内容并简要评述。

(一) 国际合作组织与制度安排:GMS 区域合作

滇西边境少数民族地区是云南省参与国际合作组织的前沿,如瑞丽的姐告口岸已经成为云南面向东南亚地区的直接贸易地，2014 年成立的红河保税综合区将成为未来面向南亚东南亚地区的另一重要平台，利用好国际合作组织的制度安排也是滇西地区企业集聚的重要条件。

20 世纪 90 年代以来，湄公河次区域的国际合作得到长足发展，引起了国际社会的广泛关注与参与。中国政府高度重视和积极支持中国参与湄公河次区域的合作，该合作已成为中国与东南亚地区开展经济合作的重要组成部分，为中国与东盟合作的 5 个重点领域之一。已有的制度安排有：

第一，GMS 经济合作未来十年战略框架。2002 年，GMS 各国通过了《GMS 经济合作未来十年战略框架》[1]：（1）通过跨部门措施加强基础设施联系；（2）推进跨境贸易和投资便利化；（3）推动私营部门参与发展和提高其竞争力；（4）开发人力资源和技能运用能力；（5）保护环境、促进共享自然资源的可持续利用。（6）该框架进一步提出 11 个同战略方向相关的骨干计划，包括：交通、经济走廊、电信骨干网和电力联网、跨境贸易和投资、推动私营部门参与、次区域公共环境和自然资源的联合管理计划、人力资源开发、大湄公河次区域旅游开发等。

第二，大湄公河次区域便利跨境客货运输协定。2003 年，GMS 六国签订《大湄公河次区域便利跨境客货运输协定》[2]。大湄公河次区域跨境运输协定是综合性多边法律文件，其中涵盖了有关跨境运输便利化的各个方面。包括：（1）一站式通关；（2）人员的跨境流动（如营运人员的签证）；（3）运输通行制度，包括免除海关检验、保证金抵押、护送、动植物检疫；（4）公路车辆必须具备跨境通行的先决条件；（5）商业通行权利的交换；（6）基础设施，包括公路和桥梁设计标准、公路标识与信号。

第三，大湄公河次区域贸易投资便利化战略行动框架。2005 年 7 月，大湄公河次区域第二次领导人会议通过了《贸易投资便利化战略行动框架》[3]。包括：（1）简化海关制度和法律规章，加强海关法律制度的透明度，减少海关的边境控制，减少合法贸易和旅行者的负担；（2）在检验检疫措

---

[1] http://yunnan.mofcom.gov.cn/aarticle/sjdixiansw/200806/20080605578204.html.
[2] http://wenku.baidu.com/view/9fd82f44b307e87101f696fe.html.
[3] http://www.tradelawchina.com/jingwaitouzi/HTML/369.html.

施方面强化各国检验检疫间的合作与信息交换,建立统一的方法与程序,提高 GMS 国家检验检疫法律规章等的透明度,建立各国共同工作程序,实施同步查验减轻合法贸易和旅行者负担,达成双边或多边协议,建立流行病检测和报告的区域网络;(3)简化 GMS 跨境交通规章与手续,评估 GMS 经济走廊贸易交易成本,提高跨境贸易物流透明度,改善和发展贸易物流网络,实现货运物流产业的能力建设和升级;(4)简化 GMS 公民在次区域内流动的制度,如签证申请与临时居留手续便利化、多次出入境的商务签证政策、通过英文出版物提高法律的透明度等。

第四,其他有助于 GMS 地区企业贸易的政策与措施。(1) 2005 年,GMS 领导人会议通过了《昆明宣言》,明确承诺各国将加速建设电信光纤网,特别是次区域信息高速公路。参加会议的六国电信运营商签署了《大湄公河次区域信息高速公路规划和建设谅解备忘录》,确定了 GMS 信息高速公路的实施方案。签署了《大湄公河次区域跨境运输协定》[①] 及其附件和议定书,以促进成员国人员和商品的自由流动,打破阻碍跨境流动的无形壁垒[②]。(2) 2011 年,GMS 各国通过了 GMS 经济合作新十年(2012—2022)战略框架。明确了要完善基础设施互联互通,为跨境贸易、投资、旅游等合作创造有利的政策环境;关注自然环境和社会因素,促进次区域可持续发展。并明确了 GMS 合作的八大优先合作领域,确定为:推动 GMS 经济走廊发展;继续加强公路、铁路等交通基础设施互联互通;加强能源合作;完善成员国电信网络联通;推动本地区成为单一旅游目的地;促进农业领域可持续发展;加强环境领域合作以及继续推进人力资源开发合作。

(二)区域性贸易区建设:跨境经济合作区与沿边开发开放区建设

跨境经济合作区是陆地领土上接壤的两个或多个国家在边境附近划定

---

① http://www.fmprc.gov.cn/mfa_chn/ziliao_611306/tytj_611312/t237164.shtml.
② 罗梅、马金案:《大湄公河次区域经济合作回眸》,《当代世界》2008 年第 9 期。

特殊区域，各国对这一区域提供特殊的政策，利用相邻国家的资源和市场，发挥边境两边地区之间的互补优势，吸引各种生产要素和资源在此汇集，促使边境地区由"边缘区"转变为"核心区"，从而促进边境地区的跨越式发展。云南省具有建立跨境经济合作区的地缘优势，而且云南省政府与学界一直以跨境经济合作区建设为探索和研究的重点，并先后提出建设中越河口—老街跨境经济合作区、中缅姐告—木姐跨境经济合作区、中老磨憨—磨丁跨境经济合作区的建议，但由于缺乏国家层面的明确支持，一直未能取得更多实质性进展。2011年，国务院出台了《关于支持云南省加快建设面向西南开放重要桥头堡的意见》，提出在条件成熟的时候建设河口—老街、瑞丽—木姐、磨憨—磨丁跨境经济合作区。中共十八大提出"创新开放模式，促进沿海内陆沿边开放优势互补"之后，云南三大跨境经济合作区的建设步伐明显加快。

2011年国务院颁布了《关于支持云南省加快建设面向西南开放重要桥头堡的意见》[1]。意见指出：需要发展沿边开放经济带，加快云南与其他GMS国家之间经济走廊的建设，并通过强化基础设施建设（包括铁路、机场、高速公路）和促进产业发展尤其是产业集群，来增强云南对内经济走廊的纽带作用。因此构建跨境经济合作区是发展沿边开放产业带的重要途径。

2014年1月红河综合保税区正式获得国务院批准，成为云南省第一家综保区，而设立中国河口-越南跨境经济合作区的推进工作上升到了国家层面，云南省政府出台了《关于支持河口跨境经济合作区的若干政策意见》，确立了22项扶持政策，跨境经济合作区取得突破性进展。

（三）促进滇西少数民族沿边地区企业集聚的投资贸易政策

云南作为中国西部省份，其边境经济区将按照投资西部的优惠政策制定相关投资激励措施。西部十二省符合鼓励投资项目的企业（不论是外商

---

[1] http://www.gov.cn/zwgk/2011-11/03/content_1985444.htm.

投资企业还是国内企业）在2010年前享有15%的所得税率，2010年中央政府已经确定将继续实行这一优惠措施，这将使得中国西部拥有更优惠的政策。此外，西部地区对外商投资企业的门槛更低。

在西部优惠政策的基础上，云南省在税收政策方面给予了更多的优惠，主要体现在对来自云南以外的投资（包括外国和中国其他地方）在增值税和营业税方面给予优惠，包括提高个体工商户和个人的税收起征点；在西部大开发政策和云南省税收优惠政策的基础上，边境经济区优惠政策主要体现在放宽政策的执行和改善投资服务等方面。表7-1列示了近年来促进滇西少数民族沿边地区企业集聚与产业发展的投资贸易政策，这些政策涉及投资激励政策如税收政策、土地使用政策、金融服务政策，以及改变投资环境的基础设施建设优惠政策、便于货物与人流通关的便利服务政策等。在瑞丽开发开放实验区建立之前的优惠政策，更多的是起到了促进沿边地区边境贸易量增长的作用，对于生产型企业特别是追求效率与寻求市场的企业，这些政策起到的作用有限，自2010年之后的关于桥头堡建设、开发开放实验区建设以及红河保税区建设的一系列政策改变过去的思路，着重吸引关注于市场潜力及追求效率的生产型企业，但是这些政策实施时间相对较短，即便如今发展势头较好的瑞丽开发开放实验区建设刚过去一年，政策的实施效果也尚未显现。但是，针对先行政策的实施情况，实验区做出了适宜的政策调整（见专栏7-3）。

专栏7-3 云南沿边产业带政策调适：瑞丽国家重点开发开放实验区一周年先行政策要点

2013年8月12日，国家发改委批复《瑞丽重点开发开放试验区总体规划》。一年来，试验区在土地利用、环境保护、产业发展、口岸建设、旅游文化产业发展、城乡建设发展等6个重点领域编制完善专项规划。在规划引领下，重点产业培育取得实效，发展瓶颈逐步突破，发展基础不断夯实，沿边开发开放建设显示出巨大的活力。

政策要点：

第一，创新管理集约利用，土地低丘缓坡试点让企业受益。享受低丘缓坡的土地优惠政策，可以让企业边建设边报批，此外，还可以享受瑞丽试验区"五免五减半"的财税政策，让区位优势、政策优势产生叠加效应。如陇川百信胶带有限公司享受了低丘缓坡的试点政策，土地报批等手续享受了边建设边报批的政策，节约了大量的时间，每亩15万元的土地价格也较其他类型的土地价格便宜。陇川县作为省委、省政府确立的低丘缓坡试点县，在瑞丽试验区开发过程中，享受低丘缓坡试点项目建设，可以为企业报批节约时间，同时，价格相较其他类型的工业用地便宜。

第二，明确特色产业，发挥口岸通道的区位优势。德宏州高度重视产业发展，明确提出了要发展面向东南亚、南亚的装配制造业、轻纺业、电子信息产业、生物特色产业。"通过优化产业布局，加快产业结构升级，巩固发展特色优势产业，培育壮大新兴产业，打造优势产业集群，构建外向型产业体系。目前，重点产业培育取得突破。"2014年上半年，瑞丽口岸就出口汽车3000余辆、摩托车40多万台，手机出口近百万部。在政策和市场环境潜力的吸引下，新兴产业不断进入试验区。

第三，完善口岸功能分布，提升通关便利水平。得益于瑞丽开发开放实验区的建立，口岸通关能力大大提升。近百辆重型卡车头尾相连停满了瑞丽口岸联建中心等待通关出境查验货场，但半个小时后，这里已经"冷冷清清"剩下几辆正在办理手续的车辆。"现在的通关手续越来越便捷了。"瑞丽金丽专业报关有限公司的负责人陈红英说。自2014年5月开始试行无纸化通关后，报关流程的效率大大提升，"过去所有报关手续都要排队办理，一个流程需要一两个小时。现在半个小时就能出票通关。"

距离瑞丽口岸40多公里外，章凤口岸查验货场上的缅甸卡车也正在忙碌地分装着大包大包的纺织品。经过多年努力，章凤口岸已成为云南省基础设施最完善、功能最完善的口岸之一，口岸贸易也由小额贸易发展为边境贸易、转口贸易、过境贸易等大额贸易的多元化对外贸易格局，并积极申报升格为国家一类口岸。

随着陇瑞一体化发展战略的推进，瑞丽重点开发开放试验区内口岸和通道基础设施建设不断完善，通关便利化水平逐渐提高，在统一发展规划指导下从功能布局上调整进出口商品通道，推进口岸间协调、有序发展和功能互补，形成"一主一次二枢纽，一代四区多通道"的开发开放新格局。

"从章凤口岸到缅甸北部水陆运输枢纽重镇八莫仅有78公里，通过章八公路构建沿依洛瓦底江南下仰光出海的中缅陆水联运大通道，已在试验区规划中明确。"在德宏州商务局副局长沙振东看来，瑞丽重点开发开放试验区口岸建设首先要抓好规划和定位。"瑞丽口岸发展到现在已经呈现大进大出态势，但基础条件的制约难以承载未来大通关的发展要求。因此，编制口岸专项规划就是要发挥各口岸、通道的优势，按照不同定位，科学规划分流，推进重点工程建设，进一步全面提升通关便利化水平。"

资料来源：http：//www.rlsyq.gov.cn/。

此外，滇西沿边地区与越南、老挝、缅甸等国相邻，由于各国所处的发展阶段不同，市场、投资软环境、原材料与劳动力成本等存在较大的差异，为达到激励投资的目的，各国政策存在着较大的差异，达到的效果也有很大的不同。从建立跨境经济合作区的角度看，如中国与越南、中国与老挝、中国与缅甸建立跨境经济合作区，需要中国与这三个国家采用一致的政策，才能推进跨境经济合作区的建立。如何调整双边的政策，需要根据跨境经济合作区的合作目标、市场状况、合作模式、资本来源、园区产业等具体情况做出具体的选择。

针对已有投资贸易激励政策的影响予以分析，寻找出有利于企业集聚的政策，特别是那些有利于生产型企业追求效率与寻求市场型的投资政策，对未来沿边产业带的形成将更有意义。以下部分，本研究将利用已有调查数据着力于分析投资政策与投资环境对企业集聚产生的影响。

表 7-1 云南省促进滇西少数民族地区投资贸易政策整理

时间	发文机关	文件名称	政策内容
2000年	国家计委	《国家计委办公厅关于解决云南边境贸易发展有关问题的复函》①	同意按照"境内关外"②的方式设立姐告边境贸易区,海关后设于大桥西侧,履行对货物物品的监管、征税和检查等职能
2000年	云南省委、省政府	《关于设立姐告边境贸易区有关事宜通知》③	确立了姐告的性质和功能,批准了姐告的建设规划和管理体制,制定了姐告的发展目标和优惠政策
2000年	云南省人民政府	《云南省关于设立姐告边境贸易区有关事宜的通知》	(1)企业在姐告边境贸易区可以开展一般贸易、加工贸易、转口贸易、过境贸易、国际经济技术合作业务;(2)免征工商行政管理的各项规费;(3)姐告边境贸易区内免收一切行政性收费,经营性收费减半征收,法定收费项目按最低限额收取
2000年	瑞丽边境经济区	《瑞丽边境经济区优惠政策》	(1)合作区兴办的工业项目,企业给予税收优惠,如工业项目投产之日起前三年所缴增值税的20%后三年先征收后返还,所得税(地方所得税部分)前三年先征收后返还,后两年先征收后减半返还、进口关税和进口环节增值税税率减半征收的政策,边境小额贸易享受一般贸易出口退税政策;(2)区内投资者享受边民互市贸易活动的国内外人员、常住合作区从事经贸活动的国内外人员,本人自愿申请,符合条件的给予优先解决城镇户口;(4)土地实行有偿使用的政策,并确定了各类土地使用权出让年限,到期后的处理方式等

续表

时间	发文机关	文件名称	政策内容
2000年	云南省德宏州政府	《云南德宏州姐告边境贸易区投资贸易指南》①	(1) 投资贸易政策。贸易区履行省级外商投资，进出口贸易，国际经济技术合作和加工贸易审批和管理权限，外商投资企业允许用人民币投资，允许人与外商在姐告边境贸易区投资设立合资企业或合作企业。(2) 税收优惠。上述税收优惠政策期满后，实行国家级开发区的税收优惠政策；以边民互市方式进出姐告边境贸易区的商品和物资，享受边民贸易区内一切优惠政策。免征房产税和土地使用税，免征企业所得税。减免企业所得税，免征企业自然人与外商在姐告边境贸易区投资的资设立合资企业，对在姐告边境贸易区投资项目按最低限额征收。免征边境贸易区行政管理的各项税收、经营税费等。(3) 工商管理政策。对在姐告边境贸易区投资项目实行"一站式"审批。对投资项目申请最低不低于1万元，经营性外商投资企业外销本企业的产品，可不办理边境贸易营业执照。对投资的项目实行"一站式"审批，对需要审批的条件，放宽注册资金限额，放宽企业设立条件，放开工建设实行"一厅式办公"，放开姐告边境贸易区的特殊管理模式实行管理；从姐告边境贸易区运入内地货物，如非公司法人，按照非定区域的特殊管理模式实行管理；姐告边境贸易区主管部门出具的推运证明放行，对出入境人员实行"一线管人，二线管人"①，对从境外进境贸易区主管部门出具的第三国人实行72小时签证，进入瑞丽需办理签证手续
2013年10月	红河州政府	《支持红河州河口跨境经济合作区建设若干政策》	8个方面的22项具体支持政策，包括：财税政策、投融资政策、产业政策、土地政策、通关便利化政策、公共服务政策，以及行政管理和人才政策等；每年给予5000万元的财力补助
2013年	云南省人民政府	《加快推进瑞丽重点开发开放试验区建设若干政策》②	(1) 支持各类金融机构到试验区设立分支机构。(2) 鼓励各银行业金融机构建立贷款审批快速通道，把试验区列为业务发展和信贷支持重点区域。(3) 支持保险资金以债权、股权等形式，投资试验区基础设施建设

续表

时间	发文机关	文件名称	政策内容
2013年	云南省人民政府	《国家级瑞丽重点开发开放试验区建设实施方案》⑧	(1) 新体制机制，提升开放开发水平。创新边境管理体制，创新金融管理体制，创新跨境合作机制，创新土地管理方式，创新行政人才管理体制。(2) 加强中外合作，构建中缅边境经济贸易中心。加快发展对外贸易，提高利用外资技术水平，深化边境经济贸易合作，深化边境社会事务合作，提高国际商贸旅游服务水平。(3) 加强基础设施建设，构建国际陆港。推动西南国际大通道建设、加强口岸设施建设、完善市政和信息基础设施，强化水资源和能源保障
2012年	云南省发改委	《云南省加快建设面向西南开放重要桥头堡总体规划（2012–2020年）》⑨	(1) 提高对外经贸水平。扩大装备制造、电子信息、高新技术产品、绿色有机农副产品和优势服务产品出口，增加先进技术设备、关键零部件、重要原材料及国内短缺资源的进口，努力形成云南省对外贸易竞争的新优势；利用已建成的自贸区、重要原产地规则，提升产品国际竞争力；创新利用外资方式，优化利用外资和农业产业结构，促进招商引资由数量扩张型向质量效益型转变，鼓励外资重点投向农业和农产品加工业、制造业、战略性新兴产业、高技术产业，以及基础设施建设、环境保护、提高云南北部、南亚国北部、南亚国家和多边合作机制的效能，大湄公河次区域开发合作、与东盟一越南北部、南亚和东盟一泰国北部合作机制，云南一老挝北部、南亚国北部、南亚和多边合作机制；吸引更多东南亚、南亚和其他地区国家在昆明开设立领事、商务及金融机构；积极参与国际经济合作，开展多层次的对外经济合作，拓展东南亚、南亚、矿业、加工业、中东及非洲等国际市场，争取全方位、多层次对外投资和对外经济技术合作；新增10对以上友好城市。(3) 深入实施"走出去"战略。积极参与国际市场，鼓励和支持有实力的企业利用周边国家发展农业、加工业、矿业、旅游业、邮政业等对外合作，推动蔬菜替代种植、发展替代产业

续表

时间	发文机关	文件名称	政策内容
2014年	云南省人民政府	《云南省人民政府关于加快推进瑞丽重点开发开放试验区建设的若干政策》⑩	2013—2020年，省财政继续每年给予试验区1亿元综合财力补助；区内新办企业，企业所得税地方分享部分实行"五免五减半"优惠；鼓励类、允许类外商投资核准权下放试验区主管部门；支持售，不再受海关监管；进口货物可以直接从缅甸进入姐告区内，在未越过姐告大桥中心横线进入姐告区视为出口，出口货物向海关申报，可免于向海关执行进口商品后止和原关行业金融机构建立快速通道，把试验区基础设施建设、投资审批快速通道，把试验区基础设施建设、投资审批重点支持重点区域，支持保险资金以债权、股权等形式，投资试验区基础设施建设；以财税优惠发展外向为业务发展重点区域，鼓励风险投资基金等机构人入驻试验区，推动试验区符合条件的企业加入场外交易市场的扩容试点。鼓励运用银行间债券市场非金融企业债务融资工具，拓宽融资渠道，降低融资成本；对"多头在外"模式发展的工业项目，实行差别化产业政策，在法定条件内按低限执行项目准入门槛；瑞丽、芒市、陇川三个工业园区统一纳入省级园区管理和扶持范围；加强口岸建设，建立便利化通关体系，优化出入境管理服务；制定实施与试验区建设发展相适应的特殊人才政策，创新人才引进、培养、评价、使用，激励和服务保障机制。允许试验区在一定数额内，突破身份限制，跨部门使用人才

注：①http://www.dh.gov.cn/dhzrmzfgxxw/3973028092363931648/20080229/186023.html。
②"境内关外"的特殊管理模式是指国内所有的货物越过姐告大桥中心横线以后进入姐告区视为出口，出口货物可以在姐告区内对外进行批发零售，不再受海关监管；进口货物可以直接从缅甸进入姐告区内，在未越过姐告大桥中心横线进入姐告区市区前，可免于向海关申报，除国家明令禁止进出口商品以外，所有的商品均可在区内展示销售。国内进出口企业可以通过姐告边境贸易和转口贸易将姐告视为"第三国"的目的港，从姐国进口商品后再转口到其他国家。
③http://www.dh.gov.cn/dhzrmzfgxxw/3973028092363931648/20080229/186023.html。
④http://www.dhyj.gov.cn/index.php/cms/item-view-id-6711.shtml。
⑤以姐告大桥中心横线为海关关境线，海关、出入境检验检疫机构设立于桥西侧，依法对进出境人员、运输工具和货物、物品履行监督管理职能。从姐告进出姐告边境贸易区的运输工具、货物和物品，免于向海关申报和缴纳关税，进口环节税。从姐告边境贸易区内执行国家有关进口商品的管理规定和税收政策。从姐告大桥西侧进入姐告边境贸易区的货物和物品，超过关境线即为出口，执行国家出口商品管理规定和税收政策。
⑥中国公民持身份证可自由进出姐告边境贸易区，需出境时，需出人姐告边境贸易区，由一、二线验证放行，返回瑞国区时在二线凭上述证件放行；缅甸公民可凭缅方木姐市通行证出入姐告边境贸易区，需出入瑞丽市及其他地区的，在一、二线均可办理有关手续，由一、二线验证放行。
⑦http://www.gov.cn/gzdt/2013-04/15/content_2377844.htm。
⑧http://www.ynaefi.com/content.aspx?id=66317876214。
⑨http://www.yn.xinhuanet.com/gov/2013-01/30/c_132137927.htm。
⑩http://www.gov.cn/gzdt/2013-04/15/content_2377844.htm。

四 政策环境、企业集聚与滇西边境少数民族地区沿边产业带形成：模型设定与识别

既然滇西边境少数民族地区的非经济性因素——制度与政策因素对企业集聚产生重要影响，那么这片区域的企业集聚究竟发展到什么程度了？对这个问题的回答显然会影响沿边产业带的形成与区域经济地理的重塑，因此，本部分将利用调查数据实证研究滇西边境少数民族地区的企业集聚。

（一）理论假设

在现实经济中跨境或边境经济合作区是边境地区企业空间集聚的主要途径，国内外学者对典型的跨境经济合作区，如美墨边境地区、欧盟一体化等展开详细的研究，并论证了边境地区能否形成企业集聚的条件。其中，美墨边境地区的发展演变表明，尽管区域一体化进程是边境地区实现企业集聚的必要条件，但早期的北美自由贸易区（NAFTA）并没有逻辑带动墨西哥边境地区的发展（Peach et al, 2000, Morales, 1999）；只有随着北美一体化程度的提高，才吸引了众多企业在墨西哥与美国的边境地区集聚（Hanson, 1996, 1998b, Krugman and Hanson, 1993）。作为一个较小的经济体，墨西哥边境地区的企业集聚源自 NAFTA 使墨西哥能够自由进入美国市场这一事实。事实上，墨西哥曾依托 NAFTA 实现大约 10 年的贸易增长，之后相互之间的贸易增长动力才开始减弱。欧盟则是依靠不断扩充新成员维系其内部的贸易增长。早期对欧洲边境的研究发现，企业集聚现象发生在国家内部层次上，属于国家地理的空间层次（Giersch, 1949）；后期的研究发现企业集聚出现在了边境地区，其中对德国－波兰边界区域的研究认为，边界障碍的清除有利于增强区域之间的企业贸易关系（Stiller, 2002）；不但如此，跨境地区企业间的经济关系还能决定这一地区企业集聚的前景（Krate, 1999），对进入边境地区的生产者而言，最具吸引力的还是融入区域大市场（Ibreljic et al, 2004）。对东亚增长三角的研究也表明，在边境地区吸引企业集聚并形成增长中心必须具备一定的前提条件与动力机制。其中，前者包括经济互补性、地理邻近性、空间可达性、（适宜的）制度安排

等；后者包括区位指向、扩散机制、空间近邻效应、区际分工、国际组织的协调与推动等（李秀敏，2003）。① 从这个逻辑出发，无论是基于理论推导还是基于现实经济的考虑，跨境地区具备形成企业聚集的可能性。考虑到滇西边境少数民族地区的毗邻国家均为欠发达国家或最不发达国家，这一方面意味着边界两侧地区发展是非均质的，呈梯度分布②，相互之间的资源、产业与技术结构有较强的互补性；另一方面意味着边界两侧的政治、制度和文化的差异产生的交易成本能够制约商品、资本、技术、劳动力的跨界流动和延伸范围。这片地区的企业集聚将更为复杂。

目前，尽管边境地区利用区位优势已开展以边民互市贸易、边境小额贸易为主的边境贸易，然而以边境贸易为主体的口岸经济与通道经济尚不足以推动边境地区的企业集聚。显然，只有通过深层次的区域经济合作，才能推动产业和生产要素向边境地区聚集。什么条件下能够在边境地区形成产业集聚？以 Krugman 为首的经济学者认为，产业集聚是由规模收益递增、可流动的生产要素、较低的运输成本三个主要因素通过市场传导相互作用而生成的，缺少任何一方面，产业集聚都不会自我发生、自我增强并持续下去。滇西边境少数民族地区较低的产业聚集水平使得规模收益递增效应缺乏，加之"边界"的存在产生了"屏蔽效应"并阻碍了生产要素的自由流动，因此要想加快地区内部的企业空间聚集一方面需要加快国际大通道建设并降低运输成本，另一方面需要发挥政府的作用，通过有效的区域经济合作制度安排推动企业在边界两侧集聚。

在缺乏产业集聚所需要的规模经济、要素自由流动与较低运输成本条件下，改善滇西边境少数民族地区的投资环境是吸引企业投资的先决条件。通过对滇西边境少数民族地区与 GMS 跨境地区的调研，本研究报告认为滇西边境少数民族地区与越南、老挝及缅甸的投资环境差异较大，企业资本

---

① 李秀敏、刘丽琴：《"增长三角"的形成发展机制探讨》，《世界地理研究》2003 年第 12 期。
② 如中国与 GMS 地区经济发展存在显著的梯度性，黎鹏（2006）利用国内生产总值、人均国内生产总值、财政收入、进口总额、出口总额、旅游入境人数七项指标测算后表明，中国与 GMS 地区的经济梯度分布为：泰国为第一类，中国广西、云南和越南为第二类，缅甸、老挝为第三类，当中，越南实际利用外资得分远远大于泰国和中国广西、云南得分。

积累的差异本质上就是国家间投资环境的差异，而国家间投资环境的差异又会使企业的交易成本增加，并直接影响企业的投资决策效力。基于这样的特点本研究报告分别从投资激励政策与基础设施建设服务两个维度分析投资环境对在位企业的投资动机及空间集聚的影响。就前者而言，波特（Porter，2002）强调相关支持性产业和政府政策对产业集聚有促进作用，这就意味着在跨境地区通过边界两侧制度与政策的一致性协调，能够减少企业投资"落地"阶段及"落地"后的交易成本；郑江淮（2008）对中国沿江地区的研究也发现，经济开发区作为政府主导的经济增长载体，最初通过提供财政和税收等方面的优惠政策，即"政策租金"来吸引投资，而在位企业进驻开发区的目的是获取该租金，这也意味着有效的投资激励政策有利于减少生产成本与交易成本；不但如此，有利于经济一体化的激励政策能够使边缘位置转为中心位置，从而提高市场接近性、市场潜力和扩大市场规模，吸引企业和消费者流向边境地区，这就能够推动边境地区的要素聚集和经济中心的出现。就后者而言，企业投资"落地"之后，意味着企业进行了各种形式的"专用性投资"，企业不能无成本的退出，此时，影响企业投资的更为重要的是与生产成本、消费成本、基础设施相关的成本支出——投资环境的便利与否变得更为重要，即基础设施建设及其服务变得更为重要。因此，一个有利于产出水平提高的地区应该提供这样一个环境：支持生产性活动，并鼓励资本积累、技术的收购、发明和技术转让。

因此，我们提出以下两个假说：

> 假说1：区位优势、政策优势在市场机制下不足以提高滇西边境少数民族地区的企业聚集水平，必须进一步完善激励政策来吸引企业在跨境地区投资，引导企业向该地区集聚。
>
> 假说2：区位优势、政策优势在市场机制下不足以提高滇西边境少数民族地区的企业聚集水平，需要通过基础设施建设和服务的完善来吸引企业入驻边境地区。

(二) 数据说明与识别

本研究报告数据来源于亚洲开发银行PPP项目在中国云南（皆为滇西边境少数民族地区）与GMS跨境地区所做的抽样调查。全部被调查企业为134家，涵盖了西双版纳傣族自治州、德宏傣族景颇族自治州、红河哈尼彝族自治州并涉及越南的老街省的企业。其中，滇西边境少数民族地区的企业为103家，越南老街省为31家。问卷涉及企业基本特征、企业对投资激励政策及投资环境的评价等诸多问题。在样本企业中，非国有制企业占比83.6%、国有企业占比10.4%、跨国公司占比3.7%，其他类型占比2.3%。样本企业分属农业（占5.34%）、采矿业（6.35%）、制造业（48.09%）及服务业（22.91%）和其他行业（17.31%）。此外，有41.5%的样本企业都有进出口活动，当中出口原材料、零部件、机械设备及最终产品的分别占4.35%、3.5%、69.6%及12.3%，主要出口国有中国、缅甸、越南、老挝以及其他国家，占比分别为21.4%、20.2%、8.3%、3.6%和46.4%。

本研究报告首先对假说中影响企业投资的主要变量进行基本的统计描述，如表7-2、表7-3所示。

表7-2　企业投资激励政策基本统计量及相关系数矩阵

政策变量	均值	标准差	税收种类	土地价格（更便宜）	土地价格（更昂贵）	金融服务
税收种类	2.650	0.522	1.000			
土地价格（更便宜）	0.381	0.487	-0.012	1.000		
土地价格（更昂贵）	0.052	0.223	0.015	-0.184	1.000	
金融服务政策	2.078	0.561	0.137	0.166	-0.028	1.000

根据投资环境的定义及调查问卷的描述性统计分析结果，本研究报告将滇西边境少数民族地区的跨境经济区的投资环境因素分为：区位因素、资源可得性、市场潜力、政治的稳定、行政程序的简化程度、腐败以及基础设施的建设。具体而言，区位因素、资源可得性及市场潜力是关键因素，区位优势、资源富足及市场潜力都有助于减少投资过程中的主要成本支出，

而政治、行政程序及基础设施建设对企业投资决策起重要作用。

表 7-3 边境两侧企业投资环境基本统计量及相关系数矩阵

环境变量	均值	标准差	资源可得性	市场潜力	区位因素	政治因素	治理结构	企业性质	基础设施
资源可得性	3.094	0.850	1.000						
市场潜力	1.609	0.572	0.522	1.000					
区位优势	3.001	1.080	0.320	0.419	1.000				
政治因素	5.232	1.263	0.363	0.327	0.452	1.000			
治理结构	2.041	0.348	-0.049	0.018	0.029	0.307	1.000		
企业性质	0.873	0.334	0.118	0.140	0.142	-0.066	-0.129	1.000	
基础设施	1.109	0.294	0.243	0.279	0.136	0.081	0.007	-0.112	1.000

表 7-2 和表 7-3 分别列示了边境地区投资激励政策、投资环境内各主要变量的相关系数矩阵，结果表明相关性不高，共线性问题可以不考虑。

投资动机是企业集聚的根本前提，根据 Dunning（1998）对投资动机的划分[①]，并结合调查问卷中投资原因问题的设计，本研究报告将投资动机区分为三种类型：市场寻求型（M）、资源寻求型（R）、效率寻求型（E）。对此采用 Multi nominal logit（MNL）模型，将被解释变量定义为 $y=j$（$j=1,2,3$），这里的数值对应于上述三种投资动机战略，并假设上述三种投资动机是相互独立的。由此则可以推导在位企业属于上述三种类型中的一种及其相应的概率，如方程（1）和（2）所示。

$$P_{ij}(y=j|x_i) = \frac{\exp(x_i\beta_{ij})}{1+\sum_{j=2}^{3}\exp(x_i\beta_{ij})} \quad j=2,3 \quad (1)$$

$$P_{ij}(y=1|x_i) = \frac{1}{1+\sum_{i=2}^{3}\exp(x_i\beta_{ij})} \quad （对照组） \quad (2)$$

---

① 约翰·邓宁将对外直接投资分为四种类型：即自然资源寻求型、市场寻求型、效率寻求型和创造性资产寻求型，其中前三种是资产利用型投资，以传统的直接投资理论为代表，其主要目的是在全球扩张已有的垄断优势。最后一种投资是资产扩大型投资，其目的是通过直接投资来获得创造性资产，在维持原有的竞争优势的同时获得新的优势。

方程（1）和方程（2）识别了企业区位选择的动机，$j=1，2，3$ 分别代表了三种投资动机：即市场寻求型、资源寻求型及效率寻求型。方程（2）为对照组，即市场寻求型企业投资的企业，估计方程（1）的结果是相对于方程（2）的，即分别相对于市场寻求型企业的投资区位选择概率和资源寻求型与效率寻求型的企业投资区位选择概率。

五 政策环境、企业集聚与滇西边境少数民族地区沿边产业带形成：实证结果分析

（一）投资激励政策、企业投资动机与企业集聚的可能性

为了提升研究结论的科学性，本研究报告就被解释变量与解释变量进行识别。就前者而言，问卷问题设置了包括市场获取、资源获取、降低成本、技术应用以及其他在内的选择，按区位特征、行业分类、企业规模及企业成立年限、贸易特征，本研究报告将影响企业投资意图的因素分为三类。第一，有利于减少企业投资支出的投资激励政策工具是影响企业投资意图的主要因素，问卷中设计了税收种类与分类别税收优惠政策[①]、土地优惠政策及金融扶持政策对投资决策的影响程度，采用综合评价指标法、主成分综合评分法生成相应的解释变量，并根据标准差大小选取解释变量；第二，包括企业规模、企业成立年限、所属行业及地区等反映企业特征的控制变量识别策略如下：企业规模以近三年营业收入500万元为识别标准生成企业规模虚拟变量，成立年限分别以5年、10年、20年来识别企业的成长周期，此外引入企业所在行业的虚拟变量及地区虚拟变量控制行业、地区的异质性。

如果以市场为投资目的的企业为参照组，表7-2报告了投资激励政策

---

① 本次问卷调查地以云南与老挝、越南、缅甸等国接壤地区为主，调查中企业对税收优惠期的反应不明显，多数企业对税收优惠期或不知道或认为与本国其他地区无差异，相当部分的企业没有作答。问卷76%来自于中国云南，云南省投资优惠政策与中国国内的投资激励政策基本保持一致，税收优惠期的作用没有显著差异，有别于已有研究关注税收优惠期，本研究重点关注企业对税种优惠政策重要性的主观评价。

的估计系数。结果表明：控制行业差异后，投资激励政策对企业投资动机的影响没有显著变化，但控制地区差异之后，地理位置对企业投资动机的影响较为显著。由此，投资动机不因行业差异而变化，但因地理位置的差异而变化。

表7-2中税种优惠政策的系数为正且显著，表明寻求资源与提高效率的投资倾向性较大。意味着在其他条件不变的情况下，税种优惠政策越宽松，企业可获得的优惠幅度越大，在滇西边境少数民族地区的投资动机越有可能倾向于获取资源或提高企业效率。另外，边际效应结果表明，可获得的税种优惠类型越多，企业获取政策租的收益越高，企业投资倾向于提高效率的可能性越大，而寻求市场和寻求资源为投资动机的可能性略有下降。

表7-4中Model1的估计结果表明，相对于寻求市场的企业，便宜的土地价格与金融支持服务对效率寻求型的企业估计系数为正且显著，引入产业与地区虚拟变量后，Model4的估计结果显示这两类政策因素对效率寻求型的企业而言不显著。这意味着，土地价格越便宜、金融支持服务越完善企业以提高效率为投资动机的倾向性越大，但是，这两类政策的作用因地区差异而变得不显著。从边际效应来看（见表7-5），Model4中的这两类政策对企业投资动机概率的影响刚好相反，便宜的土地价格会增加企业以寻求效率为投资动机的概率，而金融支持服务则会减少这一概率，但这些结果不显著。这意味着土地价格、金融支持服务政策对企业投资动机越有可能偏向于提高效率，但地区间政策的差异或冲突会增加企业在跨境地区利用这种差异性套利，从而增加了企业的机会主义倾向。

此外，地区虚拟变量作用的显著性要求我们关注滇西边境少数民族地区及其周边区域的差异性，表7-4中，以越南老街为基准组，三个地区虚拟变量的系数均显著为负，这表明在其他条件不变的情况下，企业在滇西边境少数民族地区及其周边区域的投资动机越有可能倾向于寻求市场。同时，表7-5报告了表7-4估计结果的边际效应，以越南为基准组，三类地区的系数相同，寻求市场的企业投资动机显著为正，其他两类投资动机显著为负，这表明，越南在滇西边境少数民族地区的投资动机倾向于寻求市场的概率最大，而在越南倾向于寻求资源的概率最大。

表7-4 投资激励政策对企业投资决策影响的 Multinominal logit 估计结果

解释变量	Model1		Model2		Model3		Model 4	
	R	E	R	E	R	E	R	E
	估计系数（参照组：市场寻求型为企业的投资动机）							
税收类型	1.370***	2.420***	1.435***	2.566***	1.476***	2.479***	1.453***	2.589***
	(0.468)	(0.672)	(0.473)	(0.698)	(0.513)	(0.758)	(0.514)	(0.770)
土地价格（没有变化）	参照组							
土地价格：较便宜	0.172	1.356**	0.150	1.225**	0.0112	0.452	0.0252	0.281
	(0.466)	(0.584)	(0.483)	(0.607)	(0.580)	(0.694)	(0.604)	(0.729)
土地价格：较贵	0.420	-35.24	0.661	-42.90	1.375	-39.72	1.295	-58.50
	(0.960)	(3.432e+07)	(1.007)	(9.979e+08)	(1.207)	(2.621e+08)	(1.210)	(2.032e+08)
金融服务政策	0.108	0.911*	0.149	0.894*	-0.0880	-0.769	-0.105	-0.903
	(0.390)	(0.500)	(0.393)	(0.512)	(0.548)	(0.667)	(0.560)	(0.726)
老街	参照组							
版纳					-24.91***	-23.07***	-37.02***	-35.06***
					(3.090)	(2.789)	(3.648)	(3.247)
德宏					-21.35***	-24.72***	-33.52***	-36.89***

续表

解释变量	Model1		Model2		Model3		Model4	
	R	E	R	E	R	E	R	E
老街	-3.872**	-10.25***	-5.518**	-9.138***	参照组			
	(1.524)	(2.391)	(2.206)	(2.657)				
红河	参照组				-23.14***	-23.81***	-35.30***	-36.28***
					(2.844)	(2.668)	(3.431)	(3.051)
常数项					18.29**	16.59	12.17	30.60
					(2.914)	(2.655)	(3.483)	(3.088)
					(2.882)	(0)	(4.428)	(0)
产业虚拟变量	不控制		控制		不控制		控制	
对数似然函数	-120.4		-115.7		-91.49		-86.87	
LR	43.56		52.91		101.3		110.5	
拟_R^2	0.153		0.186		0.356		0.389	
样本量	134							

注：（1）M＝投资动机为寻求市场；E＝投资动机为提高企业效率；R＝投资动机为寻求资源。（2）括号中为标准差，*** $p<0.01$，** $p<0.05$，* $p<0.1$。（3）控制变量还包括企业性质、企业成立年限以及产业虚拟变量等反映企业及行业特征的变量。（4）Model1、Model2、Model3、Model4 分别为没有控制行业与地区差异、控制行业差异、控制地区差异，同时控制地区与行业差异的估计结果。

表7-5 投资激励政策对企业投资决策影响的 Multinominal logit 估计结果边际效应

解释变量	M	R	E	M	R	E	M	R	E
	Model1			Model2					
税收类型	-0.355***	0.303***	0.0515***	-0.368***	0.334***	0.0338***			
土地价格（没有变化）		Ref			Ref				
土地价格：较便宜	-0.0627	0.0162	0.0465**	-0.0487	0.0233	0.0254			
土地价格：较贵	-0.0207	0.192	-0.171	-0.0821	0.238	-0.156			
金融服务政策	-0.0382	0.0122	0.026*	-0.0438	0.0287	0.0151			
	Model3			Model4					
税收类型	-0.0127***	-0.0293***	0.042***	-0.00192***	-0.0371***	0.039***			
土地价格（没有变化）		Ref			Ref				
土地价格：较便宜	-0.00026	-0.019	0.0192	-4.45E-05	-0.009	0.00904			
土地价格：较贵	-0.00441	0.283	-0.279	-0.00039	0.456	-0.456			
金融服务政策	0.000982	0.0272	-0.0282	0.000172	0.0272	-0.0274			
老街				参照组					
版纳	1***	-0.965***	-0.0348***	1***	-0.972***	-0.028***			
德宏	1***	-0.859***	-0.141***	1***	-0.883***	-0.117***			
红河	1***	-0.948***	-0.0515***	1***	-0.955***	-0.0454***			

注：(1) M=投资动机为寻求市场效率；R=投资动机为寻求资源。(2) *表示10%的水平显著，**表示5%的水平显著，***表示1%的水平显著。(3) 控制变量还包括企业性质、企业成立年限以及产业虚拟变量等反映企业及行业特征的变量。(4) Model1、Model2、Model3、Model4 分别为没有控制行业与地区差异、控制行业差异、控制地区差异、同时控制地区与行业差异的估计结果。

由估计结果,本研究报告还发现:第一,投资激励政策对企业入驻滇西边境少数民族地区有积极作用。第二,税种优惠政策仍是当前滇西边境少数民族地区及其周边区域内部企业投资决策最为重要的因素,且这类政策更有益于寻求资源的企业进行投资,意味着滇西边境少数民族地区及其周边国家的企业投资决策尚停留在诉求税收优惠政策给企业带来的潜在收益。税种优惠的显著性结果提示,由于税收政策灵活性较低,要实现滇西边境少数民族地区的聚集功能有必要把资本流动性、地区间的政策关联性及企业的避税动机综合起来。第三,滇西边境少数民族地区稳定的土地政策与灵活的金融服务政策是入驻企业倾向于寻求效率的重要政策变量。第四,滇西边境少数民族地区的投资激励政策的差异或冲突一方面会减少企业进入,另一方面也会增加企业投资过程中的机会主义倾向,如提高在边境两侧自然资源丰富地区的投资的可能性,就会降低企业入驻跨境经济合作区的概率并抑制该地区的企业集聚功能。

据此,本部分估计结果验证了假说 1,即尽管滇西边境少数民族地区与 GMS 跨境地区具有优越的区位条件,但吸引那些以追求效率为投资动机的企业聚集力仍然不足,并影响了企业的规模经济能力,这意味着政策变量中对税收政策的依赖程度将会降低企业聚集的可能性。地区之间的差异与政策冲突意味着依靠企业自身实现在滇西边境少数民族地区的空间集聚难度很大。因此,要通过有效的投资激励政策来吸引企业入驻地区内部的跨境经济合作区,并促进企业的空间集聚。与此同时,边界两侧地区滞后的经济发展现实与政策变量的估计结果同时也意味着,入驻滇西边境少数民族地区的企业对具体的税收政策、便宜的土地价格及灵活的金融服务政策等有着显著的需求。由此可见,只有符合滇西边境少数民族地区特点及企业需求的投资激励政策及其配套措施才能吸引外来企业在这片地区的集聚。

(二)投资环境、投资动机与企业集聚的可能性分析

对追求利润最大化的企业而言,仅有政策激励显然是不够的,投资区位的环境也是企业投资决策的重要因素。根据假说 2,本研究报告构建了投

资环境因素对企业投资决策的影响方程,如方程(1)与方程(2)所示。调查问卷中设置了包括区位因素、资源可得性、市场潜力、政治与法律的稳定、行政程序的简化程度、基础设施建设六个部分及其若干小问题,并分别采用主成分法及标准化方法加以识别,控制变量包括企业性质、企业年限、企业规模、行业分类及地理位置。

运用 Ramsy 方法进行模型设定的检验,同时对估计方程、估计系数的联合性进行显著性检验后采用 MNL 模型进行估计,估计结果如表 7-4 所示。Model4 控制了更多的异质性,且方程拟合优度更高,在估计结果没有较大变化的情况下,将集中关注 Model4 的结果。表 7-6 报告了投资环境因素对企业投资动机影响的估计系数,为明确解释变量对三种投资动机概率的即时效应,表 7-7 报告出主要变量的边际效应,表 7-7 中估计结果参数还表明解释变量对企业考虑选择何种投资动机的概率影响。

以下对主要的投资环境变量的估计结果进行分析:资源是否易得,包括获得当地独有的资源(如矿产资源、木材等)、境内外廉价的劳动力资源及当地较高素质的员工的易得性、较低的土地成本[①],表 7-6 中资源可得性的系数显著为正,表明企业寻求资源的投资倾向性较大。这意味着在其他条件不变的情况下,滇西边境少数民族地区的自然资源越丰富、劳动力资源越廉价,这片地区的企业越有可能倾向于获取资源或提高企业效率。由边际效应的结果(见表 7-7)可知,寻求市场和提高企业效率的系数为负且显著,寻求资源的系数显著为正。这意味着在其他条件不变的情况下,可获得的资源越多,企业投资倾向于寻求资源的概率越大,而寻求市场和提高效率的投资动机的概率略有下降。市场潜力包括当地的经济增长前景及占有当地市场的重要性两个因素,处于不同行业、不同地区的企业所面临的市场潜力是有差异的。表 7-6 中寻求资源与提高效率的系数高度显著,符号为正表明相对寻求市场的投资动机,这两类投资动机的倾向较大。转向边际效应分析,市场潜力对以提高效率为投资动机的影响概率显著为正,

---

① 区别于投资激励政策的土地政策,这里较低的土地成本不仅包括土地价格的低廉,还包括获得土地过程中的手续费等其他交易成本,在欠发达地区便宜土地价格的收益很可能由于其他手续费产生的较高交易成本导致土地成本变大。

表 7-6 投资环境对跨境地区企业投资决策影响的 Multinominal logit 估计结果

解释变量	Model1		Model2		Model3		Model4	
	R	E	R	E	R	E	R	E
	估计系数（参照组：投资动机为寻求市场）							
资源可得性	1.081***	0.349	1.085***	0.285	1.002*	0.458	1.117**	0.444
	(0.393)	(0.546)	(0.396)	(0.567)	(0.492)	(0.622)	(0.528)	(0.655)
市场潜力	2.285***	3.261***	2.334***	3.365***	2.863***	3.648***	2.875***	3.730***
	(0.651)	(0.960)	(0.660)	(1.009)	(0.873)	(1.107)	(0.887)	(1.159)
地理区位	-0.0875	0.878*	-0.113	0.863	-0.529	0.677	-0.620	0.795
	(0.298)	(0.515)	(0.305)	(0.528)	(0.363)	(0.581)	(0.387)	(0.595)
政治因素	-0.847***	-0.606	-0.826***	-0.653	-0.884**	-0.864*	-0.909**	-0.952*
	(0.299)	(0.401)	(0.300)	(0.417)	(0.376)	(0.505)	(0.379)	(0.528)
行政治理	0.335	-0.135	0.346	-0.370	2.072*	0.298	2.085*	0.349
	(0.770)	(1.082)	(0.775)	(1.138)	(1.118)	(1.260)	(1.134)	(1.344)
企业性质	1.041	-1.190	1.100	-1.409	-0.0529	-1.469	0.149	-1.634
	(0.915)	(0.929)	(0.916)	(0.950)	(1.124)	(0.971)	(1.152)	(1.003)
基础设施	-0.290	4.206***	-0.241	4.028***	-0.668	4.231**	-0.483	4.537**
	(1.037)	(1.451)	(1.052)	(1.488)	(1.373)	(1.838)	(1.399)	(1.874)
企业规模	-0.558	-1.397*	-0.577	-1.431*	-1.025	-1.599	-0.917	-1.512
	(0.580)	(0.781)	(0.588)	(0.838)	(0.778)	(0.981)	(0.794)	(1.012)

续表

解释变量	Model1		Model2		Model3		Model4	
	R	E	R	E	R	E	R	E
老街	参照组							
版纳					−25.31***	−21.54***	−25.95***	−21.47***
					(4.681)	(4.374)	(5.257)	(4.954)
德宏					−21.73***	−21.59***	−22.29***	−21.48***
					(4.445)	(3.950)	(4.975)	(4.497)
红河					−23.65***	−21.27***	−24.23***	−21.74***
					(4.610)	(4.263)	(5.144)	(4.823)
常数项	−2.860	−9.716***	−4.220	−7.255*	18.56***	12.06	15.86***	12.35
	(2.216)	(3.515)	(2.722)	(3.942)	(4.389)	(0)	(4.612)	(0)
产业虚拟变量	不控制		控制		不控制		控制	
Log Lik	−86.12	−86.12	−83.69	−83.69	−68.71	−68.71	−65.67	−65.67
LR	108.9	108.9	113.7	113.7	143.7	143.7	149.8	149.8
R2	0.387	0.387	0.405	0.405	0.511	0.511	0.533	0.533
样本量	133							

注：(1) M = 投资动机为寻求市场；E = 投资动机为提高企业效率；R = 投资动机为寻求资源；(2) * 表示10%的水平显著，** 表示5%的水平显著，*** 表示1%的水平显著；(3) 控制变量还包括企业性质、企业成立年限以及产业虚拟变量等反映企业及行业特征的变量；(4) Model1、Model2、Model3、Model4 分别为没有控制行业与地区差异，控制行业差异、控制地区差异，同时控制地区与行业差异的估计结果。

表 7-7 投资环境对跨境地区企业投资决策影响的 Multinominal logit 估计结果（边际效应）

解释变量	M	R	E	M	R	E
	Model1			Model2		
资源可得性	-0.222	0.25	-0.0276	-0.22	0.25	-0.0324
市场潜力	-0.579	0.381	0.198	-0.594	0.397	0.197
地理区位	-0.0211	-0.0731	0.0942	-0.014	-0.076	0.0899
政治因素	0.188	-0.176	-0.0121	0.188	-0.17	-0.0176
治理结构	-0.0583	0.0916	-0.0333	-0.0518	0.107	-0.055
基础设施	-0.126	-0.318	0.444	-0.121	-0.283	0.404
	Model3			Model4		
资源可得性	-0.006	0.0898	-0.0838	-0.00627	0.108	-0.102
市场潜力	-0.0202	-0.107	0.127	-0.0193	-0.115	0.134
地理区位	0.00196	-0.19	0.188	0.00222	-0.218	0.216
政治因素	0.0059	-0.00797	0.00207	0.00581	0.00185	-0.00766
治理结构	-0.0116	0.287	-0.275	-0.0111	0.275	-0.263
基础设施	-0.00195	-0.765	0.767	-0.00299	-0.765	0.768
老街		参照组			参照组	
版纳	1	-0.869	-0.131	1	-0.883	-0.117
德宏	1	-0.812	-0.187	1	-0.853	-0.147
红河	1	-0.885	-0.115	1	-0.891	-0.109

注：（1）M = 投资动机为寻求市场；E = 投资动机为提高企业效率；R = 投资动机为寻求资源；（2）*** 表示 1% 的水平显著，** 表示 5% 的水平显著，* 表示 10% 的水平显著；（3）控制变量还包括企业性质、企业成立年限以及产业虚拟变量等反映企业及行业特征的变量；（4）Model1、Model2、Model3、Model4 分别为没有控制行业与地区差异，控制行业差异、控制地区差异，同时控制地区与和行业差异的估计结果。

第七章 企业集聚与滇西边境少数民族地区沿边产业带形成研究

而寻求市场与寻求资源的投资动机的情况则相反。这一结果表明地区的经济增长及市场前景会吸引企业投资寻求效率，整合已经获得的资源和市场，整合在地域上分散的生产，获得规模经济效益。

表7-6中政治与法律稳定的重要性其估计系数全部显著为负。其他条件不变的情况下，企业投资动机倾向于寻求市场。跨境地区政治稳定、法律健全，企业倾向于寻求市场，但这一概率相对较小。基础设施建设包括与企业投资及生产相关的交通运输、基础设施。表7-6中，相对于寻求市场的企业，基础设施建设的影响表现为，寻求资源的估计系数为负，寻求效率的估计系数为正，前者不显著后者显著。边际效应的结果显示（见表7-7），以寻求效率为投资动机的概率显著为正，而以寻求市场与寻求资源为投资动机的概率为负。基础设施建设越完善，寻求效率的投资动机倾向越大。表7-6中地区虚拟变量显著为负的估计系数表明区域差异仍然对企业投资动机有显著影响。

倾向于寻求市场的投资动机。表7-7中的边际效应则表明以越南为对照，中国企业倾向于寻求市场，而越南企业倾向于寻求资源。此外，投资环境中的其他因素如区位因素（包括与城市的临近程度，与火车站、机场的距离，与进出口市场的联系，地理上接近投资者母国的距离等因素）、行政治理的重要性对企业投资倾向没有显著影响。

归纳起来，模型的估计结果验证了假说2的大部分。本研究报告发现：第一，资源可得性与市场潜力对指向性企业集聚有着显著的正向作用，需要利用滇西边境少数民族地区的自然资源、劳动力资源及潜在的市场容量等区位优势作为企业投资的重要指向；第二，政治与法律的稳定性在形成长期的产业集聚力方面仍有待加强，其对市场和资源寻求型企业的显著影响表明推动滇西边境少数民族地区企业集聚仍困难重重；第三，基础设施的完善对寻求效率型企业的投资有积极影响，而对市场和资源寻求型企业的影响不显著，这意味着，完善的基础设施是企业集聚的动力之一；第四，地区间投资环境差异势必左右企业的投资动机，从而削弱滇西边境少数民族地区对企业的吸引力。

六 企业集聚、沿边产业带建设与滇西少数民族沿边地区区位重塑

前述分析表明滇西少数民族沿边地区区位重塑实际上就是沿边产业带的兴起，但就滇西少数民族沿边地区而言，沿边产业带的兴起需要贸易套利型的企业集聚转化为更多的生产型企业的集聚，这一转变对区位上受边界与空间约束的地区而言，需要更多的政策或制度予以支撑。

（一）企业集聚与沿边产业带建设：区位选择

企业集聚是指相互关联或互补的众多中小企业和机构基于专业化的分工与协作大量聚集于一定地域范围内而形成的稳定的、具有持续竞争优势的集合体。企业集聚不但有助于产业分工与协作以及各种要素的相互关联，而且有助于集聚地区采取共同的行为并促使形成边缘增长中心。就滇西边境少数民族地区而言，边境两侧地区的资源禀赋差异性、产业互补性、地缘优势、市场潜力、民族文化的同构性、贸易往来等先天条件所赋予的区位优势，能够通过各种发展政策的叠加转化边界的屏蔽效应；加之滇西边境少数民族地区已有的投资政策与投资环境一定程度上满足企业空间聚集的初始条件，因此具备构建沿边产业带的可能性。从这个逻辑出发，滇西边境少数民族地区就需要通过制度供给与政策安排吸引企业加速进入这片地区。

为了检验何种政策安排与比较优势最有助于吸引企业入驻滇西边境少数民族地区，本文构建了相应的实证模型并得出了以下结果：（1）目前滇西边境少数民族地区的投资激励政策更有益于寻求资源型企业向这片地区的集聚，但边界线两侧政策的不对称及不明确会明显减弱这种集聚力。因此，要想提高滇西边境少数民族地区对企业的吸引力，就需要通过政策配合来减少企业对税种优惠政策的依赖性，并加强金融支持服务与土地政策等方面的配套体系建设，提高对寻求效率的企业的吸引力；（2）反映区位优势的投资环境改善更有益于寻求市场与寻求效率的企业向滇西边境少数民族地区集聚，但是边境的基础设施的不完善，例如经济开发区的建设不

到位等因素，会削弱反映区位优势的投资环境改善对这两类企业的吸引力；（3）滇西边境少数民族地区的边界两侧的发展程度与资源禀赋的差异性和互补性，能够导致两侧企业的集聚类型与程度出现不同。

（二）滇西少数民族沿边地区区位重塑：可能性及调整方向

本部分内容根据上述估计结果，整理滇西少数民族沿边地区区位重塑的可能性及调整方向，如表7-8所示。

表7-8 滇西少数民族沿边地区区位重塑：投资动机、可能性及调整方向

因素	内容	企业投资动机	企业集聚可能性	调整方向
投资政策	税收政策（税种）	获取资源或寻求效率边际效应：获取资源>寻求效率	税种政策短期有益于集聚劳动力密集型企业	跨境地区税收政策的合理性与协调性
	土地优惠政策	对寻求效率企业有影响，但作用不显著	土地优惠政策与金融服务政策有益于资本转移型的企业集聚，目前作用不稳定，有调整空间	制定符合跨境经济合作区吸引企业并推进企业本土化要求的土地与金融政策
	金融服务政策	对寻求效率企业有影响，但作用不显著		
	区位优势	边界两侧投资动机有差异：越方——寻求资源；中方——寻求市场	强化了企业的投机动机，不利于企业集聚	进一步加强跨境合作区的双边合作，并减少边界两侧地区政策的冲突
投资环境	资源可得性	寻求资源>寻求市场>寻求效率	有益于劳动密集型企业与资源型企业集聚	转资源比较优势为产业优势
	市场潜力	寻求资源或寻求效率作用结果：寻求资源<寻求效率	资本转移型的企业集聚可能性大，建立企业生产网络	促进经济增长、挖掘本地市场
	地理区位（运输条件）	无显著影响	现有交通运输条件难以产生企业集聚	提升交通设施连接区域市场的能力

续表

因素	内容	企业投资动机	企业集聚可能性	调整方向
投资环境	政治与法律稳定性	寻求市场＞寻求资源＞寻求效率	资本转移型的企业集聚可能性大，有助于建立企业生产网络	保持政治与法律的稳定性，并协调地区间的差异性
	经济区行政治理	无显著影响	当前经济区行政治理结构难以产生企业集聚	发挥跨境经济合作区在通关、报税等后勤服务方面的积极作用
	基础设施	寻求效率＞寻求市场＞寻求资源	资本转移型的企业集聚可能性大，建立企业生产网络	完善边界两侧地区的基础设施建设
	地理位置	边界两侧投资动机有差异：越方——寻求资源；中方——寻求市场	边界两侧企业集聚的类型与程度存在差异	降低边界两侧地区投资环境的差异性

如表 7-8 所示，为进一步提升滇西边境少数民族地区的企业集聚，并以此构建沿边产业带，这片地区需要从以下几个方面着手。

首先就投资政策而言，滇西边境少数民族地区需要在跨境地区提高税收政策的合理性与协调性，制定符合跨境经济合作区吸引企业所需的土地与金融政策，进一步加强跨境合作区的双边合作并减少边界两侧地区政策的冲突。

其次就投资环境而言，滇西边境少数民族地区需要将现在的依托资源优势吸引企业转化为依托产业优势与空间优势来吸引企业，需要进一步完善这片地区及其毗邻区域的交通运输网络与现代通信工具，需要通过合作保持毗邻国家的政治与法律的稳定性并协调地区之间与区域之间的政策差异性，需要强化跨境经济合作区在通关、报税等后勤服务方面的积极作用并以此促进企业在特定地区的空间聚集，需要在更为广泛的意义上完善边界两侧地区的跨国公共物品供给与基础设施，需要进一步减少边界两侧地区投资环境的差异性并强化区域之间的产业分工与经济合作。

第八章 研究结论、战略评估与对策要点

一 研究结论

滇西边境少数民族地区位于中国西南边境地区，与缅甸、老挝、越南等国山水相连，拥有4060公里的国界线，占全国陆地边境线的1/5，属于集中连片的贫困地区。得益于改革开放、沿边开放等国家发展战略对我国陆路边境地区的空间地理重塑，滇西边境少数民族地区不但成为云南省对外开放的前沿以及云南参与东南亚、南亚各国经济合作的战略高地，成为我国面向东南亚、南亚开放的国际门户与重要支柱，而且是我国来往东南亚、南亚各国的陆路国际大通道的重要组成部分，是我国联系东南亚、南亚各国市场的重要桥梁与战略纽带，是推进大湄公河次区域一体化、构造孟中印缅经济走廊的战略支撑点，空间区位的比较优势十分突出。

目前，尽管滇西边境少数民族地区具有突出的空间区位优势，并能够享受国家层面（跨国、全国）的各种优惠政策以及云南省级政府的制度供给与政策安排，但这些优势及其优惠叠加效应只是加快了滇西边境少数民族地区的发展，并不足以扭转滇西边境少数民族与我国经济发达地区（如东部沿海地区）的发展失衡。从新经济地理学的密度、距离与分割来看，滇西边境少数民族地区的经济密度不但远远低于上海等经济发达地区，而且低于云南省与全国的平均水平；滇西边境少数民族地区到我国经济中心与国际主流市场的距离不但体现在陆路空间距离上，而且体现在运输的基础设施与制度等方面；而作为内陆边疆地区，滇西边境少数民族地区的

"分割"不但体现在国内与国际的分割上,而且体现在被贫穷国家所包围的内陆地区等特征上。

在新的历史时期,重新审视滇西边境少数民族地区的发展态势,这片地区的发展既面临着前所未有的发展机遇,又面临着更加严峻的挑战。就机遇而言,空间地理的区位变迁为滇西边境少数民族地区的发展提供了新的机遇;各个层面的发展战略将滇西边境少数民族的发展提升到了一个高度,并使其受到了前所未有的关注;滇西边境少数民族地区的发展能够享受前所未有的优惠政策,这也为其发展提供了新的机遇。就挑战而言,滇西边境少数民族地区的内生发展能力仍然无法满足加快发展并实现区域收敛的要求;滇西边境少数民族地区的发展将面临更为严峻的区域竞争,尤其是周边国际形势的挑战。

为充分利用区位变迁所带来的各种发展机遇并应对全球化所带来的更为严峻的挑战,滇西边境少数民族地区就需要通过重塑经济地理与发展机制来制定全新的发展战略。

面对东南亚的区域一体化、中国经济能量的加速外溢、我国西南地区外向型发展的快速推进等新的国内外环境,并着眼于有效应对密度、距离与分割的三重挑战,滇西边境少数民族地区就需要突出"一条路径主要应对一个挑战"的原则,通过以下三条针对性的发展路径来重塑这片地区的经济地理:构建边缘增长中心,提升滇西边境少数民族地区的经济密度;构建沿边国际产业带,缩小滇西边境少数民族地区的经济距离;建立跨境经济合作区,弱化滇西边境少数民族地区的区域分割。

重构地区发展战略除了需要重塑这片地区的经济地理之外,还需要构建符合自身特征的地区发展机制。通过分析影响滇西边境少数民族地区发展的内生因素与外生变量,即分析这片地区的资源禀赋、产业基础、空间区位、技术能力等内生因素以及区域层面、国家层面与省级层面的外生变量,重构滇西边境少数民族地区发展机制需要以滇西边境少数民族地区的本地居民为主体,通过技术进步、中小企业、人文发展等方式,刺激形成创新环境与学习型地区;需要构建一揽子的政策支撑系统,并将影响地区发展的所有工具,即公共制度、基础设施、激励措施(干预措施)等纳入到行动框架中,以"一个政策工具应对一个目标的原则"来克服滇西边境少数民族地区发展过程中密度、距离与分割的三重挑战;需要顺应区域(东南亚)一体化的发展趋势,并最大限度地利用中国经济增长的溢出效应及其对外开放的优惠政策。

结合滇西边境少数民族地区的发展态势及其面临的挑战,并基于重塑经济地理与发展机制的理论逻辑,目前滇西边境少数民族地区重塑经济地理与发展机制至少需要重视内部、外部两个方面的难点:就内部因素而言,主要是人力资本低下、金融要素供给不足、企业空间聚集面临严峻挑战、公共财政需要全面转型等所引致的地区内生发展能力不足;就外部因素而言,主要是滇西边境少数民族地区及其毗邻区域的一体化仍然面临着多重制约。

面对内外部因素的多重制约,重塑滇西边境少数民族地区的经济地理与发展机制需要突出五个战略重点:第一是要通过互联互通与各种园区建设进一步挖掘滇西边境少数民族地区的空间地理优势;第二是要继续加大对滇西边境少数民族地区的财政倾斜,并不断释放沿边地区的财政红利;第三是要加快构建滇西边境少数民族地区的人力资本生成及其集聚机制;第四是要从微观、中观、宏观三个维度在滇西边境少数民族地区加快构建普惠制金融体系;第五是推动微观经济行为主体在滇西边境少数民族地区的集聚,并加快构建沿边国际产业合作带等。

二 战略评估

鉴于地区经济发展速度取决于地区经济的发展潜力,本研究报告首先将分析滇西边境少数民族地区的经济发展潜力。需求强调的是,由于研究报告的主要目的并不在于预测这片地区的发展趋势,因此各种评估将以简单分析为主。

(一) 滇西边境少数民族地区的经济发展区间分析

经济发展区间也称为经济增长潜力,是指一个地区潜在的经济增长极限。就滇西边境少数民族地区而言,一方面是由于这片地区的经济发展水平仍然要远远滞后于我国东部沿海地区，加之地区内部的要素集聚与经济活动的集中程度等仍然具有大幅度提升的空间；另一方面由于这片地区内部的实物资本的产出能力、毗邻区域资源禀赋供给程度、人力资源禀赋与企业技术能力等内生性发展因素仍然处于低水平状态，这就意味着未来一段时间之内滇西边境少数民族地区的经济增长区间仍然具有广阔的空间。

从经济学的理论逻辑来看，国际上预测经济增长区间的理论主要是人均GDP与购买能力。该理论认为技术进步是经济发展的根本驱动力，人均GDP的某个绝对水平对应着相应的技术门槛，并能决定技术对经济增长的驱动力。在人均GDP较低的时候，技术很容易模仿，因此欠发达地区能够以技术模仿实现GDP的较快增长；当人均GDP超过一定门槛之后，该人均GDP对应的技术则很难实现模仿，经济增长则只能依赖技术创新，这是一个缓慢的过程，因此GDP也只能缓慢增长。

从这个理论出发，滇西边境少数民族地区在未来10－20年的时间之内仍然具备高速增长的潜在区间。表8－1的数据显示：2004年，中国的人均GDP为12336元，GDP的增长率为10.5%；截止到2012年，中国GDP在9年的时间内保持年均约10个百分点的增长速度；2004年，云南省人均GDP为7012元/人，GDP的增长率为11.3个百分点；截止到2012年，云南省的GDP在9年的时间内保持年均约12个百分点的增长速度。2012年，滇西边境少数民族地区的人均GDP为16125元/人，基于2004—2012年的我国CPI指数进行简单换算，这相当于2004年中国人均GDP的规模，约为2008年云南省人均GDP的水平。如果按照中国经济增长的趋势，滇西边境少数民族地区至少可以在未来10年内，即在2022年前仍然具备高速增长的经济发展空间；如果按照云南省经济增长的趋势，即人均GDP水平越低经济增长速度越快的趋势来看，滇西边境少数民族地区不但在未来10年内具备高速增长的经济发展空间；而且可以实现超过中国GDP增长速度的高速增长。

如果再进一步考虑2012年中国人均GDP规模仅为5680美元/人，按照世界银行的2007年的划分标准，2012年中国还仅为中等收入国家（见表8－2）。这也就是说在进入高度收入国家之前，中国经济仍然具备较高增长速度的可能。世界银行与国务院发展研究中心（2013）的联合研究结果也表明，2015—2020年中国经济仍然可以实现7%的增长速度，在2020—2025年间中国经济仍然可以实现5%的增长速度（见表8-2）。如果按照这个逻辑与趋势，即使到了2022年滇西边境少数民族地区的人均GDP达到目前中国的人均GDP水平，这片地区的经济发展程度也只是刚刚进入中等偏上收入国家的水平；在达到高等收入国家的水平之前，滇西边境少数民族地区的经济仍然具备较高增长速度的潜在发展空间。这也就是说，尽管2022年之后，尽管滇西边境少数民族地区的潜在经济增长速度会出现大幅度下滑的趋势；但如果按照中国经济的发展趋势，在2032年前这片地区仍然具备较高增长速度的潜在经济发展空间。

表8-1 2004—2012年中国、云南省的人均GDP与GDP的增长率

	中国（元/人,%）		云南（元/人,%）		滇西（元/人,%）	
	人均GDP	增长率	人均GDP	增长率	人均GDP	增长率
2004年	12336	10.1	7012	11.3	—	—
2005年	14185	11.3	7809	8.9	—	—
2006年	16500	12.7	8929	11.6		
2007年	20169	14.2	10609	12.2		
2008年	23708	9.6	12570	10.6		
2009年	25608	9.2	13539	12.1		
2010年	30015	10.4	15752	12.3		
2011年	35198	9.3	19265	13.7		
2012年	38420	7.7	22195	13.0	16125	13.0

数据来源：根据国家统计局官方（http://www.stats.gov.cn/tjsj/）与《云南省统计年鉴》（1997—2013）的数据计算所得。

表8-2 各类型收入水平国家的划分标准

类型	人均GDP标准	类型	人均GDP标准
低收入国家	<975美元	中等偏上收入国家	3856~11905美元
中等偏下收入国家	976~3855美元	高收入国家	>11906美元

综上所述，本研究报告认为：基于人均 GDP 与经济增长的理论逻辑，并结合中国经济发展的演化趋势，2013—2022 年间滇西边境少数民族地区仍然具备高速增长的潜在经济发展空间；2023—2032 年间滇西边境少数民族地区仍然具备较高增长速度的潜在经济发展空间。

（二）政策冲击下滇西边境少数民族地区的经济增长预测

相对于经济增长区间而言，地区经济的增长速度主要是指地区内部经济潜力的释放节奏。由于滇西边境少数民族地区仍然具备高速增长的潜在经济发展空间，因此伴随重塑经济地理与发展机制的全面推进，滇西边境少数民族地区的经济增长将会明显加速。考虑到预测结果可能会引起广泛争议，本研究报告给出了两套结果。第一套方案是不考虑政策优化、制度改进对地区经济增长的冲击，另一套则假定在新是发展战略存在明显的政策优化与制度改进的冲击。

就第一套方案而言，继续沿用人均 GDP 与经济增长的理论逻辑，给出了一个简单估算的分析结果。由于 2012 年滇西边境少数民族地区的人均 GDP 仅为 2004 年中国的人均 GDP 规模，而在 2004 年之后中国经济又在 10 年之内保持了年均约 10% 的增长速度，因此即使不存在政策优化、制度改进的全面冲击，只要滇西边境少数民族地区能够保持目前的发展态势，2014—2020 年间这片地区的经济增长速度至少也可以达到 10%。如果以云南省为参照对象，考虑到 2008 年之后云南经济的增长率每年都在 10% 以上，本研究报告认为 2014—2020 年间滇西边境少数民族地区的经济增长速度完全可以超过 10%。

就第二方案而言，本研究报告将借鉴索洛增长模型的研究思路，分析制度优化与政策完善之后滇西边境少数民族地区的经济增长速度。由于索洛剩余考察的是地区经济增长中除资本、劳动力投入之外所有要素的贡献，而现有主流经济学理论又认为除资本、劳动力投入之外的要素主要是政策优化、制度改革与技术进步等效应的综合。借鉴这种研究思路，本研究报告就可以考察新的发展战略下政策优化、制度改进与技术进步对滇西边境少数民族地区的经济增长的冲击，即本部分所要考察的政策意涵的效应。

具体步骤如下：

首先根据1995—2012年间滇西边境少数民族地区的GDP与要素投入（见表8-3），分析滇西边境少数民族地区的资本、劳动力、制度与技术对地区经济增长的贡献。附录8-1的结果显示：在滇西边境少数民族地区，1995—2012年间资本、劳动力、制度与技术对地区经济增长的贡献分别为0.429、0.518、1.149，即资本每增加1个百分点地区GDP相应提高0.429个百分点，劳动每增加1个百分点地区GDP相应提高0.518个百分点，制度与技术的优化每提升1个百分点地区GDP相应提高1.149个百分点。

表8-3 简单估计的结果

	GDP_ratio_t
$L.GDP\_ratio_t$	0.0606 (0.54)
$capital\_ratio_t$	0.411*** (4.50)
$labor\_ratio_t$	0.496*** (3.70)
tfp_ratio	1.103*** (4.42)
cons	-0.00604 (-0.27)
R^2	0.7119
Adj_R^2	0.6159
样本数	17

以此为基础，本研究报告认为2014—2020年间，滇西边境少数民族地区通过构筑新的发展战略，即通过重塑经济地理与发展机制，能够使得这片地区出现较为明显的政策优化、制度改进与技术进步等效应。假定这种优化程度为每年10个百分点（或20个百分点，或50个百分点），即2013—2019年都有一个固定的A（政策优化、制度改进与技术进步）的冲

击。通过以下函数：

$$\text{GDP\_ratio}_t = \underset{=0.00604}{\hat{\phi}} + \underset{0.411***}{\gamma_1} \text{capital\_ratio}_t + \underset{0.496***}{\gamma_2} \text{labor\_ratio}_t + \underset{0.0606}{\gamma_3} \text{GDP\_ratio}_{t-1} + \underset{1.103***}{\gamma_4} \text{tfp\_ratio}$$

$$\text{GDP\_ratio}_t = 0.00604 + 0.411 \times \text{capital\_ratio}_t + 0.496 \times \text{labor\_ratio}_t + 0.0606 \times \text{GDP\_ratio}_{t-1} + 1.103 \times \text{tfp\_ratio}$$

可得出如下结论：如果在新的发展战略中政策优化、制度改进与技术进步的程度为每年10个百分点，在现有劳动力投入与资本投入保持不变的前提下，滇西边境少数民族地区的经济增长率将能够保持年均16%的增长速度（见表8-4、见图8-1）。这也就是说，在新的发展战略下，乐观地估计滇西边境少数民族地区将能够提升6个百分点的经济增长速度。

表8-4 不同A的冲击下滇西边境少数民族地区的经济增长率（100/100）

年份	预测GDP增速（A=0.1）	预测GDP增速（A=0.2）	预测GDP增速（A=0.5）
2013	0.1675261	0.2778261	0.6087261
2014	0.169800182	0.286784362	0.637736902
2015	0.169937991	0.287327232	0.639494956
2016	0.169946342	0.28736013	0.639601494
2017	0.169946848	0.287362124	0.639607951
2018	0.169946879	0.287362245	0.639608342
2019	0.169946881	0.287362252	0.639608366
2020	0.169946881	0.287362252	0.639608367

综上所述，本研究报告认为由于滇西边境少数民族地区仍然具备高速增长的潜在经济发展空间。即使不存在政策优化、制度改进的全面冲击，只要滇西边境少数民族地区能够保持目前的发展态势，2014—2020年间这片地区的经济增长速度至少也可以达到10%；如果在新的发展战略下这片地区内部的政策优化、制度改进与技术提升的速度能够实现每年10%的增长，那么滇西边境少数民族地区的经济增长率将能够达到16%。这就意味着在

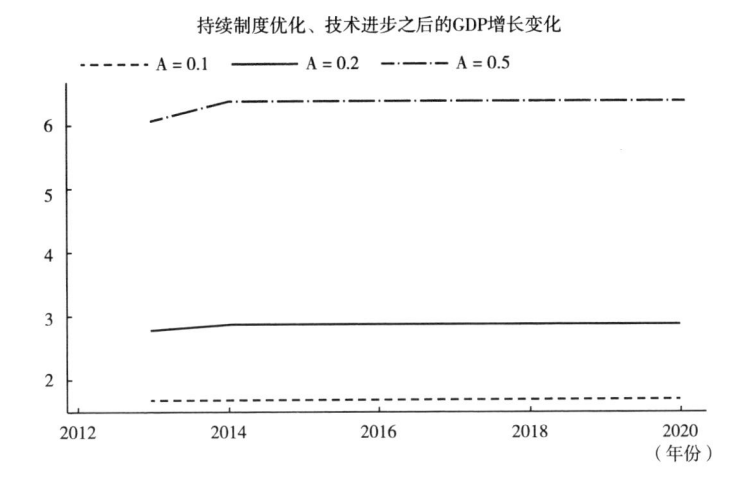

持续制度优化、技术进步之后的GDP增长变化

图 8-1　不同 A 的冲击下滇西边境少数民族地区的经济增长率（100/100）

新的发展战略下，乐观地估计滇西边境少数民族地区将能够提升 6 个百分点的经济增长速度。

三　对策要点

基于滇西边境少数民族地区重塑经济地理与发展机制的难点、重点，发展政策的对策要点主要包括以下五个方面的内容。

其一，要以边境地区作为空间着力点，通过创建促进边界效应转化与边境区位特征演进的基础性条件，提升边境毗邻区域的一体化水平与经济集中趋势，加速生产要素的流动与集聚进而推动边境地区的区位再造。具体而言：加快和完善基础设施互联互通建设，增强滇西边境少数民族地区连接东南亚、南亚的国际大通道功能；强化制度与人文的非物理性互联互通建设，增强滇西边境少数民族地区链接内外经济和人文关系的核心纽带作用；以面向"两亚"的沿边国际产业合作带建设为重点推动产业互联互通，夯实滇西边境少数民族地区的产业基础；以制度改革和创新着力推进投资环境优化，为滇西边境少数民族地区园区体系发展提供有力支撑；以综合保税区建设为突破口，拓展和完善"自贸区"功能；以跨境经济合作区建设为重点深化跨国经济合作，促进滇西沿边地带新增长极形成。

其二，要继续加大对滇西边境少数民族地区的财政倾斜、不断释放沿边地区的财政红利。具体而言：要通过科学和合理划分针对沿边地区发展的事权、现行转移支付中要增强沿边特殊需求的考虑等措施，全面解决滇西边境少数民族地区发展资金不足的问题；要针对沿边地区建立激励性的转移支付制度、对沿边地区建立激励性财政资金返还机制、完善沿边公共服务均等化的财力保障机制等，解决滇西边境少数民族地区的财政努力弱化；要优化沿边地区的财政支出结构、深化沿边地区的财政预算改革、加强沿边地区财政协同的影响等，全面解决滇西边境少数民族地区的财政资金效率较低等问题。

其三，要着眼于滇西边境少数民族地区的人力资本短缺及其结构失衡的矛盾，构建相应的人力资本生成与集聚机制。具体而言：需要将教育政策和公共资源进一步向滇西边境少数民族地区倾斜，加大对学前教育、小学教育与初中教育等基础教育的公共投入力度与全面帮扶力度；需要进一步优化教育资源的组合，通过完善职业教育奖与助学金制度、建立学校与企业的信息共享机制等，全面强化职业技术教育与培训，并以向贫困家庭的职技生提供基本生活费用为原则在滇西边境少数民族地区全面地、强制性执行"一户一个职技生"的教育政策；要不断增强农民的科技及创业培训的力度和广度，加快基础教育与职业技术教育等正式教育、技术培训等非正式教育"双轮驱动"人力资本的发展格局；要加快农业剩余劳动力的非农化、城镇化的转移，有效推进农业转移人口市民化，加快形成人力资本在各城镇的聚集；要突出营养、健康方面的投资，强调地区内部居民生活的尊严与自信，强调区域内部居民的政策参与以及参与能力，关注人的能动性等的协调与配合，以人文发展进一步提升滇西边境少数民族地区的人力资本。

其四，要着眼于资本匮乏以及基本金融服务缺失对地区发展的制约，通过普惠金融体系的构建来提升微观经济主体的金融服务可得性，进而从区域层面促进滇西边境少数民族地区的内生发展。具体而言：微观层面应以微观经济主体基本金融需求及特征为核心，以现行正规金融体系为基础，加强体制改革与创新，构建和形成"三位一体"的普惠金融组织体系，并以市场化改革为核心,切实降低民间资本的准入门槛,规范、引导和发挥非正规金融机构在普惠金融体系中的重要作用;中观层面要通过农业银行、邮政储蓄银行、信用社要逐步向农村地区延伸金融服务网,各涉农金融机构要应加大资金、设备投入力度并有效推进支付体系网络建设,进一步将农村金融惠农支付服务试点范围扩大至滇西边境少数民族地区的广大乡镇与农村地区等,强化金融基础设施与支持服务体系构建;宏观层面应以加快地区信用体系建设、健全普惠金融监管机制、加大普惠金融法律配套政策支持等为路径,构建和完善普惠金融体系。

其五,要通过重组与构建区位优势中的各要素,以价值链与生产网络在空间上的重构为重点,强化企业在滇西边境少数民族地区上的空间集聚促进沿边产业带的形成。具体而言,滇西边境少数民族地区需要在跨境地区提升税收政策的合理性与协调性,制定符合跨境经济合作区吸引企业并推进企业本土化所需要的土地与金融政策,进一步完善跨境合作区的双边合作并减少边界两侧地区政策的冲突;滇西边境少数民族地区还需要将现有的依托资源优势吸引投资的做法转化为依托产业优势与空间优势来吸引企业,要进一步强化这片地区及其毗邻区域的交通运输网络与现代通信工具等,并通过合作保持毗邻国家的政治与法律的稳定性并协调地区之间与区域之间的政策差异性,要强化跨境经济合作区在通关、报税等后勤服务方面的积极作用并以此促进企业在特定地区的空间聚集等。

附录8-1 1995—2012年滇西边境少数民族地区的经济增长及其各要素的贡献率

表8-5 1995—2012年滇西边境少数民族地区的GDP与要素投入

单位:万元、%、万人

指标 年份	GDP	增长率	资本形成总额	增长率	就业人数	增长率
1995	2838910	0	1158275	0	744.36	0
1996	3154029	11.10	1413219	22.01	751.06	0.90
1997	3459970	9.70	1654071	17.04	741.55	-1.27

续表

指标 年份	GDP	增长率	资本形成总额	增长率	就业人数	增长率
1998	3740227	8.10	1808322	9.33	683.36	-7.85
1999	4013264	7.30	1509966	-16.50	771.64	12.92
2000	4314259	7.50	1702306	12.74	782.13	1.36
2001	4607628	6.80	1818995	6.85	1003.06	28.25
2002	5022315	9.00	2066975	13.63	897.06	-10.57
2003	5464279	8.80	3393690	64.19	935.90	4.33
2004	6081742	11.30	3693448	8.83	950.88	1.60
2005	6623017	8.90	5301886	43.55	968.33	1.84
2006	7391287	11.60	6485790	22.33	989.10	2.14
2007	8293024	12.20	8077609	24.54	1009.87	2.10
2008	9172085	10.60	9634874	19.28	1023.33	1.33
2009	10281907	12.10	12152625	26.13	1041.56	1.78
2010	11546582	12.30	16010970	31.75	1071.17	2.84
2011	13128463	13.70	19907200	24.33	1090.71	1.82
2012	14835163	13.00	22222300	11.63	1107.39	1.53

数据来源于《云南省统计年鉴》。

基于此数据，并根据索洛增长函数，首先假设云南地区的经济增长函数为：

$$GDP_t = A_t * KI_t^{\alpha} L_t^{\beta}, \qquad (1)$$

两边取对数为：

$$\frac{GDP_t}{L_t} = A_t * K_t^{\alpha} L_t^{(\beta-1)}$$

假设：

$$\text{cons tant return} \rightarrow \alpha + \beta = 1$$

$$\ln\left(\frac{GDP_t}{L_t}\right) = \ln A_t + \alpha \ln K_t + \alpha \ln L_t = \ln A_t + \alpha \ln\left(\frac{K_t}{L_t}\right), \quad (2)$$

先估计（2）式，有：

$$\ln\left(\frac{GDP_t}{L_t}\right) = \underbrace{\ln A_t}_{=4096.8***} + \underbrace{\hat{\alpha}}_{=0.465***} \ln\left(\frac{K_t}{L_t}\right)$$

$$\rightarrow \hat{\beta} = 1 - \alpha = 0.535$$

$$\Rightarrow \text{TFP}_t = A_t = \frac{GDP_t}{K_t^{\hat{\alpha}} L_t^{\hat{\beta}}}$$

$$\text{tfp\_ratio} \Rightarrow \frac{\text{TFP}_t - \text{TFP}_t}{\text{TFP}_{t-1}}$$

	$\frac{GDP_t}{L_t}$
$\ln\left(\frac{K_t}{L_t}\right)$	0.465 * * * (24.00)
$\ln A_t$	4096.8 * * * (24.09)
R^2	0.9730
Adj_ R^2	0.9713
样本数	18

通过表 8-6 的数据，可得出：

$$\text{GDP\_ratio}_t = \underbrace{\phi}_{-0.00474} + \underbrace{\gamma_1}_{0.429***} \text{capital\_ratio}_t + \underbrace{\gamma_2}_{0.518***} \text{labor\_ratio}_t + \underbrace{\gamma_3}_{1.149***} \text{tfp\_ratio} + \varepsilon_t$$

	GDP_ ratio$_t$
capital_ ratio$_t$	0.429 * * * (5.18)
labor_ ratio$_t$	0.518 * * * (4.19)

续表

	GDP_ratio$_t$
tfp_ratio	1.149***
	(5.04)
cons	-0.00474
	(-0.22)
R^2	0.7050
Adj_R^2	0.6369
样本数	17

参考文献

1. 哈维·阿姆斯特朗、吉姆·泰勒著：《区域经济学与区域政策》，刘乃全等译，上海世纪出版集团、上海人民出版社，2007。
2. 谭崇台：《发展经济学》，山西经济出版社，2001。
3. 洪银兴：《发展经济学与中国经济发展》，高等教育出版社，2001。
4. 蔡昉：《制度、趋同与人文发展》，中国人民大学出版社，2002。
5. 魏后凯：《区域经济发展的新格局》，云南人民出版社，1995。
6. 中国经济改革研究基金会、中国经济体制研究会联合专家组：《收入分配与公共政策》，上海远东出版社，2005。
7. 布坎南著《公共物品的需求与供给》，马珺译，上海人民出版社，2009。
8. 林南著《社会资本》，世纪出版集团、张磊译，上海人民出版社，2006。
9. 姚慧琴等编《中国西部经济发展报告（2009）》，社会科学文献出版社，2009。
10. 波特：《国家竞争优势》，邱如美译，华夏出版社，2002。
11. 刘思华主编《可持续发展经济学》，湖北人民出版社，1997。
12. 洪银兴主编《可持续发展经济学》，商务印书馆，2002。
13. 杜鹰等编《区域发展与政策——2006年中国-欧盟区域经济发展研讨会文集》，中央编译出版社，2007。
14. 桑德林·卡则斯大、伊莲娜·妠斯波洛娃著《转型中的劳动力市场：平衡灵活性和安全性》，劳动和社会保障部劳动科学研究所译，中国劳动社会保障出版社，2005。
15. 丹尼尔·W.布罗姆利著《经济利益与经济制度》，陈郁金等译，上海三联书店、上海人民出版社，2006。

16. 金钟范：《韩国区域发展政策》，上海财经大学出版社，2005。

17. 翁君弈等：《非均衡增长与协调发展》，中国发展出版社，1996。

18. 迟福林：《公共服务均等化：构建新型中央地方关系》，《廉政瞭望》2006年第12期。

19. 胡霞：《日本边远后进地区开发模式的反省和发展的新方向》，《经济研究参考》2005年第27期。

20. 胡霞：《日本过疏地区开发方式及政策演变》，载《日本学刊》2007年第5期。

21. 王志钢、黄棋：《内生发展模式的演化过程》，《教学与研究》2009年第3期。

22. 张环宇等：《内生发展模式研究综述》，《浙江大学学报》（人文社会科学版）2007年第2期。

23. 中国发展研究基金会：《中国人类发展报告2005》，中国对外翻译出版公司，2005。

24. 田毅鹏：《20世纪下半叶日本的"过疏对策"与地狱发展》，《当代亚太》2006年第10期。

25. 世界银行：《中国：促进以企业为主体的技术创新》，http://www.worldbank.org.cn，2009。

26. 杨先明等：《超越预警：中国西部欠发达地区的发展与稳定》，人民出版社，2013。

27. 王文平：《我国的农村财政支出与农村居民消费》（1983—2007）《经济体制改革》2009年第1期。

28. 李春琦、唐哲一：《财政支出结构变动对私人消费影响的动态分析——生命周期视角下政府支出结构需要调整的经验证据》，《财经研究》2010年第6期。

29. 陶开宇：《财政拉动消费的几点思考》，《财政研究》2011年第7期。

30. 李永友、钟晓敏：《财政政策与城乡居民边际消费倾向》，《中国社会学》2012年第12期。

31. 胡东兰、田侃、夏杰长：《中国财政支农支出对农村居民消费影响——实证分析与政策建议》，《财政研究》2013 年第 1 期。

32. 董秀良、薛丰慧、吴仁水：《我国财政支出对私人投资影响的实证分析》，《当代经济研究》2006 年第 5 期。

33. 郭杰：《财政支出与全社会固定资产投资——基于中国的实证研究》，《管理世界》2010 年第 5 期。

34. 许宪春、王宝滨、徐雄飞：《中国的投资增长及其与财政政策的关系》，《管理世界》2013 年第 6 期。

35. 伏润民、常斌、缪小林：《我国省对县（市）一般性转移支付的绩效评价——基于 DEA 二次相对效益模型的研究》，《经济研究》2008 年第 11 期。

36. 温涛、熊德平：《"十五"期间各地区农村资金配置效率比较》，《统计研究》2008 年第 4 期。

37. 杨斌：《2000—2006 年中国区域生态效率研究——基于 DEA 方法的实证分析》，《经济地理》2009 年第 7 期。

38. 邓子基、杨志宏：《省管县改革、财政竞争与县域经济发展》，《厦门大学学报》（哲学社会科学版）2012 年第 4 期。

39. 贾俊雪、张永杰、郭婧：《省直管县财政体制改革、县域经济增长与财政解困》，《中国软科学》2013 年第 6 期。

40. 李丹、刘小川：《政府间财政转移支付对民族扶贫县财政支出行为影响的实证研究——基于 241 个民族扶贫县的考察》，《财经研究》2014 年第 1 期。

41. 李国璋、刘津汝：《财政分权、市场分割与经济增长——基于 1996—2007 年分省面板数据的研究》，《经济评论》2010 年第 5 期。

42. 李乃洁、高光祖、李力：《吉林省县域经济发展的财政政策选择》，《经济纵横》2002 年第 7 期。

43. 林毅夫、刘志强：《中国的财政分权与经济增长》，《北京大学学报》（哲学社会科学版）2000 年第 4 期。

44. 刘金涛、曲晓飞：《中国财政分权与经济增长的"反常"关系研究》，

《财经问题研究》2008年第5期。

45. 刘小勇：《省及省以下财政分权与省际经济增长》，《经济科学》2008年第1期。

46. 刘勇政、赵建梅：《论分税制下财政转移支付与地方财政努力差异——基于功能与地区多重分类考察的另类荷兰病分析》，《财经研究》2009年第12期。

47. 毛捷、赵静：《"省直管县"财政改革促进县域经济发展的实证分析》，《财政研究》2012年第1期。

48. 梅东洲、王子键、雷文妮：《党代会召开、监察力度变化与中国经济波动》，《经济研究》2014年第3期。

49. 乔宝云、范剑勇、彭骥鸣：《政府间转移支付与地方财政努力》，《管理世界》2006年第3期。

50. 沈坤荣、付文林：《中国的财政分权制度与地区经济增长》，《管理世界》2005年第1期。

51. 宋玉华、林治乾、孙泽生：《最优财政分权与中国经济增长》，《浙江大学学报》（人文社会科学版）2008年第4期。

52. 殷德生：《最优财政分权与经济增长》，《世界经济》2004年第11期。

54. 王朝阳、余玉苗、袁灵：《财政扶贫与县域经济增长的实证研究》，《财政研究》2012年第6期。

54. 王新军、赖敏晖：《财政分权、地方公共支出结构与区域经济增长——基于1979—2006年省际面板数据的分析》，《山东大学学报》（哲学社会科学版）2010年第5期。

55. 王振宇：《发展壮大县域经济路径选择及其财政政策取向》，《社会科学辑刊》2006年第5期。

56. 温娇秀：《中国的财政分权与经济增长——基于省级面板数据的实证》，《当代经济科学》2006年第5期。

57. 严成樑、龚六堂：《财政支出、税收与长期经济增长》，《经济研究》2009年第6期。

58. 张恒龙、陈宪：《政府间转移支付对地方财政努力与财政均等的影响》，

《经济科学》2007年第1期。

59. 张淑翠：《我国财政支出对经济增长非线性效应——基于省级面板数据的平滑转移模型实证分析》，《财经研究》2011年第8期。

60. 赵吉成、魏永和、杨富贵、王建成、施选、孙良君、付英彪：《新形势下财政支持县域经济发展的方向与方式——地方财政支持县域财源建设的调查报告》，《财政研究》2005年第4期。

61. 钟鹏声：《促进县乡财政上台阶重在加快县域经济发展》，《当代财经》1998年第8期。

62. 周东明：《财政分权与地区经济增长——基于中国省级面板数据的实证分析》，《中南财经政法大学学报》2012年第4期。

63. 周业安、章泉：《财政分权、经济增长和波动》，《管理世界》2008年第3期。

64. 周元元：《宏观政策的微观创新——论县域经济发展中财政政策与货币政策组合协调》，《金融研究》2006年第1期。

65. 周振东：《振兴县域经济的财政思考》，《中国财政》1994年第12期。

66. 蔡昉：《制度、趋同与人文发展》，中国人民大学出版社，2002。

67. 蔡昉、都阳：《中国地区经济增长的趋同于差异——对西部开发战略的启示》，工作论文，2000。

68. 蔡昉、王德文：《外商直接投资与就业——一个人力资本分析框架》，《财经论丛》2004年1月。

69. 国家统计局农村社会经济调查总队：《中国农村贫困监测报告（2000）》，中国统计出版社，2000。

70. 马岩、杨军等：《我国城乡流动人口教育回报率研究》，《人口学刊》2012年第2期。

71. 世界银行：《从贫困地区到贫困人群：中国扶贫议程的演进》，2009年3月。

72. 〔英〕刘易斯：《经济增长理论》，商务印书馆，1998。

73. 〔英〕刘易斯：《经济增长理论》，商务印书馆，1998。

74. 〔英〕马歇尔：《经济学原理》（上卷），商务印书馆，1987。

75. 云南省人才工作领导小组办公室：《2012年度云南省人才发展统计公报》，2013。
76. 云南省人力资源和社会保障厅：《云南省人力资源和社会保障事业发展"十二五"规划纲要》，2012。
77. 云南省人力资源和社会保障厅、云南省统计局：《2012年云南省人力资源社会保障事业发展统计公报》，2013。
78. 云南省统计局、云南省第六次全国人口普查办公室：《2010年云南省第六次全国人口普查主要数据公报》，2011。
79. 孟飞：《金融排斥及其治理路径》，《上海经济研究》2011年第6期。
80. 平新乔、张海洋、郝朝艳等：《农民金融约束的形成原因探究》，《经济学动态》2012年第4期。
81. 杜晓山：《小额信贷的发展与普惠性金融体系框架》，《中国农村经济》2006年第8期。
82. 曹凤岐：《建立多层次农村普惠金融体系》，《农村金融研究》2010年第10期。
83. 世界银行扶贫协商小组、中国普惠金融工作组：《中华人民共和国的金融普惠状况：对现有研究和公开数据的分析》，2012年。
84. J. M. 伍德里奇：《计量经济学导论：现代观点》，中译本，中国人民大学出版社，2003。
85. 迈克尔·波特：《国家竞争优势》，中译本，华夏出版社，2002。
86. 梁双陆：《边疆经济学：国际区域经济一体化与中国边疆经济发展》，人民出版社，2009。
87. 陈钊、陆铭：《在集聚中走向平衡——中国城乡与区域经济协调发展的实证研究》，北京大学出版社，2009。
88. 〔德〕奥古斯特·勒施：《经济空间秩序——经济财货与地理间的关系》，商务印书馆，1998。
89. 钱运春：《亚中心结构与区域平衡发展》，上海远东出版社，2003。
90. 赖明勇、包群、彭水军和张新：《外商直接投资与技术外溢：基于吸收能力的研究》，《经济研究》2005年第8期。

91. 阿尔弗雷德·韦伯:《工业区位论》,中译本,商务印书馆,1997。
92. 郑江淮、高彦彦、胡小文:《企业集聚、技术升级与经济绩效——开发区集聚效应的实证分析》,《经济研究》2008 年第 5 期。
93. 袁晓慧、徐紫光:《跨境经济合作区:提升沿边开放新模式——以中国红河—越南老街跨境经济合作区为例》,《国际经济合作》2009 年第 9 期。
94. 李铁立:《边界效应与跨边界次区域经济合作研究》,中国金融出版社,2009。
95. 李秀敏、刘丽琴:《"增长三角"的形成发展机制探讨》,《世界地理研究》2003 年第 12 期。
96. 李映照、龙志和:《要素流动与企业集聚形成》,中国经济出版社,2007。
97. 李景海:《产业集聚生成机理研究进展与展望》,《河南社会科学》2010 年第 4 期。
98. 徐康宁:《开放经济条件下的产业集聚及其竞争力》,《中国工业经济》2001 年第 11 期。
99. 贾根良、张峰:《传统产业的竞争力与地方化生产体系》,《中国工业经济》2001 年第 9 期。
100. 陆建人:《"增长三角"——亚洲区域经济合作的新形式》,《当代亚太》1994 年第 1 期。
101. 黎鹏:《CAFTA 背景下中国西南边境跨国区域的合作开发研究》,东北师范大学出版社,2009。
102. Bark, M., Newton, M. The EU Leader Initiative and Endogenous Rural Development: the Application of the Program in Two Rural Areas of Andalusia, Southern Spain [J]. *Journal of Rural Studies*, 1997, 13 (3): 319-341.
103. Cooke, P. M. and Morgan, K. The Associational Economy: Firms, Regions and Innovations [M], Oxford: Oxford University Press, 1998.
104. Keeble, D. Small Firms, Innovation and Regional Development in the

1990s'. Regional Studies [J], 1997, 31: 281 – 293.
105. World Bank. World Development Report 2009: Reshaping Economic Geography [EB], http://www.worldbank.org.cn, 2010.
106. Lee, P. Where Are the Socially and Excluded? Continuing Debates in the Identification of Poor Neighbourhoods. Regional Studies [J], 1999, 33: 483 – 486.
107. Blanchard Olivier, Shleifer Andrei. Federalism with and without Political Centralization: Chinaversus Russia [J]. *IMF Staff Papers*, 2001, 48: 171 – 179.
108. Correa Patricia, Steiner Roberto. Decentralizationin Colombia: Recent Changesand Main Challenges [J]. *Colombia: Anopeningeconomy?, Contemporary Studiesin Economicand Financial Analysis*, 1999, 84: 221 – 257.
109. Dahlby B., WilsonL. S., Fiscal Capacity, Tax Effort, and Optimal Equalization Grants [J]. *Canadian Journal of Economics*, 1994, 27 (8): 657 – 672.
110. Huang Jr-Tsung, Lo Kuang-Ta, She Po-Wen. The Impactof Fiscal Decentralizationon Tax Effort of China's Local Governments after the Tax Sharing System [J]. *Singapore Economic Review*, 2012, 57 (3): 1 – 22.
111. Oates Wallace E. Fiscal Federalism [M]. New York: Harcourt Brace Jovanovich, 1972.
112. Oates Wallace E. Fiscal Decentralization and Econimic Development [J]. *National Tax Journal*, 1993, 46: 237 – 243.
113. Olson, Mancur. Power and Prosperity: Outgrowing Communist and Capitalist [M]. New York: Basic Books, 2000.
114. Swell, David. The danger of Decentralization According to Prud Homme: Some Further Aspects [J]. *Word Bank Research Observer*, 1996, 11: 143 – 150.
115. Zhang T., Zou, H. Fiscaldecen Tralization, Publics Pendingan Deconomic Growth in China [J]. *Journal of Public Economics*, 1998, 67 (2):

221-240.

116. The World Bank and UNDP, China: Overcoming Rural Poverty, 2000.

117. Leyshon A., Thrift N. The Restructuring of the UK Financial Services Industry in the 1990s: A Reversal of Fortune [J]. *Journal of Rural Studies*, 1993, 9 (3): 223-241.

118. Thrift N., Leyshon A. A Phantom State? The De-traditionalization of Money, the International financial system and international financial Centers [J]. *Political Geography*, 1994, 13 (4): 299-327.

119. Leyshon A., Thrift N. Geographies of Financial Exclusion: Financial Abandonment in Britain and the United States [J]. *Transactions of the Institute of British Geographers*, 1995: 312-341.

120. Chan W S., Frankel R, Kothari S P. Testing Behavioral Finance Theories Using Trends and Consistency in Financial Performance [J]. *Journal of Accounting and Economics*, 2004, 38: 3-50.

121. Sarma M., Pais J. Financial Inclusion and Development: A Cross Country Analysis [C]. Annual Conference of the Human Development and Capability Association, New Delhi. 2008: 10-13.

122. Helms B. Access for All: Building Inclusive Financial Systems [J]. *Washington*, DC, C-GAP, 2006.

123. Annekatrin Niebuhr, Silvia Stiller, 2002, Integration Effects in Border Regions-A Survey of Economic Theory and Empirical Studies, 42nd Congress of the European Regional Science Association "From Industry to Advanced Services-Perspectives of European Metropolitan Regions" August 27th - 31st, Dortmund.

124. Chuthatip Maneepong and Chung-Tong Wu, 2004, Comparative Borderland Development in Thailand, ASEAN Economic Bulletin Vol. 21, No. 2, pp. 135-66.

125. Dunning, J. H. 2001, The eclectic (OLI) paradigm of international Production: Past, Present and Future, International Journal of Economics

and Business.

126. Dunning, J. H. 1993, Multinational Enterprises and the Global Economy, Adddison Wesley Wokingbam.

127. Giersch H. 1949, Economic Union Between Nations and the Location of Industries. Review of Economic Studies. (17): 87 – 97.

128. Hanson G. H. , 1996, Integration and the Location of Activities-Economic Integration, Intra-industry Trade, and Frontier Regions, European Economic Review 40, 941 – 949.

129. Hanson G. H. , 1998a, Market Potential, Increasing Returns, and Geographic Concentration, NBER Working Paper, No. 6429.

130. Hanson G. H. , 1998b, Regional Adjustment to Trade Liberalisation, Regional Science and Urban Economics 28, 419 – 444.

131. James T. Peach, Richard V. Adkisson, 2000, NAFTA and Economic Activity along the U. S. -Mexico Border, Journal of Eocnomic Issues, June.

132. James E. Anderson & Eric van Wincoop, 2004. Trade Costs, NBER Working Papers 10480, National Bureau of Economic Research.

133. Jonathon Admas-Kane, James Jerome Lim, 2011, Growth Poles and Multipolraity, The Worl Bandk Development Economics Prospects Group Working Pader 5712, June.

134. Krate, S. (1999). Regional integration of fragmentation? The Germen-Polish Border Gegion in a New Europe, Regional Studies, 33 (7), 631 – 641.

135. Krugman, P. R. (1991a). Increasing Return and Economic Geogrpahy. Journal of Political Economy 99: 483 – 499.

136. Krugman, P. R. (1991b). Geography and Trade. Cambridge: MIT Press.

137. Wu. C. -T. 1998, Cross-border Development in Asia and Europe, Geo Journal 44, No. 3: 189 – 201.

后 记

本书是教育部定点联系滇西边境山区扶贫开放综合机构（云南大学滇西发展研究中心）的研究成果。林文勋教授是该课题的主持人，参与单位包括云南大学发展研究院、昆明理工大学管理与经济学院、云南财经大学财政与经济学院。在课题主持人的安排下，课题组成员在云南德宏、广西东兴、黑龙江绥芬河、内蒙古满洲里等边境地区进行了广泛调研，并在云南红河州进行了44户的入村入户调查。课题的最终成果包括综合研究报告1份、咨询报告3份。

本书是在综合研究报告的基础上修改完善而成的，是集体通力合作的研究成果。在课题研究与书稿完成的过程中，林文勋教授提出了写作思路、研究目标与基本框架，负责全文定稿并撰写了序言；课题组副组长杨先明教授负责课题的调研与全书的总撰，并承担了第三章与第六章的部分内容写作；课题组副组长张国胜教授负责统稿和修订，并承担了第一章、第二章以及第五章、第七章的部分内容写作。其他各章节的作者如下：杨洋承担了第三章与第六章的部分内容写作，缪小林承担了第四章的写作，许庆红承担了第五章的部分内容写作；陈瑛承担了第七章的部分内容写作；刘政承担了第八章的写作。

除了各章作者的辛勤投入和重要贡献外，云南大学发展研究院博士研究生陈明明、马娜、郭平等同学，分别在中英文文献资料和文字处理、参考文献的梳理等方面做了大量工作。我们对各位同学为书稿的完成所付出的时间和精力深表谢意。社科文献出版社的高雁女士、王玉山先生为了本书的顺利出版给予了大力帮助,在此表示深深的谢意。

  本书在撰写过程中参考并引用了许多学者的观点与资料,在此表示感谢!如果参考文献中不慎有遗漏,敬请谅解!由于水平与时间的限制,书中难免有不妥乃至错误之处,敬请广大读者批评指正。

图书在版编目(CIP)数据

重塑沿边经济地理与发展机制：以滇西边境地区为例/林文勋等著.—北京：社会科学文献出版社，2015.12

ISBN 978-7-5097-8251-4

Ⅰ.①重… Ⅱ.①林… Ⅲ.①区域经济发展-研究-云南省 Ⅳ.①F127.74

中国版本图书馆 CIP 数据核字（2015）第 257507 号

重塑沿边经济地理与发展机制
——以滇西边境地区为例

著　　者 / 林文勋　杨先明　张国胜　等

出 版 人 / 谢寿光
项目统筹 / 恽　薇　高　雁
责任编辑 / 王玉山　刘美丽

出　　版 / 社会科学文献出版社·经济与管理出版分社（010）59367226
　　　　　地址：北京市北三环中路甲29号院华龙大厦　邮编：100029
　　　　　网址：www.ssap.com.cn

发　　行 / 市场营销中心（010）59367081　59367090
　　　　　读者服务中心（010）59367028

印　　装 / 三河市东方印刷有限公司

规　　格 / 开　本：787mm×1092mm　1/16
　　　　　印　张：18.5　字　数：279千字

版　　次 / 2015年12月第1版　2015年12月第1次印刷
书　　号 / ISBN 978-7-5097-8251-4
定　　价 / 75.00元

本书如有破损、缺页、装订错误，请与本社读者服务中心联系更换

版权所有 翻印必究